月河先生纪念文萃

鲁钊 主编

河南文艺出版社

·郑州·

图书在版编目（CIP）数据

二月河先生纪念文萃/鲁钊主编. —郑州:河南文
艺出版社,2019.12(2022.5重印)
ISBN 978-7-5559-0902-6

Ⅰ.①二… Ⅱ.①鲁… Ⅲ.①二月河（1945—
2018）-纪念文集 Ⅳ.①K825.6-53

中国版本图书馆 CIP 数据核字（2019）第 264754 号

出版发行　河南文艺出版社
本社地址　郑州市郑东新区祥盛街 27 号 C 座 5 楼
邮政编码　450018
承印单位　河南龙华印务有限公司
经销单位　新华书店
纸张规格　700 毫米×1000 毫米　1/16
印　　张　22.25
字　　数　328 000
版　　次　2019 年 12 月第 1 版
印　　次　2022 年 5 月第 2 次印刷
定　　价　88.00 元

"皇帝作家"二月河（2009）

新兵凌解放（1968）

军营生活（1970）

接待南阳籍著名作家宗璞（2007）

在大学生读者中（2007）

为卧龙区作者开讲座（2008）

接受采访（1993）

四十年后重回祖籍地南庄村（2006）

在当年出生的喜字院内（2006）

在昔阳县石马寺（2006）

二月河出席全国人代会（2008）

签赠《乾隆皇帝》（2009）

参加座谈（2014）

读报也是休息（2009）

文思（2010）

在书房（2012）

本书主编鲁钊（左）与二月河先生在一起（2012）

快乐时光（2015）

花草怡情（2009）

送别二月河先生（2018）

二月河同志遗体送别仪式举行

黄坤明朱镕基李岚清吴官正刘云山等对二月河同志逝世表示悼念和慰问

王国生陈润儿等表示悼念和慰问

赵素萍穆为民代表省委省政府看望慰问二月河家属
并参加遗体送别仪式　张文深霍好胜等参加

本报讯（记者陈瑛炜　张提）12月19日，中国共产党的优秀党员，当代著名作家二月河（凌解放）同志遗体送别仪式在南阳市殡仪馆举行。

二月河同志因病医治无效，于2018年12月15日凌晨逝世，享年73岁。

黄坤明、朱镕基、李岚清、吴官正、刘云山、张春贤、吉炳轩、刘奇葆、肖捷、刘延东、陈至立、孙家正、常万全对二月河同志逝世表示悼念和慰问。

对二月河同志逝世表示悼念并向其亲属表示慰问的还有：铁凝、李屹、钱小芊、陈宝生、谢伏瞻、王国生、陈润儿、史树平、李金明、戚建国、郭旭旭、刘伟、叶春松、申长雨、陈多、习近平、赵宪、程春华、李敬泽、赵素萍、任正晓、孔昌生、穆为民、毛超峰、李文慧、王保存、裁柏

华、权志明、谢玉安、刘炳天、罗益昌、任国荃、徐宏龙、徐航、杜祥琬、赵林、李慎明、陶克、卢长健、袁启彤、王全书、尹晋华、曾ػ新、张大卫、王丽梅、刘满仓、孔玉芳、张暖、言、熊召政、周大新、柳建伟、阎崇贵、吕启祥、张庆善、李庆辰、孙伟科、陈长琦、夏潼娟、张文深、霍好胜

赵壹萍、穆为民代表省委、省政府看望慰问二月河家属并参加遗体送别仪式。李金明、李敬泽、罗益昌、田永清、何东成、王宇国、邸丽、牛书成、周百义、赵刚、张庆善、吴兴成、吴宏阳、统一明、董婶琳、杨娲旭、张国臣、刘海程、尹志勇、康杰、张文深、霍好胜等参加二月河同志遗体送别仪式。参加遗体送别仪式的还有离退休老干部、二月河同志的亲属、生前素朋好友、社会各界人士以及二月河原籍山西省晋阳阳市有关同志等。

灵堂内，生于晋长于洛成才于宛巨星一轮耀四海　帽子武虏于史建树于文漉宓三部传千秋"的挽联高悬，低沉回荡的哀乐中，二月河同志遗体静静躺在鲜花丛中。各界人士排队肃立致哀，深深鞠躬，向二月河同志送别。

二月河同志1945年11月出生于山西省昔阳县孝家庄村，1966年

7月毕业于南阳三高，1968年3月参加工作，1969年12月加入中国共产党。二月河同志曾任中国作协主席团委员、省文联、省作协名誉主席，郑州大学文学院院长，南阳市文联名誉主席等职。二月河同志曾获全国五一劳动奖章"、全国先进工作者"称号，享受国务院特殊津贴，是中国共产党十五大、十六大、十七大、十八大、十九大代表，十一届、十二届全国人大代表。二月河同志是"文学豫军"领衔者，一生笔耕不辍，他创作的长篇历史小说落霞三部曲"（康熙大帝》《雍正皇帝》《乾隆皇帝》等作品，在社会上引起了极大反响，深受广大读者喜爱和好评，先后荣获河南省首届、第二届文学艺术优秀成果奖、姚雪垠长篇历史小说奖、河南省改革十年优秀图书一等奖等，为党的文艺事业努力奋斗作出重大贡献。③2

《二月河先生纪念文萃》编委会

大河永远激涛声（代序）

路漫漫

二月河先生驾鹤仙去，中原文化残缺名片，华文文坛顿失一极。

中原南阳，更陷入深沉久长的悲痛，从政府官员到文化名宿，由繁华城区到偏壤僻里，各行各业不同阶层的群众，包括贩夫走卒引车卖浆者，许多人哽咽失声，泪落如雨。

这是人们发乎内心的敬重，这是读者至真至性的爱戴。

先生是南阳城市的形象大使，是中原文化的绝好名片。一个人，一支笔，厚积薄发，一鸣惊人；一段史，一腔情，纵横捭阖，关乎家国，领军"南阳作家群"。

字字心血，二月河开凌解放；斑斑炙痕，留下经典"落霞三部曲"。

一条大河波浪宽。毕二十年之功潜心创作皇皇巨著十三卷，赓续清流，恢复古风，若黄钟大吕，高邈幽远，以其丰厚深邃的历史社会内蕴，生动鲜明的人物形象，磅礴大气的叙事布局，独具一格的艺术魅力，代表了中国长篇历史小说的高度和成就，矗立成改革开放以来文学创作收获的高峰。其巨作历时光漉洗，成为文化宝典，畅销长销，数十年一直深受海内外读者喜爱。

一笔敢为天下先。心有华章，金玉内外。在改革开放初期，冰凌尚未消融，观念仍受束缚，先生高瞻远瞩，大胆解放思想，矢志不渝，敢为人先，负重前行,笔端风雷,身在中原小城,放眼紫禁大内,站在时代的高度,正面叙述康熙大帝,为雍正翻案,继而为乾隆作传,如椽大笔作巨著,三部曲成天下叹,开国内清宫戏先河,成后来星火燎原之势。

一心恤弱系民生。先生深谙民情,体恤百姓,先天下之忧而忧,后天下之乐而乐,文人风骨立地顶天。作为多届的全国人大代表和党代表,他走出书斋,深入民间,想群众所想,替万民代言,向高层陈情农村苦农业难,为农民免皇粮除国税而呼吁。心贴弱势,宽恕盗版,怜悯寒儒,倡议给作家减税减负。执言促进文化繁荣发展,弘扬优秀传统文化。撰文或发声促进反腐深入,祈望老虎苍蝇绝迹。先生振臂,有的放矢,不说则已,每说则必引社会反响热议。

一生慷慨慈善行。先生严以宽人,舍己为人,真正芒鞋蓑衣任平生,自己结绳织草鞋,一件衬衫破了缝缝补补,十几年舍不得扔。五毛钱的大蒲扇,摇来摇去十余夏。他一生无私产,至逝仍住公寓。不做官不经商,他靠呕心沥血焚膏继晷码字为生,宵衣旰食胼手胝足苦读苦写,肘生茧,桌磨破,透支健康以致患上中风等多种疾病,他每分钱都浸透着血汗,得到再多也不会有人嫉妒,捐得再少也没有人非议,却在不声不响中捐献达二百万元之巨,且不让报道。捐资设立“二月河奖学金”,累计资助师生数百名。度已度人度苦厄,先生苦心众人知。

云山苍苍,江水泱泱,先生之风,山高水长。先生正大,千秋敬仰。

先生已安息,我心仍不宁。先生视我如子,予我恩重如山。作为晚辈后人,我真切地感受到他的离去对我意味着什么——天塌地陷,日月无光,撕心裂肺,痛彻难耐。

有哲人说过,宇宙里生命不息,当每一个人的一世进入其中,它就活在了整体,活在了无限,而不仅是一个家庭,一块地域。当任何一个人的离去,如果说是这个整体的部分失去,那仅仅是带走了一部分病毒、疼痛和恐惧,但生命依然不息。

先生久远地活在文化中,活在人们心中,从这个角度,先生永生。我深信,我坚信,我自信,我永信。

向天遥祭,发现这条大河没有隐去,不曾枯竭,涛声永远,激越澎湃,已浩荡汇入星际,与天河融为一体。

　　大河化为天河,我们仍举目可见,仿佛还在身边。我自励自省,要在先生精神的感召指引下,走好生活、创作和人生之路,不敢辜负先生期望。我辈青年作家将承继遗志,在先生温润的目光中,努力撰写无愧于时代、无愧于人民、无愧于民族的优秀作品。楚风汉韵的南阳人文璀璨,在新时代迎来大繁荣大发展。中原人民不忘初心,正砥砺前行,进取创新,乘势而上,务实每一天,建功新时代,在加快实现中部崛起,在民族伟大复兴征程中,做到中原更出彩。

目　录

第一辑　亦师亦友

第二辑　高山仰止

第三辑　　落霞焕映

第四辑　文学风流

第五辑　诗心哀思

亦师亦友

二月河开凌解放

田永清

听到二月河逝世的消息时,我正在山东参观,一下子心中很痛很痛……我和二月河的交往,已经长达三十多年,对于他的去世,用"难过"这个词已难以表达我的心情。

二哥他终究还是没有闯过七十三岁这一关。二月河因为常年伏案劳作,积劳成疾,患有多种疾病,半年前,他就住进301医院。中国民间有"七十三八十四,阎王不叫自己去"的说法,二月河不愿意相信这些说法,却也心有忌惮。前不久,我爱人陪她爱人,为他准备好了寿衣。作为他多年的朋友,我真希望他用不上这些衣服。然而,他刚过了七十三的生日,就因糖尿病引发的多脏器衰竭而离开了人世。作为他三十多年的挚友,我用几年前的一篇旧文,表达对他深深的哀悼之情。

二月河,这个名字现在广为人知,是与作者创作的三部长篇历史小说《康熙大帝》《雍正皇帝》《乾隆皇帝》相联系的,是与根据小说拍摄制作并且反复热播的电视连续剧相联系的。人们称他是写皇帝的"专业户",是闻名遐迩的大作家。还有人说,哪里有华人,哪里就有二月河的读者,哪里就有二月河的观众。这些说法绝非溢美之词,事实的确如此。

二月河是谜面,凌解放是谜底

人们都说,二月河是个谜,连他的名字也是个谜。

二月河,原名凌解放,1945 年农历九月出生于山西省昔阳县。当时,人们正沉浸在抗日战争胜利和上党战役报捷、家乡获得解放的欢乐之中。于是,身为县武委会主任的父亲凌尔文和战友们经过一番研究,集体给这个初生婴儿起了一个名字——凌解放。"凌解放"与"临解放"谐音,带有盼望和迎接解放的意思。

二月河是凌解放的笔名,是他年满四十岁正式出版《康熙大帝》第一卷时,才首次使用的。他当时的考虑是:自己创作的是长篇历史小说,而自己的名字叫凌解放,一个历史,一个现代,二者有点不协调,于是想改用一个笔名。究竟用什么笔名呢? 还得顺着"凌解放"找思路。凌者,冰凌也;解放者,开春解冻也。冰凌融解,不正是人们看到的二月河的景象吗?

其次,他还着重说明,二月河特指黄河,即我们中华民族的母亲河。1947 年,刚刚两岁的他,便随同都是老八路的父母,过黄河南下,后又几经辗转,最终在河南南阳定居。凌解放取笔名二月河,是提醒自己任何时候都不要数典忘祖。

还有一层意思,党的十一届三中全会之后,迎来了文学艺术的春天。他自己的文学创作之路,正是沐浴着改革开放的春风而起步腾飞的。从此,二月河的创作活动,便一发而不可收,恰如春天黄河解冻的冰凌,浩浩荡荡,奔流不息,一泻千里,好不壮观! 他解释说,自己的原名和笔名本身就是一个谜语,二月河是谜面,凌解放是谜底。

有一位写对联的高手,还据此出了这样一个上联——"二月河开凌解放",至今还没人对出令人满意的下联。

他曾经是对正课不感兴趣的中学生

有人猜想,二月河小时候肯定很聪明,是个王勃式的神童。其实,完全不是这么回事。二月河没有上过大学,只是个高中生,而且是小学留一级、初中留一级、高中留一级,直到 21 岁才高中毕业的。凌解放从小喜欢特立独行,率性而为,不受成规约束。这既是天性使然,也与后天的环境有关。少时因为父母工作十分忙碌,加之频繁调动,所以常常把他一个人留在家里,或是寄住在亲友、同学家里。那时的凌解放调皮顽劣,喜欢热闹,经常摸鱼、抓螃蟹,玩得十分痛快。他不爱上课,猴子屁股坐不住,而且字写得歪七扭八,缺胳膊少腿,所以不被老师喜欢。

凌解放对正课不感兴趣,但对一些课外读物却十分痴迷。上初中时,他就凭着兴趣,津津有味地读完了《水浒传》《西游记》《三国演义》等古典文学名著。他对《红楼梦》更是情有独钟。凌解放功课不好,又特别喜欢读这些杂书,这在当时自然被视为大逆不道。老师不喜欢这样的学生,生气时甚至断言他日后肯定不会成才。

二月河从不隐讳他的这段经历,还经常津津乐道地讲给朋友们听。成名之后的二月河认为,衡量一个学生的成绩,分数固然是一个重要的方面,但更重要的是一个学生的素质、个性和能力。的确,生活中常有这样的事:尽管一个人没有上过大学,但他仍然可以成为一名在某一方面有着很深造诣的学问家。他的经历,从侧面印证了一个道理:"处处留心皆学问""好的书籍胜过好的大学"。二月河经常挂在嘴边的这两句话,的确是他的经验之谈。

"落霞三部曲"横空出世

现在一提到二月河,人们很自然地就会联想到他的"帝王系列"。其实,二月河本来颇有兴趣研究《红楼梦》,并且写过一些很有独到见解的论文。但开始并没有引起人们的重视,论文寄出很久,还是泥牛入海无消息。后来,著名红学家冯其庸先生看到了他的论文,慧眼识珠,说他的论文"想象丰富,用笔细腻,是小说笔法","可以浮一大白,用汉书下酒"。冯先生决定在《红楼梦学刊》上刊登他的论文,并吸收他为中国红学会会员,还邀请他参加了 1982 年 10 月在上海召开的第二次全国《红楼梦》学术讨论会。

事物的发展就是这样,必然性往往表现为偶然性,偶然性又往往演变成必然性。就是在那次会议上,一些专家、学者由《红楼梦》谈到曹雪芹,由曹雪芹谈到他的祖父曹寅,又由曹寅谈到康熙皇帝。座中有人感叹,像康熙这样一位雄才大略的杰出人物,这样一位了不起的政治家,居然至今还没有一部像样的写他的文学作品问世,真是奇哉怪也!这时,一直坐在一旁默不作声的二月河,开玩笑似的冒出了这样一句话:"我来写!"所有人都为之侧目,但一笑了之。他们或许认为,这个面孔陌生、不见经传的后生晚辈,这个从部队转业的连级干部,是妄言狂语,或一时兴起而已。

二月河可不是说大话、吹牛皮,他说了就要做,而且一定要做好。专家、学者们在"红学会"上议论的这个话题,果然成了二月河创作长篇历史小说的爆发点和起始点。从此以后,他凭着长期的积累和顽强的毅力,遵循历史小说"大事不虚,小事不拘"和"不求真有,但求会有"的创作原则,以一年一卷计三十多万字的速度投入创作,硬是把清朝康、雍、乾盛世一百三十余年间既空前辉煌又行将没落的历史画卷,活生生地呈现在了世人面前。

二月河创作这样的鸿篇巨制绝不是轻而易举的事情,这是他顽强学习、长期积累、艰苦写作的结果。对于写作,二月河有两个比喻。一个是说,每写一部书,就等于穿越一次大沙漠,确实感到寂寞,完全是一个独行客。当然在行进中也能找到自己的乐趣。有些地方写起来很困难,感觉就像是在沙漠里边,绕过去,就有一片绿洲在等待着自己。另一个是说,写作是一种资源消耗,既是体力的消耗、脑力的消耗,同时也是知识的消耗、感情的消耗。资源当然是越消耗越少,要想资源再生,就必须不断学习,不断"充电"。为了充实自己,多年来他在夜间坚持读书、写作,很少在凌晨1点之前就寝。

二月河刻苦学习是出了名的。有一次他到一家图书馆去看书,从上午看到中午,忘了休息,忘了吃饭,管理员锁了门他也不知道。下午人家来上班了,发现他还在那里看书。还有一次,他手里拿着一本书,边走边看,入了迷,脚指头碰在一块大石头上,鲜血直流,而他竟浑然不觉。

二月河笔耕不辍更是出了名的。三部大书 520 余万字，都是他一笔一画写出来的。为了追求最佳效果，他坚持不用电脑写作。他风趣地说："爱吃面条的人都知道，手擀面比起机器轧的面，味道好多了！"在酷暑季节，他夜间坚持写作时，把两条腿放进桌下的一个水桶中，这样既稍感凉快，又可防止蚊虫叮咬。在冬天的寒夜，写到凌晨两三点钟，实在瞌睡难耐，他就用烟头烫自己的胳膊，用以驱赶疲惫、清醒神经。写完《康熙大帝》第一卷时，他因劳累过度得了"鬼剃头"。女儿抚摸着他的头说："这一块像尼加拉瓜，这一块像苏门答腊，这一块像琉球群岛。"他就是这样，在南阳那块盆地，阅读、思考、写作了二十多年。世界上一般的人都耐不住寂寞，真正耐得住寂寞的人都不一般。二月河就是一个真正耐得住寂寞的很不一般的人。

二月河不但写了康熙皇帝，写了康熙的儿子雍正，还写了康熙的孙子乾隆。正因为如此，人们习惯上把他的这三部书称为"帝王系列"，把他称作"皇帝作家"。对此二月河却不大同意，他认为称作"落霞三部曲"更为恰当。他解释说，自己是怀着非常伤感和遗憾的心情写这三部书的。书中一方面固然展示了封建社会最后这个盛世很绚丽、很灿烂的一面，另一方面也预示着太阳快要落山了，黑暗就要到来了。任何一种事物都有它产生、发展、兴盛到衰落以至灭亡这样一个过程。

二月河把这三部书比作自己的三个女儿。有记者问他：那你最喜欢哪个女儿？二月河稍加思索，这样回答：我最喜欢的是历史上的康熙其人，写作上最满意的是《雍正皇帝》，在塑造人物上下功夫最大的是《乾隆皇帝》。

二月河的"落霞三部曲"，谋篇出神入化，布局呈大家气象，真可谓鸿篇巨制、雄文华章，堪为传世之作。毫无疑问，二月河本人也堪称一代文学巨匠。

二月河公式：名气＝才气＋运气＋力气

二月河很欣赏孙中山先生的名言：要立志做大事，不要做大官。他平时最喜欢两个座右铭，一个是刻在南阳卧龙岗一通石碑上的10个大字：务外非君子，守中是丈夫。他常说："君子守中不务外，我内心里确实不想做什么官，我只想老老实实做个写书的人。"二月河还有一个座右铭，叫作"拿起笔来老子天下第一，放下笔来夹着尾巴做人"。这是他长期写作实践的深刻体会。在他身上，既有粗犷豪放的一面，也有严谨细致的一面，他把自信和谦虚很自然很巧妙地结合在一起。二月河给自己制定了"三条守则"：一是守时，二是守信，三是一段时间只做一件事情。他认为，只有坚持一段时间只做一件事情，才能专心致志，全力以赴，获得成功。

有些人知道我与二月河比较熟悉，经常问我对二月河的印象如何。我用六个字加以概括："大作家，土老帽。"二月河是个大俗大雅之人，他不像某些名人那样"人一阔脸就变"。现在二月河还像二十年前那样朴实、憨厚、淡泊、随和。看上去他不像风度翩翩的大作家，倒像风尘仆仆的老农民。布衣本色是二月河人格底蕴之所在。

生活中的二月河不讲究穿戴，不修边幅，不拘小节。他一脸佛像，特别爱笑，整天乐呵呵的，和谁都谈得来，什么事都想得开，任何时候都能做到得意淡然、失意泰然。二月河出名后成为媒体关注的焦点，各种各样的议论也接踵而来。很多人都向二月河发问：您只是一位高中生，一位部队的连级转业干部，您的学问是从哪里得来的？您的长篇历史小说是怎样写出来的？对于此类问题，二月河这样回答：我有一些才气，但才气不大，如果才气很大怎么还会三次留级呢？我酷爱文学和历史，但在这方面的智力最多也就是中上等水平；我碰上了好运气，在我人生的关键时刻，总有人出来帮助我，改革开放又为我提供了比较宽松的创作环境，再者清史小说比较冷门，很多人感兴趣、愿意看；最主要的，我是靠力气。我想，一个人无论怎样笨，只要认准一件事，每天干十几个小时，这样坚持一二十年，总会弄出点东西来。

我想把二月河上面所说的这"四气"，概括为一个简单的公式，作为本文的结束，这就是：名气＝才气＋运气＋力气。

二月河的雷锋情

陶克

"假如这世上有人曾经和我同路跋涉过艰难人生(唉……很遗憾,没有),他就能告诉你,我其实原来是个痴人;他会告诉你我是怎样一个读书狂,在二十多年的漫长岁月里我不曾在凌晨一点半前睡觉,告诉你我曾被管理员遗忘关扣在图书馆中不自知晓,告诉你我捧书走路,踢掉了脚指甲,血流殷道而浑然不觉。假如他看见我裁开包水泥的牛皮纸袋作卡片,一字一句地摘录那些'劈柴'(按:指古典书籍)纹理,他就只能如实说'二月河不过是文坛一痴'。"二月河曾在台湾版的《康熙大帝》一书自序中这样写道。

有人说,"凡有柳井处,必读二月河"。他的作品雅俗共赏,也曾备受争议。字字心血,斑斑炙痕,他对创作的一片痴心,也是他对待人生的态度,始终令人敬佩。几位朋友的回忆文章,还让我们读到另一个鲜为人知的二月河:他是雷锋不折不扣的"粉丝",为雷锋写文章从不收稿费;他一件衬衫缝缝补补十几年,却不声不响捐款两百万……

2018年12月15日早晨,一个电话犹如晴天霹雳,简直要把我打蒙了:"二月河凌晨去世了。"这怎么可能? 一周前他还能从病床上起来,坐在轮椅上轻微活动。陆军装甲兵学院的徐航院长告诉我:"二月河老师病情见好,咱们常去看看他,和他聊聊天,对他恢复身体有利。"二月河是装甲兵学院的特聘教授,之前有一年他在北京参加全国"两会"后,第一场报告会就是在这个学院进行,礼堂里座无虚席,三个小时的报告,他一气呵成,学员们还听不够。

那个周日,我去医院看望他,当时他患了肺炎,据说不重,过几日就好……怎么这么快就发生了逆转?泪水模糊了我的双眼,那宽厚睿智、笑眯眯的面容,不紧不慢娓娓道来的音调,都出现在眼前,回响在耳边……

他一双眼能阅尽朝政兴衰,他从来没想"再活五百年",但他保持着青春的心态迎接每天的太阳。我们还想读他的新作,他怎么会走了呢?

许多人津津乐道他的"帝王系列",而在当今他赢得读者称颂的不仅仅是"落霞三部曲",更有每年"两会"期间精彩的发言。比如说到大学教育要重视"厚德",他说,"我们眼下的现状是文凭在提高,国民素质在下降","岳飞的妈只识几个字,却教育出一个英雄岳飞","秦桧是个状元,拿到最高文凭,却成了一个最大的卖国贼";再比如讲到"廉政",他说,"低薪一定不养廉,高薪未必能养廉","中国历史上薪金最高的是宋代,却把人们一个个逼上了梁山";再比如讲到"有钱的人不买书,想买书的人没有钱,怎么办"时,他说,"把书价减下来,作家可以免税,把免去的税钱补贴到书价里"。二月河每每出声,反响总是不同一般,他那犀利的眼光、锐利的观点、振聋发聩的声音让人听得过瘾,让人眼前一亮,因为他知人民之冷热。我们还想听他的评论啊,他怎么会走了呢?

还令人想不到的是,这个研究帝王之道的大作家,对普通的士兵雷锋有着特别深的感情。2012 年,我的新书《告诉你一个真实的雷锋》付印前,陕西人民出版社想请一位文学大家做个点评,施军编辑问我能不能请到二月河先生。我怀着惴惴不安的心情拨通了他的电话。因为有点紧张,话说得结结巴巴,二月河老师却亲切地说:"为雷锋写书好啊,我们就是学雷锋成长起来的,你把书发来我看看吧。"不久,老师的点评发来:"长期以来,在我的笔下活跃的是人们熟知的帝王将相,但在实际社会生活中,我最为心仪的是朴素务实的平民英雄。今天陶克将军《告诉你一个真实的雷锋》,记录的是一个鲜活而又真实的普通战士,亲切感人。雷锋用无数的平凡写就了道德的光华,成为人类历史的永恒,以德化人,以德立国,无论政者还是平民皆可受益。"我捧读再三,为老师的崇高境界和人品而感动。

2013 年,我又一本新书《编外雷锋团》由解放军出版社出版,二月河老师欣然为这本书作序《我的家乡雷锋多》。他深情地写道——

"知道我二月河是个作家的或许很多,但知道我曾经当过兵的人或许很少……十年军旅,是人生最美好的青春岁月,也是人生中最重要的阶段。如果要问在这段难忘的岁月中,给我影响最大的人是谁,我会告诉你,这个人就是雷锋。

"我是唱着《学习雷锋好榜样》《接过雷锋的枪》这些'红歌'走进军营的。所接受的'第一课'就是学雷锋。我从来没有怀疑过雷锋给我的人生带来的正能量,也永远不会否认'雷锋精神'对我人生观最初的形成所起到的无形而又无限的滋养。意志的锻炼、体魄的强健、知识的积累,都来自军队这所大学校。因此,雷锋对于我们这一代人来说,是英雄的星空中最闪亮的一颗,我们是雷锋不折不扣的'粉丝'。只是相对来说,我的人生要比雷锋幸运得多。"

2015 年初,正在筹备出版的《雷锋》杂志准备试刊,二月河老师给予我们极大的鼓励,欣然同意担任顾问,并为试刊号撰写了文章《雷锋精神生活化与日常化》,文中既讲了自己学雷锋的经历,又写出了自己的人生感悟:"好好学雷锋,是从根上讲的要老老实实做个好人,一辈子不违初衷。古人说,修身齐家治国平天下,首要是做人,身正则安啊!"

2015 年 7 月,《雷锋》杂志正式出版后,二月河老师又主动对我说:"我的文章《雷锋》杂志想用可随时发表。"于是,一个二月河的散文专栏在杂志开办。他多次在《雷锋》杂志发表文章,却从不领取稿费,一再强调"我给雷锋写文章不能收稿费"。

2017 年,二月河老师光荣当选党的十九大代表,这是他连任五届党的代表了,追着他采访的记者使他应接不暇,但他还是挤时间接受了《雷锋》杂志的专访。一见面,他就风趣地对我说:"老弟,学雷锋的事我一概支持,《雷锋》杂志的宣传我绝不推辞!"

有的同行羡慕地问:"你们怎么能采访到二月河这样的大家?"其实,

不是我们本事大,而是因为老师深深的雷锋情和对传播雷锋文化的执着追求。"看透朝政更换史,唯有树人筑基业。"从一个描写帝王的先生,到钟情于雷锋的树碑立传,正是二月河从历史长河中悟出的真谛!

回忆解放大哥

周大新

　　写这样的文章,尤其是与二月河贤兄有关的文章,倍感心痛。可是,又难以回避。记者朋友的采访,编纂纪念文萃的家乡人的多次相邀,让我不得不拿起笔,在痛苦中忆起与贤兄的那些交往。

　　我与二月河相识,论起年头,已然三十多年了,那时世间尚无二月河,唯有文学青年凌解放。在我的心中,解放是我的老大哥,文友,至交,战友,乡党,那种感觉格外亲,每年回南阳,总要见见面,聚一聚,说说话,谈谈各自的创作,非常开心。他年纪比我大,是老大哥,我们都很尊重他。没想到解放兄突然就走了,真是让人心碎,感觉世事无常。

　　解放兄的身体虽然有问题,但因为他当兵出身,年轻时大碗喝酒大口吃肉,颇有好汉风,大家总以为他的身体健壮,没啥大问题。他在北京住院初期,我们去看他的时候,他还说病情在好转,当时我们都很高兴,实在想不到会是这个情况。二月河享年73岁,他在这个年纪去世,还是走得比较早的,我希望他能到天国享福。我在长篇小说《安魂》中对天国做过描述,人死后的天国有个"享域",逝者在那里可以享福。我希望他能到那里愉快地生活。

　　初识二月河的情景仿佛就在眼前。那是1985年,我尚在济南军区工作,经常回南阳写作,受邀参加《南阳日报》副刊召集的一次会议,在会上见了面。他是转业军人，我是现役军人，惺惺相惜，一见如故，尤其是解放兄身上那种军人的豪迈洒脱、不拘一格的气质，让我立时生发敬重亲近之心。他热情地邀请我"上家坐坐"，我就爽快地答应了，并及时赴约。第一次到他家，印象分外深刻。他家房屋逼仄，推开门，便看到桌子上摆了一大筐刚出锅的热气腾腾的馒头，家里很清贫，屋里很简陋。那次聊得很开心。他特别会做菜。有一次到我南阳家里做客，还给我讲一些饮食知识，告诉我怎么把菜做好、身体搞好。他一般要为家人做晚饭，吃完收拾好，家人熟睡后进行创作，因为安静，文思泉涌，出作品快。每天不知疲倦，常常会写到凌晨。

解放兄把毕生精力用在了历史题材的小说创作中，创作这类作品，历史资料的阅读量非常大。就在那么艰苦的环境里，他查资料，做卡片，抄笔记，研清史，几乎到了手不释卷的地步，对清朝历史的了解更是细致入微到宫廷的每道菜、每种点心。也正是因为这种精益求精的治学精神，才成就了轰动之作。他笔耕不辍地写了一二十年，终成520万字的13卷"落霞三部曲"，这种锲而不舍的创作精神非常令我感动。

自从他开始写"落霞三部曲"，我们的交往就更加频繁了。回忆起来犹如昨日，二月河一直是我的老大哥，这么多年来给予我很多的支持。我当初刚到南阳的时候，有段时间家里遇到了一些困难。二月河经常来我家探望我，给我鼓励，这让我非常感动。

二月河是一个非常愿意提携新人的老作家，确确实实地发挥了带头大哥的作用。很多年轻作家都会去请他写序言，邀请他参加研讨会，对自己的作品发表意见。二月河不仅热情地参加这些活动，还常常给年轻作家讲课，传授自己的经验。这些年来"南阳作家群"依旧活跃在文坛上，与二月河的带头作用是分不开的。

二月河厚道，仗义，南阳文友们无论是谁，工作上、生活上凡有困难，只要找到他，他都要想方设法予以帮助。这些年来，他帮助支持了多少人，谁也说不清了。

相比其他作家的成长经历，解放兄与众不同，他自己说是"硬着陆"，就是不带降落伞直接从飞机上跳下来，摔不死就创奇迹了。他留级三次，没考上大学，入伍就进大山深处挖山洞，建设国防工程，或者到塞北挖煤，历尽艰辛，没有老师指点，以前只会写点新闻报道豆腐块，刚与文学结缘，也是从读《红楼梦》起始，但他就是有毅力和运气，从"凌解放"到"二月河"，他确实创下奇迹了。他从小就对《红楼梦》感兴趣，他是在研究"红学"之后转而创作历史小说的，尤其是对《红楼梦》的研究积淀深厚。因此，他的小说有自己的特点，带有自己的情感和追求，与一般的畅销历史小说作家不太一样。今天来看，他的"落霞三部曲"为我们回顾清朝这段历史提供了大量生动形象的描绘，有助于我们吸取历史的教训。二月河的"帝王系列"小说很受读者欢迎，销量也非常惊人，在普通读者中影响很大。可以说，二月河对南阳城市形象的推广，对中国历史小说创作都有很大贡献。

有记者采访我，说二月河的作品也引发了不少争议。有些人认为二月河的历史小说歌颂了封建专制皇权，他是这些年大热的"皇帝小说"和"皇帝影视"的始作俑者。问我怎么看待这样的质疑。我老老实实作答：历史小说作家需要面对历史的真实与虚构的交锋，二月河有着自己独有的历史观。他很清楚封建皇帝的历史是我们国家历史发展中的一个阶段。同时，他也意识到帝王制度一去不复返，再也不会在我们国家出现了。今天我们都在讲民主，权力归于人民。研究帝王史、认识国情对我们国家今后的发展很有帮助。一部有影响力的作品发表出来后，总是会激起各种各样的看法。现在有不同的意见，这些讨论都是很正常的，也应该允许这样的讨论。二月河写作的目的，不是为皇帝立传，让大家都称颂赞扬他们；他只是想把这段历史呈现出来，让读者对这段历史进行审视。他希望读者在了解这段历史的过程中汲取教训，从而走好我们今天的路。

二月河的历史小说对清王朝的腐败和腐败在清王朝的倒台中所起的作用做了精彩的描述和表现，这对我们今天的反腐颇有启示意义。二月河当初写作历史小说的时候肯定没有想到近些年如火如荼的反腐，但是他在研究历史时，发现了腐败盛行是清朝衰落的主要原因之一。他用自己的笔把清朝的腐败景象描绘出来。这给广大的读者，特别是来自政界的读者以巨大的精神震撼，让他们看到了政权腐败的恶果。

二月河的作品为我们回眸历史提供了生动的文学范本,老大哥潜心创作的精神激励着我们"南阳作家群"奋发崛起。希望家乡能够更好地挖掘、保护、传承好二月河先生的文化遗产。

我们缅怀老大哥,他的奋斗精神值得致敬与传承。

缅怀挚友二月河

万伯翱

12 月 15 日得到大作家、我的挚友二月河去世的消息,深感悲痛。想起与他交往的十七年岁月,往事历历在目,恍如昨日。前不久,朋友电告我说他身体欠佳,在北京 301 医院住院,愚在海南出行,心想回京后一定去探望,谁知如今就阴阳两隔,我国文坛又痛失一位很有影响力的大家。

回忆与二月河交往的点滴,禁不住泪水盈眶,心潮起伏,不由半夜披衣秉烛疾书,缅怀这位老友。他见我总是一口一个"大哥"叫着,愚兄我也是一直称他为贤弟呢。

二月河原名凌解放,在人杰地灵的南阳,贤弟汲取了钟灵毓秀的楚文化精髓,传承了南阳作家勤奋执着的创作精神。贤弟凭借"落霞三部曲",奠定了在中国文坛的显著地位。后来,根据先生著作编剧的电视剧,更是在播映之后,红遍大江南北和全球华人世界,二月河也成了名副其实的"帝王作家"。

2002 年仲夏,几位南阳朋友,邀请愚到南阳签名赠书,与南阳笔友共同探讨钓鱼散文的创作。在当地领导和笔友的介绍下,贤弟不顾创作繁忙,连续几天陪愚出席所有的活动,又盛邀去家中品茗。在其小小的种满青竹花草的院落里,我们谈笑风生,贤弟妙语连珠,愚用纯正的河南话(我在河南下乡、上大学、当兵共 19 年)谈古论今,我们同声相应,在他的小院留下了我与他们全家的合影,愚在《五十春秋》文集里,把这次难忘的南阳会面的文章和照片都收集了进去,如今再翻开都成了绝唱。

当时在参观其家中创作环境时,愚看到,在其飘着墨香的书房里,摆满了各种书籍,可以称之为浩渺书海。他告诉我光《红楼梦》就看了近五十遍,276年清史也让他翻看得差不多了。"落霞三部曲",完全是先生在查阅无数资料后,根据历史面貌创作的呕心沥血之作。写作"三部曲"他头发落了一半,霜染两鬓。从这次会面始,先生不断签赠送我几乎他的全部著作,还有他的丹青牡丹和花鸟山水画作,幅幅画意浅浅,但题款却往往意味隽永,显示了文人画的特色。如洒洒洋洋写上:"不羁情牵,不为世迷。野塘远华,芳菲自主,悠然相望,修德若斯。"一幅小画,几句短文,反映了先生像荷花一样,出淤泥而不染;写出他如修竹高风亮节、不畏风霜的品德和精神面貌。这些画,愚珍藏装裱起来,每次欣赏,都感到赏心悦目,似乎贤弟在旁边说:"大哥,人生要豁达一点,一切都是过眼浮云。"如今,先生驾鹤西去,唯留巨著和书画永存人间。

二月河是多届的全国人大代表,五届的全国党代表,也是中国作协主席团委员。每年到北京开会,他都坐火车来京,为省下公帑,从不坐飞机来参政议政。他代表了一亿勤劳能干的河南人民向中央反映群众的呼声。在会议的空闲,他会不断约愚兄和众笔友小聚小酌。

先生因为写作,烟瘾很大,每天要抽好几包。愚曾经托朋友带过几条烟和好酒给他,表达自己与先生的款款情谊。饭局上,也曾劝他戒掉,以保证身体健康。后来听说,他患糖尿病、高血压等多种疾病,长期的伏案写作,摧垮了他原本当兵练就的好身体,导致近几年身体每况愈下。但就是在这样的情况下,先生仍是为民众鼓与呼,并且出版《二月河语》《密云不雨》《佛像前的沉吟》《人世间》《旧事儿》等散文随笔集。在2014年人代会上,先生对中纪委的领导陈情说:现在的反腐力度很大,用蛟龙愤怒、鱼鳖惊慌、春雷震撼、四野震动来形容党中央的决心和力量,一点也不为过。他说,二十四史他读完了,没有一个时期像我们今天的反腐力度这样大,这恢复了老百姓对党中央反腐倡廉的信心。随后,他创作了《二月河说反腐》,用实际行动,表明先生对反腐行动的支持,得到了读者的广泛好评。如今先生突然去世了，明年的人代会上，再也没有贤弟朴实敦厚的身影，还有那直谏的庄严面容了。

愚还记得有一次，我在写乾隆皇帝垂钓的长散文时，对一些清代知识把握不准，就不断致电先生，希望能了解皇帝南巡是如何垂钓的，清史是否有详细记载。先生在接到我的请求后，从浩瀚的书籍里，埋头给我找到了当年乾隆如何着衣行车随从执竿等依据，并对我说："大哥大胆写吧！你掌握的材料真中，足够用了！"先生的热情鼓励使我茅塞顿开，他的治学之严谨，让我肃然起敬。在我这篇"乾隆垂钓西子湖畔"洋洋洒洒万余字钓鱼散文字里行间，浸透着先生的心血和对后学者的关爱。与先生相比，在文学造诣上我们遥不可及，但先生治学的严谨态度和对人生的豁达，确实是我们学习的榜样。先生虽然离世，但他的巨著和共产党人的高尚品德仍彪炳千秋。

我们近两年虽见面少了，但心中始终互相牵挂，常常发短信。他说："老哥给我发些好段子，让我在轻松幽默中休息和学习。"他在电话中也常让我笔染丹青，为了鼓励我，还说为爱心和公益他已拍卖几张画了，而且还给我一张，我拍卖后捐献给伤残的老运动员了。他的许多作品都无偿赠送给了朋友。据他介绍，这几年他的作品版税收入也够自己花了，钱再多也没有什么用，不为钱财所动，并不像有些名作家大卖自己的书画——当然这比他们写作来钱快而多呢！二月河的人生经历，充分反映了我们这代人中一些知识分子，仍然拥有铮铮铁骨一样的脊梁。

我和二月河这一代，经历了"文革"，也经历了改革开放，时代在我们身上已经打上了深深的烙印，让我们深深明白，"文革"带给群众的是动乱和苦难，改革开放带给群众的是富裕美好的生活。二月河先生也常说，希望国家能够清除腐败，完善制度，国家实现真正的富裕强盛和民主自由。当然，在市场经济大潮下，知识分子也应该像先生那样坚定操守，清清白白做人，踏踏实实做学问：芳菲自主，修德若斯。

清灯急笔淌成文字，只为缅怀挚友，祭奠亡魂。

二月河水奔腾大海

姚海天

解放自去年 12 月 15 日凌晨驾鹤西去,转眼已二百多天了。我作为他的读者、朋友、南阳老乡再加上父亲的这层关系,自觉感情更亲切深沉一些,因此有时我们见面或通话时,我常以解放兄相称。自他病逝之后,他的菩萨般的音容笑貌常出现在我的眼前,不禁唏嘘感叹,他早年为拼命创作"清朝帝王系列",虽然功成名就,但却严重透支了身体,损害了健康,落下了心脏病、糖尿病等痼疾,晚年在养生保健上又太疏忽大意。我为他的过早离世而惋惜。

我与解放的结缘,始于首届"姚雪垠长篇历史小说奖"评奖活动。1999 年 4 月,父亲在中风三年后以 89 岁的高龄辞世。父亲生前特别是生病后有个愿望,就是欲在《李自成》第四、五卷出版后,捐献全部版税,设立一个专项的长篇历史小说奖励基金,为中国长篇历史小说创作的繁荣和发展尽自己一点绵薄之力。父亲去世后的当年 8 月,《李自成》第四、五卷与第一、二、三卷同时配套出版,有了一笔较可观的版税收入,于是我代表母亲和家人致信中国作家协会,报告父亲生前的这一心愿。中国作协党组对此十分重视,很快决定设立"姚雪垠长篇历史小说奖",委托中华文学基金会具体承办。于是,首届评奖活动开始启动,受到社会的关注。通过各地作协、出版社等途径征集到 60 余部自改革开放以来出版的长篇历史小说,其中包括二月河的作品。以中国作协领导张锲、高洪波和北大知名教授严家炎为主任,与其他十余位知名专家学者组成评委会,经过严格三审,《乾隆皇帝》最终入选,其他获奖的四部优秀长篇历史小说是唐浩明的《曾国藩》、凌力的《梦断关河》、熊召政的《张居正》、颜廷瑞的《汴京风骚》。

2003年11月7日,颁奖会在北京"文采阁"举行。颁奖典礼那天,中国作协领导、评委、获奖作家、出版社代表、媒体记者,齐聚一堂,气氛隆重而活跃,二月河代表获奖作者作了简短但不失精彩幽默的发言,赢得了大家的赞许。在这次颁奖会上,我和解放是初次见面,因为他是南阳作家,更觉亲切。从此我们相识、相交,成为好友。

我和解放以后的交往中,印象最深的是在颁奖会不久的一次回老家扫墓。那是在次年小麦抽穗扬花的季节,我偕妻子王琪陪同田永清将军回到河南,首站到南阳。次日,二月河与友人陪同驱车到父亲故里邓州九龙镇姚营寨,先去看村子西头的已经百年沧桑、残存三间的父亲出生地的老房。(1919年父亲9岁那年,土匪进寨烧毁三进院的祖房家产,从此全家离开姚营寨到县城居住。)之后,到村子东南一里外的祖坟祭奠。墓地在一望无际的麦田中,我们和田将军、二月河、村支书等一行,拨开齐腰深的麦浪,跨过沟渠,来到墓地,按照习俗,我和妻子在爷爷奶奶的坟前烧了冥纸,放了鞭炮,磕头祭拜。田将军和二月河等则向坟茔三鞠躬。岁月如梭,不觉已过去十五六个冬春了。我已逾八旬了,解放比我小8岁,却早我而去。解放走后,我们同去姚营扫墓的情景更常常浮现在眼前,犹如昨天,令人感慨。真是岁月无情!

2010年10月10日,是父亲的百年诞辰日。在这一年的8月中旬,中国新文学学会和中共南阳市委宣传部联合举办的"纪念姚雪垠百年诞辰学术研讨会暨中国新文学学会第26届年会"在南阳理工学院礼堂举行。在开幕式上,二月河作为嘉宾应邀出席,来自全国各地的专家学者和教授发表了讲话。他没有讲稿,侃侃而谈。在不长的讲话中,他谈到姚雪垠先生是他的老师,他从《李自成》的创作中吸取了不少经验,姚老为中国当代历史小说的发展做出了很大的贡献。二月河发自肺腑的一席话,我至今记忆犹新。但多年来，也听到过一些闲言碎语，我都淡然一笑，不予理会，因为这些年我们的社会盛产谣言是非，涉及上自伟人下至百姓，何况自古以来文人之间闲话多，更不足为奇。一次我和父亲闲谈，谈到二月河的帝王系列。父亲说，他没有时间看二月河的书（他晚年因为创作太忙无暇看长篇小说），不过他说，二月河能写出这些大部头书，受到读者欢迎，很不容易。当然父亲对其"大帝"的提法等，也有不同看法。我近日看到网上有人这样评论父亲与二月河："有的说俩人有'过节儿'，有的说他们'互不相让'，有的说'话不投机'……其实，这是两位大家间的正常文学讨论和争鸣。"我认为这种说法，是符合实际的。由于两人的年龄、知识结构、生活阅历、思想理念、创作实践、所走道路等方面的差异，这种"讨论与争鸣"是很正常的现象。

田永清将军作为父亲的忘年交和二月河的至交好友的双重身份，在今年4月下旬南阳举行的"中国新文学学会姚雪垠研究分会"成立大会的讲话中，特别谈到父亲与二月河的关系问题，纠正了社会上流传的一些不实说法，反响很好，令人信服。

二月河水奔向大海，解放已离别我们远行，我常常忆起我和他过去交往的一些事情，现写出难以忘怀的数事，以表达思念之情。解放兄，我会常常想到你！

二哥走了

——深切悼念凌解放先生

张庆善

　　著名作家凌解放，即二月河，我一直叫他二哥。田永清将军是二月河多年的好朋友，田政委的年纪比二月河大，所以他叫二月河是二弟，我的年龄比二月河小，就叫他二哥。比他小许多的李之柔则叫他二叔。我为什么叫二月河是二哥？当然是因为"二月河"这个名字。有一次聊天，二哥说曾有一个读者给他写信，称他"尊敬的二先生"，大家哄然大笑，我印象中自那次以后，我就干脆叫他二哥了，嫂子赵菊荣在我们的嘴里也就成了"二嫂"。二哥二嫂倒挺愿意这样叫他，显得亲切，像是一家人。

　　2018年12月14日，我到福州参加由中华经典文化传播交流委员会、福建省音乐家协会、福建省歌舞剧院共同主办的"先人与我们同行——感悟国学经典大型交响咏诵会"。15日一早，接到田永清将军的电话，他非常伤心地对我说："告诉你一个坏消息，二弟走了。"这让我十分震惊和难过，虽说二哥这半年来一直住在医院里，病情时好时坏，很不稳定，甚至还进过重症监护室救治，但这一个月来我和田政委多次通电话，知道二哥病情趋于稳定，田政委说等病情再好转一些你再来看吧。我计划12月21日去军事科学院研究生院讲课，田政委和我约定讲课后去看望二哥，因为那里离北京301医院很近，不想竟传来了这样的噩耗。田政委给我打过电话不久，二月河的女儿凌晓也给我打了电话，告诉我她爸爸去世的消息,凌晓电话里很伤心,当时他们正在回河南南阳的路上。

我和二哥相识三十多年,第一次见面是 1982 年 10 月在上海召开的第三届全国《红楼梦》学术讨论会上,那时我 30 岁,二哥 37 岁,我是大会秘书处的工作人员,他是大会代表。那时的二月河(那时还叫凌解放)在会上既显眼又不显眼。说显眼,是因为他当时的身份是南阳市委宣传部干事,在那个时候像他这样的身份能来参会是极为罕见的,是特例,所以显眼。说他不显眼,又是因为与会者大多是教授专家,多是大学和研究机构里的专业人士,二月河在大家的眼里是"业余研究者",自然在教授学者堆里显不了眼。二月河能以"业余研究者"身份参加全国《红楼梦》学术讨论会是因为冯其庸先生,而在这次会上二月河最大的收获就是与冯先生见了面,从此结下了几十年的师生深厚情谊。多少年来,二月河一直称冯老为恩师。

人人都知道二月河是著名作家,其实他走进学术和文化领域,却是从研究《红楼梦》开始的。

2017 年 1 月 22 日冯其庸先生去世,二哥二嫂第一时间给我打来电话,心情十分沉重,嘱我向师母夏老师表达哀悼之情。他本要到北京参加冯老的告别仪式的,无奈那个时候他的身体也不好,这两年他的身体常常出现情况,时不时到医院去。二哥生病二嫂一般不和我们说,怕大家惦记,都是二哥病情好转了才和我们说一说。这一次冯老去世,他实在是因健康的原因去不了北京了。而这么多年,二哥每年到北京参加"两会"或党代会,他都要专程去张家湾看望冯老。他不止一次对我说:"冯先生于我有恩,是我的恩师。"他还说冯先生是对他走上创作道路影响最大的人,冯老是第一个把他称为作家的人。所以他多次说:"中国红学会是亲娘家,我到北京来都要先和冯老、庆善报到。"也确实是这样。二哥是党的第十五至十九大的五届代表,同时又是多届的全国人大代表,这在全国作家中恐怕没有第二人。记得他每年来北京开"两会",河南代表团乘坐的火车是早上六点多钟到北京,二哥总是那个点给我打电话,用浓重的河南口音说:"庆善,我到北京了。"而按我们约定俗成的规矩,他到北京来总是由中国红楼梦学会安排第一顿接风的饭。二哥与中国红楼梦学会、与我的深厚情谊,当然源于《红楼梦》,源于冯老与他的师生情谊。

二月河人生最后一篇文章就是谈冯老的。冯老不幸去世后,《红楼梦学刊》编辑部向二哥约稿,二哥在身体很不好的情况下,写下了他人生的最后一篇文章,即《吾师虽离去,恩绪永缅怀》,发表在2017年第4辑上。二哥在这篇文章中深情地回忆了他与冯老的交往以及冯老对他的帮助,他说,他当年在南阳市委宣传部工作,确定《红楼梦学刊》为主攻方向之后,立即将手头的一篇红学文章寄了出去,并附了一封给冯老的信。大约在1985年初夏,五月份左右,冯先生到南阳来了,他提出:"把你的《康熙大帝》取来我看。""《康熙大帝》当时已经写了十七万字的初稿。可是都是草稿,写得连勾带划,此转彼接,生人看生稿会很费劲,我嗫嚅了良久才回答说:'我试试,……文字不好请冯先生原谅。'……就这样,我连夜抄了十章,整齐理好送给先生。冯先生似是一句废话也不曾有过。他立刻拍案表态:'你的什么掇红集,还有你什么红学论文都不要弄了,这样就好,这就是你的事业,写完后马上告诉我,我给你寻找出版社!'"从此,二哥就与冯老结下了不解之缘,也与中国红学会结下了不解之缘。全国红楼梦学术会他几乎是每次都参加,即使成了大名之后,也不改初心。他参加的最后一次全国红楼梦学术会是2013年,在河北廊坊举办的纪念伟大作家曹雪芹逝世250周年大会暨学术研讨会。

二月河是在1985年贵州全国红楼梦学术讨论会上当选为中国红楼梦学会理事的,他是河南省最早的理事之一。记得那个时候,河南省似乎只有两个理事,一个是李春祥先生,一个就是二哥。要知道1985年新时期红学刚刚起步,那个时候能当上中国红学会理事是很不容易的,全国的理事除北京多一些外,大多数省都是一两个名额,有的省还没有名额。而一般能当上理事的又都是大学教授和研究机构的专家,像二哥这样的"业余研究者"真是凤毛麟角,要知道那个时候他还不叫"二月河"。由此可见,二哥在红学研究中是起步比较早、成绩比较好的学者了,否则一个"业余研究者"是不可能当上中国红楼梦学会理事的。

二哥不仅是河南省最早的理事之一,在《红楼梦》研究上写了很多文章,有很多成果,他还是为推动河南省《红楼梦》学术文化活动发挥很大作用的人。南阳市、邓州市都成立了红楼梦学会,他是最有力的支持者。南阳、邓州的《红楼梦》文化学术活动,在全国都是属于搞得很好的,他们有研究刊物、有经常性的活动,特别是邓州市的活动搞得有声有色,成为地方文化建设一道亮丽的风景线。而这一切,都与二哥有着密切的关系,得益于二月河的关心支持。

《红楼梦学刊》是冯其庸先生一手创办的,是在国内外都有很大影响的国家级核心期刊,是新时期红学发展标志性的成果。但人们并不知道,《学刊》多少年都没有一分钱的财政拨款,全靠一点发行费和社会友人的帮助支撑着。而我们为了保持《学刊》的学术品味,从来不登广告,也从来不收一分钱版面费。有好几年,学刊不仅得不到财政拨款支持,还要自己解决编辑的岗位补贴,甚至还要给单位缴房租水电费,非常艰难。上世纪90年代初期,扬州外办丁章华主任、西园大酒店都曾给予《学刊》很大的帮助。1997年卓琳同志还到《学刊》编辑部来过,知道当时面临的困难以后,她为我们找到一家民营企业资助50万。到2003年《学刊》再一次面临严峻的经费困局,二哥知道后,个人拿出30万支持办刊。多少年,无论是丁章华主任、卓琳同志还是二哥,都不让我们说这些事。卓琳同志说,她喜欢《红楼梦》,自己不能光是索取,也要为红学梦研究做一点贡献。二哥说,没有冯老、没有中国红学会,就不会有二月河,支持《学刊》是应该的,没有什么可说的。每每想起他们的无私支持,都令我十分感动。

二月河的历史小说创作,无疑代表了当代历史小说创作的最高水平,在三部小说中,我觉得《雍正皇帝》写得最好。我们看二月河的小说,会感到无论是文笔、结构还是人物塑造都有《红楼梦》的影响,他是当代作家中最注意向《红楼梦》学习创作的作家之一。清代康雍乾正是《红楼梦》创作的时代背景,曹雪芹家在康熙时代发达,在雍正年代衰落,而《红楼梦》则是在乾隆年间产生。二哥的"落霞三部曲"写的正是与曹雪芹家的命运、与曹雪芹的创作有密切关系的三个皇帝、三个历史时期。二月河是研究《红楼梦》的专家,又有冯其庸这样的红学大家作为老师,因而他对《红楼梦》有特殊的感情,《红楼梦》对他创作的影响是不言而喻的。

正因为二哥既是著名作家,又是《红楼梦》研究专家,当年要搞新版电视连续剧《红楼梦》时,有关方面征求我对编剧的意见,我当然首先推荐了二月河,我认为他无疑是《红楼梦》电视连续剧最合适的改编者。但当我与二哥说请他出来改编,没有想到他竟一口拒绝了。他说:"我胆子很大,当年敢夸海口写康熙、雍正、乾隆,但改编《红楼梦》我不敢碰。《红楼梦》是奇书是天书,不是一般人能改编的。"他对《红楼梦》的热爱和敬畏溢于言表,这既让我意外,又让我敬佩和感动。

二哥是一个非常勤奋的人,又是一个多才多艺的人,据说一位领导曾讲,二月河的小说写得好,字不咋样。后来我发现二哥还是很注意练字的,他的字很有特点,显示出强烈的个性。另外他的画也非常不错,尤其擅长画葫芦、寿桃、豆角等。那个时候,他给自己提的要求是,每天要一字一画一文。

二哥今年大半年都是住在北京 301 医院,虽然病情时好时坏,但我没有想到他就这样快走了,才 73 岁,走得早了一点。他还有很多计划,他一直想写太平天国,做了很多准备,前些年他常常把想法给我们说说,可惜因这几年身体状况一直不好,慢慢就不说了,这真是非常遗憾的事情,是文学界的巨大损失。

二哥走了,他虽然离开了这个世界,但他永远留在我们的心中!

二月河先生:永远的老师

李天岑

2018年12月15日早晨,一打开微信,看到一位朋友的一个截图,上面显示7点38分的消息:作家二月河先生病逝。下面他问了一句:是不是真的?我看到这则消息心里一震,满眼泪水,我不敢回答他是真是假,也不想询问其他朋友,就在朋友圈里拨拉着看其他朋友有没有发这方面的消息,结果没有这方面的消息,但看到有两三个朋友在朋友圈发了与二月河老师有关联的文章,我的心就吊了起来。到上午10点钟,得到了准确消息,我长叹一声,天哪,你怎么不让二月河老师晚走一步?痛哉!惜哉!

我与二月河先生见第一面时,就叫他为老师。因为那时候虽然我也搞创作,但只是些雕虫小技,而他一出手,就是洋洋洒洒大部头的《康熙大帝》。与他交谈中他话语不多,但一张口便引经据典,所以我敬佩他。

此后,我因工作性质和对文学的爱好与追求,与二月河先生接触越来越多。从频繁的接触当中,我感觉到他是一个不平凡的作家。我说的不平凡不仅是就他的作品而言,而是说他的为人处世与修养。上世纪90年代,他已是名扬天下,可我觉得他对名利很淡薄,从没有"大家"的架子,为人处世仍是忠厚谦和低调,对领导对同事对朋友对读者甚至对每位小朋友都温和相待。有的找他讨书,有的求他签字,有的要他写序,有的要他出面参加活动捧场,有的登门拜访求教,他只要时间和身体允许从不拒绝,更不厌烦。

二月河作为继乔典运之后的第二位"南阳作家群"的领军人物,对培养南阳作家更是倾注了大量心血,我本人就是受益者之一。2005年,在我出版第二部短篇小说集《找不回的感觉》前,把书稿给二月河老师看。他一口气读完,说用《懒四偷婚》做总书名最好。可我当时有我的考虑,用了《找不回的感觉》做总书名。即便如此,二月河老师依然在身体欠佳的情况下,大冬天跑到郑州参加了由省作协主办的《找不回的感觉》研讨会。他在会上还说,天岑用《找不回的感觉》做书名有他自己的道理。我出版长篇小说《人精》时,作家出版社提出,最好让二月河先生配幅画,我甫一提出他便欣然应允,不但作画,而且配诗。

那些年我政务繁忙,无暇写作,总是叹息。二月河老师教导我说:"你现在写不了就先收集素材,等退下来不忙时再写。"我说:"到那时像油灯的油一样熬干了,指望捻里那点油还能行?"他说:"你行政上那油灯熬干了,文学这盏灯刚点亮。"正是在二月河老师的鼓励下,我近年来写出了"人"字系列"三部曲"与《平安夜的玫瑰花》等四部长篇小说。

近年来,二月河老师随着年龄增长身体越来越不好,他感到"南阳作家群"有点青黄不接。他也多次同我讨论过这件大事,希望"南阳作家群"不要断层。这时,我感觉到他培养青年作家的责任感更重了,意识也更强烈了。二月河老师在体力不支的情况下,仍采用多种形式和办法来培养和鼓舞青年作者,而且要求青年作家静下心,坐得住,戒浮戒躁,努力创作,使得一部分有潜力有希望的青年作家脱颖而出。

这就是我之所以敬佩二月河,之所以说二月河是我永远的老师的原因。

良师益友二月河

秦俊

　　惊闻解放兄辞世的噩耗，心陡然刺痛，不愿相信。解放兄到北京住院已几个月了，病情时时牵动着我的心，每当赴京探视他的朋友们谈到他的病情时，我这颗心都忐忑不安，把自己关在书房，看着书架上那一部部他的作品，回顾起和解放兄亦师亦友的交往。

　　我是搞地方志的，我的创作以南阳人物为原型，先后创作出版了《乱世枭雄——别廷芳演义》(合著)、《落第状元——庞振坤》、《浪子拜将记》、《奇侠樊钟秀》等七部长篇小说，正扬扬得意，却有文艺界的所谓权威人士，将我的作品定性为通俗文学，我很苦恼，几乎想放弃。

　　关键时刻，"南阳作家群"的几位领军人物给了我极大的鼓舞。乔典运对我说："你说《红楼梦》通俗不？《三国演义》《水浒传》《西游记》通俗不？可它们都是名著。"解放兄也说："老弟，我写的书人家也列入通俗之列，我就不写了？你是大学本科毕业，功底我知道。不要怕谁说，不要受风的影响。他们说他们的，咱写咱们的，话由他们说，路咱自己走！"如果没有他们的鼓励，我不会坚持下去，也不会有现在这点成就。

　　解放兄既是老师，又是朋友，更是兄长，和他说话我毫无顾忌。
　　前年，河南文艺出版社想在南阳师范学院为拙作《春秋五霸》开一个研讨会。出版社希望请他出场。我找到解放兄说明了来意，解放兄说："我看东西十分钟眼就疼，你那么多东西全看下来是真的受不了。没看完又怕说不到位。"我一听不高兴了，跟他要横："反正你看呗，你过去那么支持我，这次支持不支持你自己决定。"甩个脸子就回家了。我知道他不会不去的。果然，刚到家，他电话就来了："俊呀，我要看，要参加，还要说几句。"

因为他身体不太好，那天在会议室门口摔了一跤。一位记者把这件事在网上捅了出去，回家后很多亲友打电话问摔得咋样，他很生气地打电话给我："俊呀，我说不去，你非要让我去，结果摔了一跤，好多人打电话问我，以为我摔断胳膊腿了似的。"我赶快赔不是："对不起呀老兄，谁叫你是大名人，你打个喷嚏，全国人民都知道。我就是死了，估计也没几个人知道。"他嘿嘿笑了，说："不和你说了。"把电话挂了。

有一件事使我难以忘怀。他听说我儿子结婚，带病画了一幅大大的牡丹让朋友送过来。朋友调侃说："他的另一幅牡丹画，还没这幅大，拍卖了十万元，这幅能拍二十万。"

很多人眼中的二月河，一副帝王相，正襟危坐，不苟言笑。其实他也是幽默诙谐高手，调侃打诨妙语连珠。有次记者采访他，他为了推我，说："你们也采访采访秦俊，秦俊比我强。"

记者惊讶地睁大眼睛反问："秦俊还比你强？"他郑重地点了点头。记者追问："他哪点比你强？"他说："我三不如秦俊。"

记者又问："哪三不如？"他说："第一，我没他官大。第二，我的孩子没他的孩子有福气，他的孩子才七八岁参与摸奖，一抓就抓了个二十万元的汽车。我的稿费千字十五块，我得写几部书。第三，他的粉丝多。"

记者不解道："他还比你粉丝多？"

他又郑重地点点头。记者摇摇头说："我不相信。"解放兄坏笑道："我是说的女粉丝，他天天坐在花丛中，所以他身体好，心情好，出东西快。""帝王"开起玩笑也弥漫着人间烟火。

我们常在一起，一杯清茶，天南海北，古今中外，谈文学，谈史学，谈哲学,谈佛学,从不谈自己的事,更不谈家长里短。每次和他畅谈,都受益匪浅,如沐春风。解放兄为人处世既有原则性,又不失人情味。

有一位作家,不太出名但为人很好,善于协调作家之间的关系,和解放兄与我之间关系都很好。1996年10月,其女婿在南召县出了车祸,想找解放兄给县里有关领导打个招呼,在处理事故时给予关照,但怕解放兄拒绝,就来约我一起去见解放兄。

解放兄听了很为难:"我从来没有为亲朋的私事麻烦过领导,我相信这个事县里会处理好的,无非是赔多赔少,你说人都在医院住着,我也不能不管,昨天我收到一笔稿费,也不多,就2500元,算我为女婿买点营养品吧。"边说边把钱拿出来给了这位作家。这笔钱现在看来不算什么,可当时相当于一位处级干部三四个月的工资。

还有一件事,也使我终生难忘。

某市一个县想请他去做报告,与他们认识的一位南阳市领导大包大揽,说能请到二月河,该县就把这件事列入县里的工作日程。可二月河因为身体原因去不了,此人找到我说:"俊呀,这事已经说出去了,并列入县里工作计划,二月河去不了,我咋收场?"我也觉得这是个大事,就去动员他。解放兄说:"俊呀,你看我真是身体支持不了,前几天中央的一个部来请我去做个报告,我都没答应,出门吃饭都得你嫂子招呼我。"我说:"嫂子招呼你,我也招呼你,我陪着你去。"他说:"真的?"就这样,他带病到一百多公里外做报告,饭都没吃,又赶回南阳。

对于钱的事,解放兄总是说:君子爱财,取之有道。无道的钱,白送也不能要。

国内某知名大药厂要搞一次健康知识讲座,想请二月河去参加,给他开的条件是:五十至八十万。他坚决不去。厂家找到我去动员二月河,把酬金提高到了120万。解放兄说:"俊呀,给再多钱我也不能去。"我问为什么,他说:"啥健康讲座?办健康讲座不是药厂的事,药厂是想做软性广告,凡是做广告的,给再多钱也不去。"

他不仅对我关心、帮助、扶持,对南阳所有的作家都是如此,特别是青年作家。常有青年人出书时通过我请他作序,他没推过一次,而且每次都是把书看完再作序。"南阳作家群"这些年的发展壮大与解放兄的栽培密不可分!这样好的一个老师,这样好的一个兄长,居然走了。痛哉!

二月河,您不能走,您还欠我一幅画呢!

去年的一个周日,市里一个领导约我去看二月河。二月河说:"某某,我画的画好像没有给过你。"某某说:"没有,我很想求您一幅,怕您忙,没敢张口。"二月河说:"前几天我画了一幅牡丹,给你吧。"说毕,便翻出一幅牡丹,提笔在上边写了赠某某弟,又写上年月日,并加盖了私章。某某很高兴地收下了。二月河好像觉着少点什么,扭头对我说道:"俊,好像我也没给你过画。"我说:"是的。"他说:"我这里有个大南瓜(画),送给你吧。"我说:"隔河作揖(承情不过)。"

他又拿起了笔。我说:"老兄,别急,我跟你商量一下。去年,某某领导邀我一块来看您,他想求您一幅画,您也答应了,可一年多了,您也没给人家画,先把这幅给某某吧。"二月河把毛笔"啪"往案子上一放,对同去的这位领导说:"某某,咱坐那边喝茶。"一边说,一边走向茶几,弄了我一个好大的没趣,面如关公。

同去的某某领导虽然坐下了,但只喝了一口,便道:"解放兄,我还有点事,隔天再来喝您的茶。"二月河说:"好,好。"出了二月河家,我气鼓鼓地说:"这个凌解放,关系不错,今天却这样对我!"某某劝道:"他有病,抬胳膊都有些困难。别人买他的书,让他签个名,他都不想签。好不容易画两幅画,赠我一幅,赠你一幅,你却要转给别人,他心里能好受吗?你放心,凭你俩的感情,他一定会给你解释的。"我将信将疑。不到十分钟,二月河给我打电话:"俊,还气不气?你拐回来,让我签给谁,我就签给谁。"我心里有气,便骗他道:"我已经到家了,没有车,隔天我去找你……"

二月河,我还没有找您,您怎么就走了呢?

二月河,解放兄,您不够朋友,您说话不算数,您……您不能走呀……

解放兄虽然离开了我们,我,还有南阳作家群,会记着他,缅怀他,学习他,继承他的遗志,创作出更多更好的作品,以告慰他的在天之灵!

画说二月河

周同宾

二月河贤弟驾鹤仙去,唯有抄一旧作,以示深深的缅怀。

一

二月河的画,我藏有多幅。在朋友圈子里,不是最多,也算较多。近两月,又得到两幅,一桃花,一寿桃。今日天气阴沉,寒意颇重,情绪不舒展,懒得读书写作,就拿出画看,看着看着,心里热热的,不禁就有话说了。

那天,满城风雨近重阳,诸文友相聚宴饮。酒喝到二八板上,邻座的二月河对我说:"给你画幅桃花,叫你走桃花运。"声音不高,别人没听到。桃花运云云,显然是玩笑话。我已老迈,常有迟暮之感,命相早定,运程绝不可能陡地染上妍妍的胭脂色。但桃花却是我之所爱,因为那是春的笑靥。

我等着那幅画,竟多天无消息。莫非是酒后戏言,不可当真?抑或贵人多忘事,早抛脑后了?

忽一天,二月河打电话:"画好了,你来拿吧。"不禁一喜,当即打的赶去。

来到他家门外,惊起一群野鸟,不是麻雀,是大个儿的鸟。进门,见院内残雪未消,空地上撒有米粒、玉米糁。那是给鸟备的食儿。此时,鸟在枝头焦急叫跳,催人走开,再来捡食。他说,常常喂鸟,剩饭也作鸟饲料。特别是落雪天,人能吃饱,鸟去哪儿找食儿?忽想起,有次接他参加会议,车在院外等许久,迟迟不见露头,却原来一只什么鸟掉进水池,翎毛湿了,为救鸟误了时间,上车还没坐稳又说,后悔没用电吹风把它吹干。我暗自感叹,古人说仁德及于禽兽,这就是啊。——扯远了,打住。

却说我进屋还没坐定,他就拿出画卷。我展开一看,眼前一亮,心中一亮,夸赞道:"好。"他笑了,若弥勒佛。

携画归来,当窗细品,渐渐进入画境。见浓墨郁结成老干,树龄好似百年,铁一样凝重坚劲,略呈"之"字形,转折处抽出新枝,多直上,少斜倚,几无穿插(这是有意或无意地与传统画法闹别扭),便有勃勃的挺然翘然之气势。枝丫间,花开十余朵,粉瓣儿艳如美人腮;菁葵无数个,鼓胀着酽酽的绯红。枝头冒出几枚雏叶,不想招人眼,腼腆地尚未展开。于是乎,便酝酿出满纸暖意,便洋溢出满室暖意。窗外,高天滚滚寒流急,屋内,桃花依旧笑春风。

画上题诗曰:

> 天天修得诗经篇,
> 烨烨荒岭小家院。
> 浑然不计年轮多,
> 岁岁艳英赋春天。

哦,画的是《国风》里的桃树,灼灼了三千年的桃花,曾牵扯昔日少男少女情爱婚姻的夭桃。此树理应生长在野外,如李笠翁所说:"惟乡村篱落之间,牧童樵叟所居之地,能富有之。欲看桃花者必策蹇郊行,听其所至,如武陵人之偶入桃源。"

忽忆及南阳城东白河边,有桃林夹岸,春二三月,次第绽放,绵延十余里,绚烂似云霞。我去看过,几欲醉死花丛。二月河身居闹市,情系自然,时时牵念大地上的事情。彩墨挥洒,再现的正是爱的心相。这么说,前面写他爱鸟,也不算跑题。

久久看画,忽地心头一动,竟有了诗思,就也吟出一首:

> 若有东风过两鬓,
> 韶光伴我漫沉吟。
> 人生四季安排定,
> 宁有芳菲二度春?

二

交新春,本人年届古稀("古稀"一词,让人丧气。又思忖,那是古稀,不是"今稀",也就释然)。不知从哪儿引发,二月河突地想到此事,春节的鞭炮声还在响,就打电话向我求证。我说,真的。他说:"给你画桃。不是这,我是不画的。"我问,啥时候去府上取,他答:"快。"

第二天和他联系,说:"现在就来吧。"真是快,可能昨晚通电话后就乘兴泼墨,一挥而就了。

到他书房还没坐定,他就吩咐夫人去楼上取画(伊是他的"上书房行走"。他在家中,有点四体不勤,养尊处优,若皇帝,若熊猫,琐事多由夫人操劳)。我接过画,首先看见题跋中的"贼"字,立马说:"孔子曰:'老而不死是为贼。'"(同时想起冰心晚年,曾欲请人将此七字刻一闲章,没人愿干。只一山东青年闻讯照办,老人很是高兴。)待把画跋读一遍,我才豁然解悟,不禁大笑。他说,一时灵感而已。恰在这会儿,有人找他在书上签名(二先生常干这活儿,我每次造访,几乎都碰上这种事儿)。遂告辞,连个谢字也没说。

回家,腾清凌乱的书案,摊开三尺横幅,静心读画。但见斜刺里雄劲一枝插进宣纸,旋即岔为二,一长一短延伸,长枝聚三桃,短枝带二桃。桃皆硕大如斗,红熟得饱满。何以画五颗?是否寓意《尚书》里的"洪范五福"?五福的最后一福就是"考终命"。偎依鲜桃的,有五七片叶,俱如掌,已苍碧出老色。还有,那桃放在荆条编的筐笼里。那物件儿,酷似我儿时东邻五奶奶家用的盛红薯盛窝头的容器,在当时就已古旧成了文物。

写到这儿,该抖开包袱,说他画上的题句,道是:

> 贼、贼、贼,二月河不思作文思做贼。天上去赴王母宴,逡巡窃得一枝蟠桃归,稽首笑祈吾友福寿康且齐。

最后的落款是"贼徒二月河"。却原来,我不是贼,他是贼。此贼厉害,竟效仿东方朔,偷到西天瑶池了。

此情可待成追忆

孙玉明

　　二月河仙逝之后,我曾经两次接受凤凰卫视电话采访,其后,本打算写一篇纪念性的文章,发到自己的公众号上,但由于我天性乐观,甚至可以说是看淡生死,所以无论内心如何悲伤,也写不出那种沉痛悼念类的东西。而撰写此类文章若不够严肃,就有可能会受到别人的指责,是以犹豫再三,却迟迟没有动手。前不久田永清将军打来电话,说要出版一部《二月河先生纪念文萃》,要求我务必写一篇文章。我与二月河结识之时,也有幸认识了田将军,通过多年的往来,亦成为忘年之交。对于他的命令,我不但要恭敬,而且也必须从命。再加我与二月河的深厚友谊,若不撰写纪念文章,也于心不安,是以构思数日,将我与二月河交往过程中的一些琐事,草成此文,以表缅怀之情。不妥之处,还请各位海涵。

　　二月河,这个享誉中外的名字,虽然是凌解放先生的笔名,但有个别人,不知道是出于无知,还是故意开玩笑,偶尔也会误称他为“二老师”或“二先生”!而我们几个与他关系密切而又喜欢开玩笑的人,则特意以“二”呼之:比他年长者如田将军称他“二弟”;较他年幼者如我则呼为“二哥”。

　　我与二哥相识并成为莫逆之交,结缘于《红楼梦》。关于二月河与《红楼梦》,我曾撰写过《二月河的红楼情》一文,发表在《红楼梦学刊》

2004年第3辑,有兴趣者可以参看,此不赘言。

20世纪90年代初,我在《红楼梦学刊》担任编辑,那时的二月河,已经是蜚声文坛的名家了。然而,初次见面时,我却感到他十分随和,非常面善,一点架子都没有,再加上他那乐观风趣的性格,更让我觉得情投意合。从此之后,我们每年都会见上几次面,平时则用电话保持联系。随着时间的推移,我们也从相识到相知,最终成为莫逆之交。

我与二哥交往的过程中,有许多值得回忆的趣事,而真正给我留下深刻印象的,首先是我与二哥及冯其庸先生的马来西亚之行。

2002年12月,应中国驻马大使馆、马来西亚华人行业总会、绿野仙踪集团、《星洲日报》邀请,我与二月河、冯其庸,前往马来西亚访问。我是有生以来首次出国,二哥则不但是第一次出国,而且还是头一次坐飞机。

此行主题为"二月河·三月天"。平安之夜,我们三人在金马皇宫做讲座,每人四十分钟。我以《〈红楼梦〉与明清历史》为题,首先敲响了开场的锣鼓,然后冯先生讲《红楼梦》,最后二月河压阵,讲他的"落霞三部曲"。第二天,一直追踪报道的《星洲日报》,把我们讲座的内容整版刊登了出来,我和冯先生的讲座都是原标题,二哥的讲座题目却变成了《河南话 很难懂》。看到这个标题,我们都捧腹大笑,而笑得最开心的,却是二月河,直接都能看到嗓子眼儿。

那晚在讲座之前,还安排二哥给热心的读者签名。本来只安排了半个小时,但二哥看到求他签字的人太多,就与主办方商量,又延长了半个小时。他随行的妹妹凌卫萍在旁边替他盖章,手都红了。我要替她一会儿,她坚决不干,怕二哥批评她偷懒。至于二哥是不是手疼手累,也只有他自己知道。

我有一个习惯:无论到什么地方,一定要去吃一次地摊或者大排档,以便真正品尝到当地的特色饭菜。但那次行程安排得非常满,白天晚上都有活动。某天晚上,公干结束后已经十点多钟,当我向王太钰、杨治雨二位学弟提出这一要求时,他们提议最好问问二哥是否也去。我本来担心他的身体,就试探着问了一句,没想到二哥右手一挥,毫不犹豫地说:

"走!"我们四人,外加一名记者,在一个华人开的小饭馆里喝啤酒,侃大山,讲笑话,聊趣事,个个乐不可支。除我之外,那三人都没想到二哥会如此平易近人。因第二天还有事,快到凌晨三点时,我们才意犹未尽地回到住处。

从马来西亚回国,过中国海关时偶遇抽查。许多人都大摇大摆地走了过去,包括同行的冯先生,但却把我和二哥拦截了下来,开行李,看护照,一番折腾,一个小头目还态度非常蛮横地训斥。前来接机的夏师傅见此情景,在外边笑得浑身乱颤,并悄悄地告诉我说:"那么多人都不查,就查你们两个人!知道是为什么吗?因为你们都穿着黑色衣服,一看就像是黑社会的!"经过这次事件,二哥刚刚治愈了飞机恐惧症,却再也不肯出国了,他怕折腾,更怕受气。

二哥经常说的一句话就是:"尽量不要给别人添麻烦。"但当别人给他添麻烦时,他却从来都不厌其烦。洛阳师范学院的张凌江女士、河南理工大学的穆乃堂学弟、聊城大学的李喆师兄,都曾经托我邀请二哥前往他们学校讲学。二哥不管多忙、多累,都从来没有推辞过,这让我非常感动又非常不安。要知道,一个人成名之后,最要命的便是应酬多,活动多。既忙又累,是所有名人的共同烦恼。二哥除了从不拒绝朋友的邀请之外,还一直积极地参与红学会的活动:北京、扬州、大同、郑州、蓬莱的红学会议,都曾经留下过他的身影。

与二哥相见最多的地方,当然还是北京。每年他到北京公干或者探亲,我们至少会有一次聚会。借他的光,我也结交了不少朋友。但二哥无论是见到名人或者平民百姓,都一视同仁,没有尊卑贵贱之分。

我出门在外,从来都没有带相机的习惯。有一次与华艺出版社的几个朋友聚会,我不知道脑子里动了哪根弦,居然带了一个莱卡相机去,几位朋友都让我给他们拍张与二哥的合影,但由于室内光线黑暗,又没有带闪光灯,后来我拿着储存卡去冲洗照片时,居然一张都洗不出来。时至今日,每忆此事,都觉得对不起华艺的那几位朋友。而当我跟二哥谈及此事时,不料他却大笑着说:"玉明,你可以当摄影家了!"

与二哥聚会时,讲笑话;与二哥分别后,发段子——这几乎也成了我们之间的最大乐趣。二哥的段子既雅俗共赏，又诙谐幽默，虽然不黑不黄，但偶尔也有刻薄之言。有一次聚会时，一位朋友因在单位不顺心，所以一直愁眉不展。二哥了解情况后，劝说道："大不了再换个单位，有什么可愁烦的！常言道：'此处不留爷，自有留爷处。'"我接口续道："处处不留爷，爷当个体户！"二哥击节称赏说："续得好！玉明，这版权我购买了。"我笑道："二哥不用买，随便用！"那位朋友也在我们的乐呵中露出了笑容。

唯一的一次南阳之行，也令我难忘。那天的红学交流活动结束后，二哥和其夫人赵菊荣二嫂，特意邀请我们几个人到其家中做客。几杯热茶过后，我很不安分地跑到外面欣赏他家的小院子：一株茂盛的凌霄花，枝繁叶茂，繁花似锦。不用问，这是二哥和二嫂因凌霄花与其爱女凌晓谐音，而特意种植的。除花木之外，小院子里还种植着几畦有机蔬菜。我毫不见外地掠了几棵韭菜大吃大嚼着，众人见了，都忍俊不禁，而二哥笑得尤其灿烂。那笑容，犹如一朵盛开的朝阳花。

离开南阳时，二嫂不但给我们提前值机，而且还不辞劳苦地把我们一直送到安检口。那一份深情厚谊，令我终生难忘。

与二哥的交往，趣事不胜枚举，以上仅举几例，以便管中窥豹，略见一斑。相信有比我更了解二哥的人，会尽快写出一部《二月河传》，以便广大读者对他有一个全面的了解。

二哥过早地离开了我们，但二哥此生却也值了。他与李白、杜甫、苏轼、蒲松龄、曹雪芹等文化名人一样，为人类留下了宝贵的精神财富。他的名字，必将彪炳史册，万古长存。

忍别二月河

王钢

烂漫之交

手机响了，二月河来的，唤一声二哥。

他憨憨一笑："想念了呀。"

"也想念啊。"我笑着撇了撇嘴。往日电话打到南阳，你总在那头慌着与人下棋或者打牌，三言两语，敷衍了事，你也有今天！……

这是二月河 2008 年出版随笔集《佛像前的沉吟》时，我应约为他写序《近观二月河》的开头。

10 年后的今天，手机不响了，唤不回二哥了。

来电话的是大哥。2006 年一趟山西之行，当时 66 岁的原解放军总参军训和兵种部政委田永清、61 岁的作家二月河和 53 岁的我，三家人结伴畅游，经大哥提议，我们仨正式兄妹相称。这半年来，大哥的军线电话，成了二哥病情的通报专线。

初夏时节，我从上海回郑州，给二哥买了一件深蓝 T 恤；知道患糖尿病的他嘴馋，又买了一箱各色坚果和补品，正待出发去南阳看望他，却听说他去了北京,住进了大哥他们部队大院附近的 301 医院。大哥不时来电话,说二哥病情加重了,说二哥喉头插管了,说二哥病情好转了,说二哥坐轮椅了,说过几天他更好一些咱们就可以相见了……现在,给二哥的 T 恤没人穿了。

著名作家二月河逝世,巨星陨落,舆论潮涌,我也接到了不少媒体的采访和约稿。我所在的河南日报报业集团,年轻记者小妹问我:"王老师,您是多次采访二月河老师之后成为好友、成为兄妹的吗?"不。17 年前,我与当网络记者的儿子阎乃川联合采写,在《河南日报》发表两个整版的长篇报告文学《一条大河波浪宽——2001 年看二月河》,那时二月河与我们已是 10 年好友了。所以那篇文章中说,我和乃川"如河上的船工,如河边的牧童,与这条大河相处久矣! 久则熟,熟则淡,虽然依激流、浴长风,却十年浑然,未曾为他描一笔著一字。不知不觉之间,这条河已成名流了",我们只好"举贤不避亲",第一次采访了他。二哥评价:"在报道我的所有文章里,这一篇是写得最老实的。"

而我 38 岁初见二哥,是在报社朋友家的小宴上。二哥 2003 年为我的人物报道集《如坐春风》作序时,记录了我俩的相识:"我当时还算得一个饕餮者,遇见可口的就猛吃猛喝,吃相自知是差劲得很。为解嘲起见,我说:'我曾经吃得急性胃扩张,撑得昏迷三天三夜,仍旧不肯改悔,我是个猪托生的……' 她在旁听着捂口窃笑。后来熟了,我问她:'你当时笑什么?' 她说:'我听着好玩儿。'……我盛年时是个十分气盛的人,想到哪儿说到哪儿,见了人即使想交往,也要'先砸一砖头',打掉对方的盛气才'视情况而定'。包括我后来终生敬仰的史学家冯其庸先生,回忆第一次接触,那话也是很不客气的。记得一次和王钢聊起与某位名流的遭遇战,我夸夸其谈,大讲'砸砖头'效应,她冷不丁插问我一句:'你好像还很得意?'也就是这一问吧,问得我们距离近了许多。这一问之后,在背后我再也没有说过别人尴尬自己得意的话头。"

二哥评点我获"莽原文学奖"的中篇小说《天地玄黄》,尤其激赏其中引用的一首村童问答的河南乡谣:

篮里扢的啥？

篮里扢的杏。

让俺吃点吧？

吃吃老牙硬。

后头跟的谁？

跟的俺媳妇。

那咋恁好啊？

那是俺的命。

当时他的旁批是："好好上好的，比前还好！我知此亦非君能造。"直至多年后的"愚人节"，手机短信仍是这首歌谣。

而我们平时的对话，也就好像村童，憨直不拐弯儿，不经意处露点机锋，宛如人生田野上一首快乐悠长的乡谣。跟二哥在一起，不谈创作，不谈功利，东一榔头西一棒子地闲聊也是享受。

由此也可窥见二哥的本性。即便后来大红大紫，上达天听，饱享尊荣，他的根柢总归还是一个浑朴稚拙、天真可爱的赤子。难能可贵的是，云端与尘壤，他都可以信步来去，上浴天风，下接地气，一个自在的人，一个天然的人。

家常之趣

名气一大，杂称俱来，二哥本名"凌解放"反而被冲淡了，喊他什么的都有：二老、二老师、二月老师、二哥、二叔、二爷……他忽然绽开一脸滑稽的苦笑：我最不爱听的是喊我"月河老师"。

我最初喊二哥，是随着丈夫叫的。这个称呼由他们一群军人喊出来，格外地快意，格外地响亮。藏龙卧虎的这一所军事院校，悄然坐落于市井深处，校内30年前最早结识二哥的是政治部主任田永清将军，也就是如今我的大哥；后来队伍日益壮大，及至田将军升职回京以后，仍在延续。曾经从军10年的二哥，重回军人中间，便是铁血交情，每个胸膛都可以互相擂得嗵嗵响。

“是真僧只说家常”。睿智之状也免了,高深之貌也免了,二哥的满口白话,常常令人忍俊不禁,令人醍醐灌顶。

说单位闹矛盾时,“你笑我也笑,看谁笑得妙”;

说现实的选择,“夜里想了千条路,早上起来还是卖豆腐”;

说宫廷与民间的不同,“大狗咬大狗一嘴血,小狗咬小狗一嘴毛”;

说死生大义,“城外一片土馒头,城里都是馒头馅”;

说名人的价值,“人怕出名猪怕壮,名人与猪类比,何欢喜之有”;

…………

他还讲起一个网上“搞笑版”——某著名网站采访二月河,主持人对他说:国外有一个汉学家,评论当代中国作家都是垃圾……二月河截过话头反击:那你告诉他,他也是垃圾。主持人又道出下半句:但是那个汉学家对二月河的评价很高……二月河眼珠一怔一转,呵呵笑道:我刚才说的不算!

1992 年,我当时任河南日报文艺处副处长,分管文艺作品版,硬是向二哥讨来了《雍正皇帝》的部分章节连载,先于出版社让读者先睹为快。而这意味着,胼手胝足伏案写作的二哥,要将这部分书稿另外手抄一份给我们,并且报社稿酬还低。作品版的年轻编辑陈炜,每周恭候南阳寄来的手稿。然而手稿寄到,吓我一跳:外面,打皱的牛皮纸随便卷巴卷巴,粘也不粘,尼龙绳一捆,写上地址贴上邮票就寄来了;里面,稿纸像一卷发黄的烙馍,字里行间有溅上的茶渍,有烟灰烧出的窟窿,还有一股厨房烟火味儿。我嗔怪二哥:二月河的独家稿子,这么不小心,让别人拿走了怎么办,让版面开天窗吗?但二哥平时就是这样,不修边幅,散淡无羁,无论毛衣衬衣,襟前总有炒菜吃饭滴溅的印迹。不过这副邋遢,反倒显出他的一双眼神很清洁。

2005 年元月,上班途中突接二哥短信:“把地址邮编发来寄画。”生手上路,口气不小!我回复:“且看如何鬼画桃符。”他回复:“牡丹画成钟馗。”

收到画作以后,我回短信:“画儿收到,吓人一跳,满纸风流,叶颤花摇。仿佛看见，粗汉一条，握笔如筷，乱涂横扫。三日不见，崭露头角，叶比花好，花比字好，远比近好，倒比正好。也算一家，画坛少找，笨人难学，高手难描，物稀为贵，值得一裱。'皇上'御笔，哈哈哈哈，大牙还在，智齿笑掉。——王钢阅后感。"

他回复："尊诗收下，我好害怕。叶比花好，花比叶差，旁边题字，更是不佳。如此表彰，教人愧煞，哈哈哈哈——二哥。"又追加一句："田大哥和你看法差不多。"

然而事实证明，大哥和我是"门缝里看人"了。深圳拍卖会上传来消息，二月河一幅4尺斗方牡丹，拍出了4万元高价。北京拍卖会上，二月河画幅三万六，字幅两千多。

那次，大哥、二哥和我三家同游山西，从大同、五台山、太原到二哥的故乡昔阳，所经之处，每晚都会出现同一场景：一张单子写满当地人士姓名，二哥照单涂抹所谓书法，一人埋头奋笔疾书，众人忙着抻纸添墨，一张张宣纸字幅摊晾满地，犹如一池荷叶雨迹淋漓……我一路观看热闹。只是到了山西省作协，在张平主席宴请之后，眼见二哥于文人堆里硬起头皮挥毫，我真有点为他心虚……

就二哥这一笔糗字，居然兴风作浪，我不服气，也要练书法。二哥大力支持，并且耳提面命：别管什么规矩，甭临什么碑帖，只一个不犹豫，放笔写去就是！此后每次相见，二哥和嫂子都捎来一刀刀宣纸。我发去短信："跟随'巡幸'，饱受刺激。'皇上'赐纸，从此奋笔。无论好孬，只不犹豫。成不成器，总是'御批'……"不过心下也有自知之明，悄悄将王羲之、钟繇、苏轼、米芾、赵孟頫、董其昌等等一一请入家中。

不久偶见二哥画的一只金黄大南瓜，我又惊又喜，顿时刮目相看。瞧那体态和精气神儿，不知是南瓜像了二哥，还是二哥像了南瓜，天生朴拙，元神之中佛意朦胧，真真令人舒服。看来二哥并非浪得虚名，诗文丹青相通，画越来越鲜活了，字也越来越纯熟了。而且二月河字画还有一好，因不在帖，神鬼难仿，绝无赝品之虞。

生死之义

在名人巨匠密集辞世的 2018 年，曾于深圳共同举行"在历史的天空下——金庸、二月河对话"的文坛双星，一个于 10 月 30 日悠然飘逝，一个于 12 月 15 日接踵远行。仅仅相隔月余，布衣儒生"伍次友"应是追得上白须赤子"老顽童"的，衷心祈愿在天堂里，这一对相差 21 岁的侠友共醉同欢。

13 卷 520 万字的"落霞三部曲"，完成第九卷时，二哥忧心忡忡地说：下面第十本是一关啊，这个数字太满了；凡事不能太满，北京古城墙还有意在西北角留缺一段不修呢。

写到第十卷《乾隆皇帝·日落长河》时，二哥给北京友人写信说："……现在已开始第三卷乾隆的写作。不瞒您说，我觉得累极了，用一句'身心交瘁'来形容是一点也不过分的。这其实是一件自带干粮自携水，孤身穿越一个又一个沙漠的工作。我已穿越了九个，现在面临第十个撒哈拉大沙漠。我用比以往更多的时间运气，定心，准备能源，也要身体心灵'统一'的健康，才有可能取胜。我希望走这样的道儿天降甘霖，但无论如何是要走下去的，因为我停不下来。我愈来愈强烈地意识到，命中注定我是必死在沙漠里。'知其不可而为之'，义之所在唯命是听耳。"

那是我第一次听二哥说到"死"——"我是必死在沙漠里。"

人到暮年，知音渐稀，尤其喧腾华彩过后，寂寞且向谁诉？曾有一位智慧老辣的小说家乔典运，是我的好友，更是二哥的好友。老乔从西峡县一来南阳市，二哥就高兴了，两人在宾馆里聊天，谈笑风生——就算什么也不说，默默地各点一支烟抽着，心里也是宽慰的。1997 年老乔去世了，还有一位好友孙幼才经常聊聊，2000 年老孙也去世了。二哥就找人下棋，或独自在网上下棋，自嘲："称心岁月荒唐过啊！"

老乔去世三周年之际，我在《河南日报》副刊发表了散文《弥补》。

"唉，人的后几十年，就是朋友一个一个减少的过程。"

若是因为搬迁调动便也罢了，甚至因为斗气断交也好，最怕的是听到那一声噩耗。

朋友之死，锥心之痛。

1997年正月，作家乔典运因喉癌而辞世，在我的挚友当中，老乔抢了一个头名。当他临终之际，毫无经验的我，徒然推拒着死亡，惊惶无措，甚至不敢到南阳西峡去最后看一看他。我把电话打给南阳的二月河，为我们共同的老乔哭，只会哭，只会哭。

垂危的老乔，最后一次与我通话，他的气声通过手机传来，已微弱到极点。他说："王钢啊，以后不得见了啊……"

"别瞎说了，老乔！好好治病吧，没事儿的。"我像以往一百次那样，噙着眼泪，任性地打断了他的诀别——没有告别。老乔拿着手机，拼尽余力向远近朋友一一告别，但是我们没有。他知道我不能接受，就不再勉强。就这样倔强着永不言别。

当时我还以为自己是对的。

后来，偶尔看了关于临终关怀的一本书，我才醒悟，错了，晚了，机会失去了。

如果，如果能回到当时，当老乔提到生死问题时，我再不会无情地打断他的话了。我会赞许地倾听，由着他坦白对病痛、对死亡、对人生的真实感受，让岁月的深潭尽情淌成旷达的清溪。这对他是一种释然，对我是一份受益。……

如果，如果能回到当时，当老乔临终之际，我再不会胆怯地不去相见告别。我会坐在病榻边，与他一起回忆相识以来的快乐和遗憾，告诉他朋友们对他人品文章的好评和笑谑，让他知道大家都爱他，对他说一声再见。……

我们不能光输。减法应该变成加法，朋友一个一个减少的过程，可以变成仁爱一层一层增加的过程……

我把这篇《弥补》给二哥看，也想彼此慰藉。没想到，二哥眼睛扫了一遍就扔下了，闭口不发一言。我愣住了，从此不敢再对别人提起临终关怀这回事。但是二哥的严肃缄默，一直在我脑海里挥之不去。也许，我太书生气了，西方的临终关怀方式并不适用于中国。在生命的尽头，中国人有着自己深沉庄严的默哀，直面死亡却忌讳当面说破死亡，满腔的痛却不肯当面说破痛，深怀爱却不必当面说破爱……

　　二哥，现在你走了。默默，送你。

二月河先生二三事

高贤信

二月河先生是从卧龙区走出来的当代著名作家。

他的故居坐落在绿树掩隐、红墙黛瓦的卧龙区委大院内。先生生活于斯、成长于斯、耕作于斯,可以说,这里是孕育先生大德、成就先生宏学、承载先生足迹最多的地方,先生是一名地地道道的"卧龙人"。我到卧龙区委工作后,聆听了社会方方面面对他的颂扬评价,深感"先生之德,高山仰止;先生之风,山高水长",也更加深切地体会到了民众各界对先生的怀念之情。

初识先生是在上世纪 90 年代中期。

那时,我正奋战在省内外公路建设第一线。当时的高速公路建设指挥长曾在方城县做下乡知青多年,对南阳有着深厚的感情。我从项目一线回宛之际,他特意嘱托我去看望二月河先生,并讨要新作签名。那次是在傍晚时分,刚一走进大门,就看到一个表面锈迹斑斑的煤炉上,架着一个没有盖锅盖的铝锅,锅内几节羊骨头随着沸腾的汤水起起伏伏,蒸腾的热气在这只凹凸不平的沧桑老锅中逸散开来。进屋后,我匆匆浏览了这位已是著名作家的斗室:方寸之地,陈设甚是简单,一张不大的书桌上随意摆放着一些作品手稿。我与先生就在书房内促膝而谈。我们从先生的创作方向,谈到了创作上的一些史料支撑,又说到湖南籍作家唐浩明创作的"晚清三部曲",并与其"落霞三部曲"进行对比。先生对唐浩明先生的文学造诣推崇有加。在我看来,二者都是写清代明君贤臣。唐浩明先生的"经世致用"与二月河先生的"重实轻名"形成了他们在创作方向上的差异。前者用文学手法探索三位名臣在大变革时代作为知识分子的精神世界;后者用行云流水的文字描写了气势恢宏的帝王御国盛世蓝图。当我提起"南唐北凌"之说时,先生很是高兴,却谦虚地说自己是没法与唐浩明先生相比的。还有一个印象较深的话题是先生参评"茅盾文学奖"未果一事,在他的脸上我看不到一丝芥蒂,满是失之泰然的豁达。

当时,我看到他艰苦的创作环境和简陋的研究条件,发自内心地敬佩先生对文学的坚韧与执着。尽管他没有优越的史料占有条件,没有良好的创作环境,却写出了五百多万字的经典之作,不仅为广大人民群众提供了精神食粮,也为研究中国封建社会最后一个王朝由盛到衰提供了经验教训。他那孜孜不倦的为学精神永远值得我们学习和怀念。为了弘扬他的这种精神,我们要更加关心关爱先生所钟爱的作家群体,给他们创造更好的研究创作条件,让他们创作更多更好的作品,更好地去推介卧龙、宣传南阳。

与二月河先生结识后,我不时受朋友之托,找先生讨取签名,但由于工作繁忙,深谈不多。2004年初夏,适逢田永清将军回宛,卧龙区档案馆的吕琦女士热心地邀我参加了田将军与二月河先生和夫人的餐叙。当时我们谈到美丽的白河,先生朗声道:"我们的白河水面是好几个西湖!"他为母亲河的烟波浩渺、格局之大而自豪。出于对西湖千百年来文化积淀的认知,我就当面与先生争论了起来。我说名山名水因名人而名,名山名水应该有它的文化支撑,但是,我们古老的白河中,南阳的历史文化没有与之很好地融合,如果拿白河与西湖相比,无异于乞丐与龙王比宝。我接着说道,我们白河可有苏小小的传说?可有许仙白素贞的爱情?先生听后思忖良久,对我的说法未置可否。此后,先生在散文《初记白河》中就提到,要把白河的"学历"弄清楚,刘秀"稻米渡口"应该就在白河这片方寸之地,刘秀的妻子阴皇后也应随丈夫来了南阳,在白河边"浣衣梳洗";张衡、张仲景等南阳名人,也应在白河边读过书、在白河边游玩过。同时,先生在一些场合多次谈到白河,提出"没有文化的白河是苍白的",主张让南阳的历史文化从"线装书"、从博物馆走向群众。

与先生的这次思想碰撞,我从中也受益匪浅。带着这种思考,在我从事城市管理工作期间,就撰写了一篇《畅想白河》,主张发掘南阳文化底蕴,邀请社会各界参与,共同打造南阳历史文化名河。一幅幅画卷在我们的谈笑中清晰地展现在市民眼前,雪枫大桥以彭雪枫将军命名,警醒人们要"牢记历史,不忘使命,砥砺奋进,振兴中华";以历代先贤光辉事迹凿刻壁画、造亭台、撰楹联,点缀在卧龙大桥、仲景大桥、光武大桥等桥梁两岸,旨在宣传厚重的南阳历史文化;修复奎章阁和梅花寨南寨墙、雕刻城市名人塑像、新增家训广场等文化工程,是为恢复"于显乐都,既丽且康"的千年荣光。

先生的人格,耐人研品学习。

二月河先生对南阳这块古老大地有着深厚的感情。我一直关注着先生的思想脉络,对他的散文、随笔都有所了解。先生朴实敦厚、随和自律、淡泊名利、与人为善,在区委大院居住多年,深居简出,很少向区里提出要求,这是先生作为一名军人、作为一介文人、作为一位普通市民磐石般的文格和操守。在他的影响下,他的夫人、女儿在做人做事方面都非常严谨。

先生一生淡泊名利。随着作品被改编为电视剧,先生越发声誉鹊起,但他依旧朴素如初。先生作为"南阳名片",从来没有把它当作创收的资本,而是在用自身的影响宣传南阳的文化,提升南阳的知名度。数十年间的讲经传道,使更多人了解了南阳、喜欢上了南阳。先生热心公益事业、无私奉献社会,把书稿收入捐赠给工会用来帮助下岗职工,捐给希望工程用来培养青少年,捐给农村用来助推美丽乡村建设。作为中共党代表和全国人大代表,他积极参政议政,提出"以'文'化天下,释放道德的'治理能量'"的倡议,积极宣传推动反腐倡廉工作,拳拳报国之心,令人敬佩。今年春期,我在中央党校学习,同班同学中有来自先生故乡山西昔阳者,先生的人生经历成为我们共同的话题,同学对先生的作品也青睐有加,对先生的品格更是赞不绝口。

当前,卧龙区正致力千古名胜、天下第一岗——卧龙岗的恢复重建,正在实施以卧龙岗武侯祠文化园区、独山风景区、龙王沟风景区、张衡科技文化园区为核心的文化强区战略。在这卧龙腾飞的大好时刻,我格外想念先生,相信如果先生健在,以先生的才学和对卧龙的情结,一定会乐于参与其中,积极建言献智,助推卧龙的文化复兴大业。

先生晚年曾回到山西昔阳老家,重温故土,游览了"三晋"的河山,他特地去了晋城的皇城相府。我忽然想到皇城相府内康熙写给老师陈廷敬的一副楹联,可以用来归结先生暮年的追求和情怀,那就是"春归乔木浓荫茂,秋到黄花晚节香"。

小路深远

刘先琴

　　最后一次见到先生,是在他的家里。他住在市里为离退休干部修建的一排平房小院的尽头。时值深秋,通往他家的那条小路落满黄叶,更加显得深长,不由得,我想起在一篇反映南阳文化发展的报道里,曾这样描述二月河对他居住地的感情:"南阳有一种看不见摸不着的东西,始终让我迷恋留恋。"

　　是的,作为文坛大家,不断有各种邀约,请先生到大城市定居,可二月河从来都打定主意:"我想好了,哪儿都不去。"淡定应对中,他的"帝王系列"耀眼问世,小说与电视剧电影同在共生,为文坛与百姓津津乐道。

　　"那些年,二月河的作品就像南阳白河发大水,一个劲儿地往外流。"说这话的是一位退休干部孙泉砀,上世纪 90 年代曾经担任南阳市委宣传部长,他了解这股大水的源头。二月河随父母在南阳邓县(今邓州)长大,作为楚汉文化发详地,南阳随处可见汉碑,小小年纪的二月河迷上了抄古碑,查史书,解古文。写作之初,他走的路子是研究《红楼梦》,撰写"红学"论文,有人讥讽他:"齐腰高的文章稿纸,没有发表过一篇。"这激起了凌解放的愤怒,就给"红学"权威冯其庸先生写了一封长信,由此结缘,他参加了 1982 年在上海召开的《红楼梦》学术讨论会,就是在这次会上,一个偶然的契机,激发了他创作《康熙大帝》的强烈愿望。

思考与彷徨的路上，凌解放时为南阳市委宣传部的一名小干部。当时南阳市图书馆有一套全国少见的《清史稿》，他找来阅读，坚定了写小说的信念。那时条件很差，二月河住一间小房子，锅碗瓢勺都在床头放着，各种参考书籍根本没地方放，堆床底下，那么大个子，经常钻进床底下找资料。就是在这个空间里，当年的孙部长时不时和同样关心文学创作的市委副书记一起，揣一瓶老酒，和二月河在小板凳上喝到二半夜。先生写得非常辛苦，《康熙大帝》第一卷写完，头顶就有了斑秃。即便如此，当时部里工作忙，分管宣传科的同志还埋怨凌解放不但耽误工作，办公室的稿纸还都被他用完了。部长听说后，干脆把他调到文联，彻底解决了工作和稿纸的问题。二月河后来的作品，就是在这相对宽松的环境中写成的。

其间文联评职称，有人说二月河高中毕业，连知识分子都不应该是，不让他报名。二月河气鼓鼓地找到有关部门，又反映到宣传部，孙部长说，不算知识分子，也算个有知识的人吧。幽默睿智中，使二月河有了评定一级作家的资格。看到先生生活不规律，部长又经过协调，给先生夫人解决了户口农转非，解决了住房，眼见二月河的身体也有了起色。当时全省17个一级作家指标，南阳占7个，不仅仅先生一人得到好处，南阳作家及家属农转非，文联一次解决了13人！正是这个时期，南阳文坛群星璀璨，乔典运、周大新、马本德、田中禾……"南阳作家群"现象引人关注。

南阳成立文学院，先生当初是坚辞院长，但是有培养年轻人的课堂，却每请必到，认真讲课回答问题。市里所有公益性文化活动，都有求必应。南阳这些年打文化兴市战略，二月河的"帝王系列"小说成为南阳文化名片和走向市场的通行证。

全国"两会"期间，曾经担任数届人大代表的他，总会成为记者追逐的对象，只要叫一声南阳作家圈对先生共同的称呼"二哥"，报上"我是南阳人"，先生总会马上应允。访谈中他对南阳一往情深："小时候，太阳一落山，城里就一片漆黑，什么活动也没有。现如今，文化活动多了起来，夜幕一落，白河边，解放广场上各式各样唱歌跳舞的群众活动蓬勃开展。这些并非特意组织，都是自发的……"

二月河先生的作品山岳一样高大厚重，满载各种美誉，许多人认为先生在史学研究上下了常人下不到的功夫。每每看到这样的评论,我的眼前就会出现白河岸边,一位在旧石碑旁徘徊流连的少年;卧龙区内,在古籍堆里翻阅书写的青年;南阳文学院讲坛上,妙语连珠的老人……

著名作家李佩甫曾经这样表述本土写作者的心态:"'平原'是'中原作家群'的生养之地,是我们的精神家园,也是我们的写作领地。在文学创作上,找到了属于自己的'平原',就有了一种'家'的感觉。当然,这里的'平原'已经不是具象的,而是心中的。"南阳市卧龙区那条落叶铺满的小路,正是通往二月河先生心中的家的道路,深远而温暖。

二月河的"四大"

夏廷献

二月河先生离开南阳城那座公寓红砖小楼,驾鹤去天国了。

拜读过他的皇皇巨著,有过一次直接接触。回忆起来,感觉二月河先生有"四大"——

一是形象高大

人由肉体人和精神人组成。

二月河的肉体人,魁梧高大,气度非凡。特点有二:

一曰武将。先生从军十年,形成了站如松、坐如钟、行如风的做派。无论是端坐在主席台,还是行走在人群中,视觉形象突出,让人一眼便认得出。

二曰活佛。先生头颅硕大,须发稀疏,天庭饱满,地阁方圆,五官端正,慈眉善目,犹如一尊转世活佛。

先生的精神人,魅力放射,特点有四:

一曰土气。穿戴随意,不修边幅,犹如村夫。市场捡菜叶喂鸡,神情自然,没有什么面子之虑。

二曰儒雅。庙堂议政,多为民生建言;学堂传道,俨然教授风范;接见后学,不吝赐教指点;为人作序,言简而有卓见;题词作画,随意中渗透着朴拙老辣。

三曰心善。同情弱者,助力公益,先后向社会各界捐款200余万元。

四曰谦虚。巨著皇皇,读者称赞。面对鲜花、掌声、微笑,他称"这是人生的作料,人不能把味精当饭吃"。

高大的肉体人和高尚的精神人,形成了特有的"凌解放气场",感染人,温暖人,征服人,令人肃然起敬。

二是胸怀博大

二月河的胸怀博大,应该从三个方面看。

一是从笔名看胸怀。二月河是凌解放给自己取的笔名。他儿时跟随军人父母奔走在黄河两岸。他说:"小时候印象最深的是太阳。太阳落山了,整个黄河面上,整个邙山,呈现一派非常壮观的玫瑰紫色,像流淌着一河黄金……黄河二月凌开,浮冰如万马奔腾,非常壮观……"令人想起王之涣的《登鹳雀楼》:"白日依山尽,黄河入海流。欲穷千里目,更上一层楼。"更令人想起李白的千古名句:"黄河之水天上来,奔流到海不复回。"二月河——二月凌解放之黄河,是大诗人王之涣、李白诗句的绝妙意境:大气,霸气,更有浩然之气!

二是从写作看胸怀。他的体会是:"拿起笔来,老子天下第一。"潜台词是,我就是康雍乾——不!我要"操纵"康雍乾,他们哭,他们笑,他们说,他们行,甚至私生活,都由我决定,我安排,我指挥!康雍乾三个朝代,治国理政,作战农耕,万千人事,爱恨情仇,囊括在胸。帝王、将相、官吏、商家、兵勇、农夫、侠客、盗贼、娼妓、僧侣等,随手拈来,跃然纸上,栩栩如生。"老子天下第一",何等自信!何等胸怀!何等气派!三部曲第一部,他不顾名人反对,毅然定名《康熙大帝》,把"大"字赠给康熙,显示出超人的眼光。

三是从评奖看胸怀。《雍正皇帝》出版,评论家纷纷撰文称赞,却两次仅一票之差落选茅盾文学奖。两次啊!只差一票!有点戏剧性,也有点"残酷"。责任编辑说,二月河本人对此并不介意,他认为读者喜欢就好。他心里想的是读者,胸中里装的是读者。而读者是以"广大"计数称量的。"一票",他一笑了之。读者的口碑,是最好的奖杯,最高的纪念碑。

三是影响远大

先说大。他的"落霞三部曲"出版后,好评如潮,多次重印。历史题材小说,"洛阳纸贵",堪称空前。先后获得河南省、湖北省的优秀图书奖。改编成电视连续剧在黄金时段播出后,反响强烈,一播再播,成为"常播剧"。康雍乾,一时成为热词,成为高层人士治国理政的"参考书",成为普通民众的"街谈巷语"。从先生身后发唁电送花圈的高层人士名单,从广大群众自发前去灵堂悼念,从媒体上追思先生的文章、诗词、对联数量之多感情之深,都可以看出二月河的人品和作品影响之大。

再说远。"三部曲"铿锵雄壮,香港、台湾地区竞相出版发行繁体字版,传播到日本、美国、加拿大乃至全球华人世界。有华人处就有二月河小说,形成了"二月河现象"。一个作家形成一个文化现象,这在中国现代作家中是罕见的。

四是贡献巨大

窃以为,二月河的贡献,大体有四——

一是勾画了清初三朝中国的繁杂图景,用文学填补了历史文化空白,把历史资料的平面文字变成了历史小说的立体形象。

二是起到了"群主"作用。在作家乔典运之后,坚守南阳的二月河成为当然的领军人物。在他的引领、提携、扶持、影响下,"南阳作家群"接力赛跑,风生水起,硕果累累。

三是树立了一个励志榜样。二月河青年时代勤奋读书,从事文学创作后不畏严寒酷暑,笔耕不辍,日写万字,甘于寂寞,"甘下油锅",被称作

"拼命三郎"。有人归纳"二月河＝力气＋才气＋机遇","力气"在首。二月河说自己"创作是在大沙漠上作疲劳的精神旅行,面对外面世界五彩缤纷的诸多诱惑,自己要求自己,穿过沙漠……"二月河,一位沙漠穿越者,成为文学青年效法的榜样。

四是彰显了南阳地灵。地灵哺育人杰,人杰彰显地灵。二月河籍贯山西,定居南阳。南阳厚重的历史文化乳汁滋养了他,成就了他。他也真诚地反哺南阳,时常为南阳发声,为南阳站台,被誉为南阳的文化名片,盆地的形象大使。笔者认为,他对南阳的一个最大贡献,似乎还没有被人们所认识,这就是:二月河通过"落霞三部曲",把独具特色雅俗共赏的"南阳普通话"(文字)传播到了全球华人世界。大家知道,文字是文化力、软实力的第一要素,先生这一贡献的意义和价值怎么评价都不过分。

我曾买过他的"落霞三部曲",他也曾签"二月河"笔名赠我"落霞三部曲"。2007年秋天,在一次会议上,有幸见面、合影、寒暄——得知他小我一岁,入伍比我晚四年。他没有越过73岁大限,2018年12月15日仙逝,令我十分惋惜!哲人已去,谨以此小文表达哀思。祝愿先生在天国,放下笔后,不必再"夹着尾巴做人"。

仁者千古　大爱无疆

王光玲

　　2018年12月15日,二月河先生的溘然辞世,牵动着全国各地媒体的神经,也牵动着亿万读者的心……

　　二十多年前,我在部队任宣传干事,一次回宛省亲,专程到解放路巷子里先生的老宅拜望并采访。二月河老师非常热情,谈起部队岁月,话匣子一下子打开了,我在采访笔记里写下了他对部队的深厚感情,"部队这个大熔炉锻炼了我,部队这所大学校教育了我"。

　　我和二月河老师有着惊人相似的履历,都在部队10年,都是参军第二年入党,都是政治处宣传干事,都任过连队副政治指导员……在他从部队转业分配到原南阳地委(今南阳市委)宣传部20年后,我退出现役,转业到南阳市委组织部组织员办公室。

　　二月河老师是一位宽厚纯朴的仁者。

　　2002年,继参加党的十五大之后,二月河老师又被推选为党的十六大党代表候选人,当时中组部要求,对党代表要进行考核,我和市委组织部一位同志受组织的指派,来到了二月河老师家,他谦逊、平实地说:"这么高的荣誉,应该给在一线工作的同志们。"我说:"凌老师,您也是在一线啊。"我清晰地记得,他的房间里当时并无任何高档家具,陈旧的沙发、餐椅、书桌、书柜，以后多年都没有置换。但是他倾心致力于帮助弱势群体，陆续为南阳文学艺术奖励基金、希望工程、失学儿童、下岗工人、残疾人士、新农村建设捐款一二百万元。南阳有家"牛头按摩"店，师傅双目失明，但手法娴熟，很有名气，每天找他按的人很多，后来二月河去，大家都争先礼让，二月河从不插队，总是按先后顺序等待。后来师傅敬仰他的为人和作品，坚决不收费，二月河推辞不过，就给残疾人联合会捐了五万元钱。他的书画作品"市场行情"很高，他赠送了许多幅给牛师傅及其他残疾朋友。

二月河老师是一位舍身忘我的勇者。

这次考核，我了解到他"烟炙腕""三睡三起""拼命创落霞"等至今还盛传不衰的故事。二月河始终坚持党的群众路线，坚持"二为"方向和"双百"方针，忠于党的文艺事业，紧跟思想解放大潮，顺应伟大时代发展，走上了一条与改革开放同频共振、文学理念返璞归真的创作之路。他兴奋地提到，帝王系列"落霞三部曲"之后，他正在搜集资料，说如果身体允许，就开始启动"将相系列"写作计划，主要写曾国藩、左宗棠、李鸿章。但后来身体大不如从前，这一宏伟计划一直未能付诸实施。

作为连续五届的党代表和三届全国人大代表，可以说二月河是党和人民的好代表，每次上会，都要精心准备，每次发言都称得上真知灼见，建设性的意见"含金量"极高。他具有强烈的责任心和使命感，始终关注国计民生和文化发展方向等热点问题，积极建言献策，多方奔走呼吁，为构建和谐社会、弘扬民族文化亲力亲为，殚精竭虑，在履职党代表和人大代表十几年间，他先后关注了取消农业税、全面降低书价、社会老龄化、推广普通话、大气污染防治、水污染治理等关系国家发展和群众切身利益的议题十余项。尤其在推动反腐倡廉上，他以史为鉴，留下了许多"警句"，为加强党风廉政建设营造了良好氛围。

二月河老师是一位博学笃行的智者。

2008 年，我任市人才办主任，服务"拔尖人才"，享受国务院政府特殊津贴的二月河老师,也是市里宣传文化系统第一批拔尖人才,每年的补贴,我都会专程送过去,这么件小事,他却念念不忘,对市文联廖华歌主席多次提及并褒奖有加,后来我了解到他把送去的钱也全都捐了。作为写历史题材的大家,二月河老师博览群书,博闻强记,他对历史的深钻精研也给我留下了难忘印记。2011年我到淅川工作时,有一天他突然打电话问我:"你知不知道当年南宋孟珙在淅川打的哪一仗?"这一问真把我给问住了,查阅了不少资料,也没有找到旁证,后来淅川资深的宣传文化工作者杜国淅告诉我:孟珙的确是南宋的一位著名军事将领,1233年,孟珙在襄阳大败武仙,歼敌五千,诛杀其先锋伍天锡后,又乘胜追击退守淅川马镫、岵山两地的武仙,并彻底将其打垮。武仙狼狈地换上士兵的衣服,只带了几个贴身随从落荒而逃,剩下的七万多部众全部投降。二月河要了解此役的详情,是要作为他讲坛引用的史料。

二月河老师是一位慈祥和蔼的长者。

去年春上,一位教师写了一本教育孩子方面的书,想请二月河作序,我说二月河老师那么忙,最近几年也很少给人写序了,并且他对附庸风雅的事情不太"感冒"。后来,怀着忐忑的心情试探给二月河老师说了,他竟欣然应允,说你把书稿留下,给我点时间,过去让写序的多是文学作品,教育方面的我看看。之后不久,他亲笔作序,洋洋洒洒两千多字,真情跃然纸上。

在开篇,他风趣地写道:"二月河现在亦是教育工作者了。因为尚在郑大任职,谈心向学……故我对教育有感情,对教育者有敬重,这不是诳语,是内心的感觉。"

"抽了时间,翻阅郭女士的专著,我被吸引了,吃惊了,同时踯躅了,有那么些时候,我不知道怎样表达才好。因为,这是一部亲子教育专著;因为,二月河幼时没有受到多先进和多正规的家庭教育。"

他又从自己的父母亲谈起,说在战争年代,活着就是万幸,只要孩子壮实有劲,健康成长,其他都不重要,父母虽然是粗线条放养,但言传身教、潜移默化,给予了他乐观上进、自信自律、坚持不懈、忍让善良、孝亲友爱、重诺奉献等人生品质,这对他以后的成长和追求是关键的。这与书中倡导的"父母是第一老师,父母要率先垂范,要有榜样的力量"的教育理念完全是一脉相承的。

之后,话锋一转,他提起了女儿,"我对女儿,也没有识见高远、明察秋毫的本领。我要求她乐于助人,善待贫弱,善到完全无心,不知不觉自然而然去帮助,社会是丰富的、复杂的,是多彩的、多元的,我教育孩子'三个天下':天下没有免费的午餐,天下没有不散的筵席,天下老鸹一样黑"。主旨就是身体和思想健康成长,有危机意识,适应能力,奋斗精神,奉献观念,豁达乐观,自力更生。今天的凌晓,正如她父亲期待的那样,在和大家一起处理她父亲后事期间,表现出了坚强、刚毅,给吊唁的诸多领导和亲人们留下了深刻印象,她在第二天的微信里发了河南诗歌网敬献的挽联"想见老师空有泪,欲闻教导杳无声"时,注上了一句"最爱我的人和我最爱的人",父女深情,可见一斑!

序的最后,他诚挚写道:"郭女士本着一腔爱心和社会担当,写作出氤氲爱的专著,读后,令人有豁然开朗、恍然大悟之感,慨叹其妙、其深、其科学。我作为一位教育者唯能表示赞赏和佩服,向更多的家长和读者推荐,使爱源远流长,承传绵久,使孩子向美向善,成才成功,安稳踏实走好人生路,为国家、民族奉献才智。故,我乐以为之序。"

5月作的序,8月举办新书发布会,踯躅再三,想请二月河老师能亲自参加,他那天重感冒,但坚持到了现场,并和几位嘉宾开心畅谈。现在想来,那时他身体已经很虚弱,本应尽可能少折腾他老人家。

二月河老师是社会各界有目共睹、有口皆碑的贤者。

在新闻界,凡是采访过他的记者,都有同感。我到电视台工作后,有次做"直播南阳",请他做嘉宾,他竟半天不喝一口水。请他喝时,他说:不喝了,怕上厕所,影响你们直播。虽然轻描淡写,但让大家深受感动。

还有一次,请他和赵启正、王永民对话,他执意让赵启正做主客,还风趣地说:你回来了,你是客。他还向赵老师介绍:"南阳是个独特的文化地理单元,外地人或上面下来检查工作,都会用'你回来了'问候,很亲切。

南阳人自己吃过饭见面问候总是'你吃了吗',据考证是过去饥寒交迫年代留下来的风气,没吃的话赶快做一点,充饥又暖心。"他虽然是山西昔阳人,但却利用一切条件和时机,不遗余力地宣传推介南阳、宣传推介"南阳作家群"和文学豫军,先后走上了中央电视台《百家讲坛》《走遍中国》《焦点访谈》《开讲了》等栏目,讲述南阳故事、河南故事,向海内外展示了勤劳质朴、大气担当的新时代河南人形象。

去年9月,我到北京出差,专门到301医院看望住院的二月河老师,遗憾的是当时他已经在重症监护室,我见到了他夫人和女儿凌晓,她们告诉我,情况正在好转。他去世一周前,他弟弟皆兵说他身体状况还不错,谁知道,突然之间,阴阳两隔……

落霞三部星耀四海,仁者千古大爱无疆!二月河老师精神永存!

光芒永照文坛

廖华歌

一

戊戌端午节傍晚 18 时 24 分,缓慢有力的雨声中,正在接一会议通知的我,突然收到了二月河(凌解放)先生的夫人赵姨发来的信息:"……我们来北京治病快两个月了,没有及时向你汇报,本来很见好,但这几天病情很不稳定,正在积极治疗。谢谢你的一直关心!"

我惊呆了! 第一反应就是情况不太妙。我的心在慢慢往下沉,仿佛我的身体里有一个无底的深井,心没完没了地在其中坠落……

理了一下情绪,我赶紧回复她信息,告诉她,我和市文联班子及全体同志一直都非常惦记凌主席的身体。这中间,我除了给她打电话外,还多次打电话向小牛(二月河先生的司机)询问情况。原本我们已安排好要去北京看望的,但后来感觉先生的家人坚持不让去颇有道理:本来没有什么大事的,突然单位去几个人那么郑重其事地看望他,怕病中的他多想,从而增加不必要的压力,所以我们相约,等他回来,大家好去家里看他。可现在既是这么个状况,我与我们班子商量一下,得去北京看望,征询她那边可否同意。还有,我急需将这一情况向市委宣传部领导汇报,市委、市政府、市委宣传部的领导和南阳文艺界的同志们也都十分牵挂他，我们大家都为他祈福，祝他早日康复！很快她又回复我："感谢你和班子及同志们长期以来对老伴和我的关心帮助。目前根据他的身体状况，昨晚已转入重症监护室。我感觉有必要给你汇报一下，我同意你们的意见，再次感谢您和班子及同志们……"

接下来，我将电话打过去，听到的情况比短信上说的还要严重，瞬间，泪水奔涌中，世界喘息，幻觉丛生……

二

市委宣传部主要领导得知这一情况后无比重视，经汇报后，他代表市委书记、市长，立即带领我们一行 6 人，深夜乘机飞往北京，途中的话题满满都是对二月河的牵念、钦敬和祝福！那么明彻通透、博大精深、坦诚仁善，以苍生为念、以天下为怀的二月河先生，一定得好好的，我们要他好好的啊……

器大者声必闳，志高者意必远。先生神驰古今，笔挟风雷，其皇皇巨著"落霞三部曲"自问世至今，几十年来一直畅销不衰，以其黄钟大吕、鹤啸长空之势，巍然耸立在时光之流里，开启并润泽着一代代人干渴的心田，成为灵魂诗意的栖居之所。据此大作改编的电视剧，在央视和多家电视台一播再播，已然家喻户晓，就连街边修鞋、轧面、捡垃圾及一应引车卖浆者，又有谁不知道二月河、不以他为骄傲且对之充满由衷的敬意！诗人笑尘九子的一首《咏二月河》，吟出了多少人的心声：太行汉子白河居/居处卧龙与凤雏/西来秦风南来楚/不赋楚辞著清史/清史稿绝三遍韦/帝王系列惊海内/谁言唯唐有才子/南阳纸比洛阳贵。

先生既有驰骋疆场、气吞万里如虎的浩荡雄风，又有宽容善良、慈爱悲悯的温蔼，更有骨力铮铮、望之俨然、即之也暖的读书人的淡定和自持。那是一种大智慧、大格局、大境界，是无法复制也无法学来的。诗人有言：小雨只是提醒，大雨才是袭击。先生是大雨，袭击干旱，红绿茂盛；袭击盲区，慧光明亮；袭击苍白，生命丰盈；袭击荒凉，种植万物……往日的苍茫，历史的烟波,汉魏风骨,盛唐气象,目为心候,应心而发,如此负大才担大任的作家,我们走近他,就是在走近一颗打开的心,这颗心最期待的是百花盛开,芳草碧绿,艺术的春天万紫千红……

三

北京的夜,灯火辉煌。因了明天上午要去探视二月河,一切都显得那么真实而虚幻。我住在一个潮湿而没有窗户的房间里,黑暗中,仿佛一个人走在一条荒凉空旷的路上,心在七上八下地慌乱着,辗转反侧,不能入寐……我从先生的笔名想起:早春二月,黄河解冻,万千冰排涌流,那是怎样一种惊心动魄的壮观之势!想他为写"落霞三部曲",在那贫穷困苦的年月,炎炎夏日,正在写作中的他胳膊上缠条毛巾吸汗,双脚踏进水桶里降温,有时候写作到深夜,实在是太累了,昏昏欲睡,他就用烟头来烧炙手腕,晨昏劳作,累得满头黑发片片掉落,很久之后才重又长出新发来。想他工作单位虽在市文联,又曾是市文联副主席、现职南阳文学院院长,但先生一贯严于律己,外出开会、讲学、看病、参加活动等,从未让单位给报销过任何费用。好几次我主动向他提及,他笑言:谢谢啦!文联有几个钱呀,我自给自足不亦乐乎?一直以来"南阳作家群"之所以这么团结互爱、佳作频出,成为众目关注的现象,与他旗帜、标杆的作用和意义有至要关联!想他对青年作者倾尽心力的培养和指导,无论是为其写序、写评、题字、参加作者的作品研讨会,还是为他们授课、看稿子,同他们座谈交流、拍照留影,每次他再忙再累身体再不适都欣然应允,用心血和汗水打造队伍。想他那些广为称道的、海内外报刊争相为其开设专栏的散文随笔,那天地赋物、各有一性、出手不凡的字和画儿。想他无论是荣任中共党代表还是全国人大代表,他都积极参政议政,忧国忧民,提出许多重要的有建设性的建议和议案。想他……

然而,如此杰出的一位大家,他却病了,病得很重——我不敢往下想,此刻的空漠无以言说,汹涌的泪水将京都的夜一寸寸打湿……

四

朝阳下的 301 医院门口,我们与早就等在那里的赵姨、小牛、先生的弟弟和他的女儿一起,来到 5 楼走廊旁一个小小的特为我们才推开的窗口。之前已用过镇静药的二月河先生,静静地躺在窗内的床上。我们一行人跟随张部长,轮番站在窗口,向他说一些祝福的话。尽管我努力控制自己,却还是在这种时候哽咽着泪流满面!我的伤心来自生命深处,那是一种彻骨彻心的沉陷与悲凉,仿佛万物死了,时间死了,只剩下忧世伤生的灵魂之痛⋯⋯

智者有言:一个人能走多远,看他与谁同行;一个人能有多成功,看有谁指点。二月河先生,大海无边,他渴望后浪推前浪!而我们大家选择他,也终将义无反顾地永远行进在艺术之路上!

擦去泪水,我们来到一间不大的医务室,先生的主治医生详细地向我们讲述了他目前的病情,还好,我们悬着的心总算踏实了些。先生一直很勇敢,也很配合,院领导和医生也都知道二月河的大名以及这名字的含金量,他们对他都特别关照,特别尽心尽责。我们的张部长再三拜托医生一定要想方设法精心治疗,使其早日康复。

这时,空间与时间在我的泪眼模糊中慢慢亮了,那颗不断下坠的心,也被一种光渐渐托起,好像天地都吉祥起来了。我向医生,向远方投以嘉许的微笑,坚信以先生的勇敢和顽强,定能难行能行,难忍能忍,难舍能舍,逢凶化吉,遇难呈祥,穿过云层,光芒四射⋯⋯

我们以文学的名义,向先生深深祝福!

五

之后的这几个月里,我与小牛不断有电话联系,得知先生的病情已控制住了,已从重症监护室转入普通病房,正在调理恢复。

就在此前的十几天,还一切正常,我们都盼着他回南阳过年。然而,

2018 年 12 月 15 日,这个让我永远不敢触碰的日子！这天凌晨,德艺双馨、以思想和人格魅力永远耸立在时光之中的二月河先生,带着他对这个世界的深爱,永远离开了我们。

彼时,我因老家有事,已于两天前就请假回去。惊闻这一噩耗,悲痛万分,此时的老界岭上冰雪茫茫,我好不容易才租来一辆带防滑链的货车,急急往几百里外的南阳赶。一路上泪流满面,没有什么能减轻那彻骨彻心的悲痛……司机不知道发生了什么事情,既担心又不满地大声嚷着：冰雪这么大,山路这么险,你双手不牢牢抓紧,却又接打电话又狠劲哭,把你颠到山崖下咋办？再这样子我就把你扔这儿,不拉啦！我哭着央求他：我再给你加钱好不好？他声音更高了：你就是加再多的钱我也不敢拉了,出了人命算谁的？我还有一大家子人得指望我哩！说着,他真的把车停下了。我又急又伤心,便不管不顾地向他喊叫着：著名作家二月河病逝了,不在了,再也见不到他了,我必须赶紧回去,你就行点善积点德吧！声音在空谷间嗡嗡震响,被山风撕碎碰落一地。我已做好了步行的准备,正要下车,谁知他竟低声道：是那个写皇帝的二月河吗？我简直有些愤怒了：你说还能是谁？他摇头叹息：太可惜了！他那皇帝电视剧,我们全家都爱看哩！那,你双手一定要抓紧,千万别再接打电话,咱们走。他后来一直不说话,只默默地、艰难而小心地开着车……

六

为南阳、河南和中国文坛做出杰出贡献的二月河,永远属于南阳,他是我们南阳的骄傲和自豪！他的巨著及散文随笔,都是在南阳完成的,他由衷热爱着南阳这片热土,对这儿的一草一木都满怀深情;而历史悠久、文化积淀丰厚的南阳也浸润滋养了二月河。一直以来,先生言传身教,用他的亲身经历,带领、导引、关怀、鼓励、鞭策着南阳文艺界,对"南阳作家群"更是关爱有加！作为南阳文坛的领军人物,由于他榜样力量的昭示,大家都以执着的文学精神,严谨的创作态度,满满的正能量,目光永远盯着最远的那道地平线……

在南阳,二月河先生既是众人仰慕的名家大咖,又是平易近人和蔼可亲的邻家大哥。街头开出租车的、卖菜的、做火烧的、经营肉汤馆的……都可与他亲切攀谈,他也习惯了随时在他们递上来的本子或纸上签名。他说,什么叫温暖?这个就是。我在他们中间被暖着,我也暖着他们,就都不冷了。

一次,我接到南方一陌生作者的电话,说他已来到南阳,想要拜见二月河,让我帮忙联系。考虑到先生很忙,不忍心使他太劳累,我便回道:二月河先生好像在外地,等我问清楚再告诉你。可当我在电话中向先生说明情况后,他却毫不犹豫就答应了:你让他来吧,大老远跑到这儿,多不容易……这就是众人爱戴的二月河!此后类似的事情,我根本不用再事先征求先生的意见,只管领着那些天南地北的陌生作者直接去他家拜访或签书!

七

2001年春天,市文联新办公楼要举行奠基典礼。王遂河主席和我与时任市文联副主席的二月河一起,商量届时对前来祝贺的一些老领导和有关单位如何答谢。他抽了几口烟后笑言:文联就是一清水衙门,一分钱都要用到正地方,咱也买不起礼品,不如我多写几幅字聊表一下心意。反正这字呢,是咱自己地里种的红薯,不用花钱。我们当然是求之不得,感到他这个主意再好不过,只是担心大几十幅字写下来,怕他受不了。他深吸一口烟果决地说:就这吧,拼上了!除此想不起来还有别的什么好法子。

等他累得腰痛手肿终于写完后,还不忘谦虚:就我这赖字,只要能哄得大家高兴开心就好。

典礼那天,得到他字的人喜出望外,都赞叹这是最受欢迎最别具一格的礼品……后来,我一直在想,他肩周炎那么严重,可否就是这次写字落下的病根?

仿照省文联的做法,我们市文联也搞了个"南阳市文学艺术优秀成果奖"(市政府奖)。2003年第二届的成果奖早就评出来了,却因为奖金短缺而迟迟不能颁奖。有人建议真不行了,就只发一个证书算了。二月河先生知道后,很郑重地跟王主席和我说:那可不行,咱们还是得认真鼓励一下,以此激发大家的创作热情。这样吧,凡是评上一等奖的,我给每人都画一幅牡丹,凡是评上二等奖的,我给每人都写一幅字,这问题不就解决了吗?闻听此言,我们好惊喜,好感动,把他的一双大手都握疼了。谁都知道,深圳拍卖会上,二月河一幅4尺斗方牡丹,拍出了4万元高价;而他的一幅字拍出了1.2万元……这次,他共画了7幅牡丹,写了8幅字,每幅的内容、图案、尺寸大小、所题的诗,都完全一样。获奖作者个个爱不释手,视若珍宝,他们纷纷表示,一定不辜负他的厚爱和期待,努力写出更多更好的精品力作,以此来回报社会,感恩生活!

八

中宣部,教育部,中国文联,中国作协,河南省委、省人大、省政府、省政协……

一封封唁电,一个个花圈,一副副挽联,一拨拨上自领导下至平民百姓的吊唁者……人们用自己深深的不舍来悼念二月河先生!

> 二月河演尽三部曲,看这帝王,念这江山,落霞沉去又朝霞
> 清故事讲透汉智慧,乐此天道,忧此民生,卧龙醒来是飞龙
>
> 二月河开凌解放
> 一络索牵玉连环
> …………

时间突然变成一种陌生的东西,先生面容安详,安然静卧在鲜花丛中,他从不曾辜负所经历的风雨阴晴,带着对人世美好的寄望向另一个世界进发。他的离去无疑是中国文学艺术事业的重大损失,因之而留下的

巨大空白没有什么可以填补！他的作品将继续托起中国当代文学的高度，他的光芒永远照耀文坛，他和他的著作将永远活在我们心里，活在时间之中！我们敬仰他，缅怀他，就要化悲痛为力量，以他为典范，为标杆，继续为文学，为他未竟的事业而执着前行、而努力奋斗！

愿二月河先生一路走好！

安息吧！时光为他呈现出一片地老天荒的空明……

永流不息的一条河

薛霆

人们都说,你是一颗星,耀目而遥远。我却说,你是一条河,永流不息的河,永远在南阳大地上流淌。

你曾经说,在二月,黄河冰凌解放了,大自然美景又掀开新的一页。如今,你走了,但河依然在,那河里有你的一部分,从这个意义上说,你在永恒流淌。从我在市委宣传部当外宣办主任起,结识了你。你是那么谦和大度。记得第一次赴香港,探讨《大公报》登你的一篇文章,你一个字一个字看,包括如何到区委门口打印,都说得一清二楚。后来更熟了,我拿《中华读本》上你的批注给你看,你说同宾看过的,我一概不看。从这件事,我明白你和周同宾的知己关系,你对周同宾老师是多么尊重。

你有标志性的微笑,那是每个南阳人都熟悉的微笑:眯着眼睛,纯朴慈祥。现在我想起来,还不敢相信,你真的走了。你待人宽厚,仁爱有加。记得那是 2005 年,"两节一会"。新闻发布会,记者齐聚餐厅,发现了你,围着你,嚷着签名、合影、提问题……时间眼看到下午一点多了,这些来自港澳的记者还不愿意放弃机会。身为外宣办主任的我急了,大声喊:"好啦,大家也都该吃饭了!"有个港澳来的女孩不管那么多,挤到前边,盯着你,想让签名。我一看就火了,呵斥道:"你,还让凌老师吃饭吗?"那女孩一下子愣住了。你注意到了她无助的表情,笑道:"哎,这小姑娘挺文气哩!"一下缓解了气氛,那女孩露出微笑,赶紧凑上来递给你书……

你一生钟爱文化,热爱南阳。你曾经说过,海南要送你别墅,但你离不开南阳,要葬在南阳。此言不幸成谶。想一想你这些年,从没因为成大家而忽略南阳。相反,你始终怀着对南阳的赤子之爱,更有对文化的责任心和担当。宣传南阳历史名人百里奚,成为你和我加深友谊、加深相知的又一个纽带。2003 年,我的小说《秦国第一相百里奚》被中国文联出版社选中,出版在即,编辑李珊利老师想见见你,提几个有关百里奚身世的问题。见面后,记得你第一句话就是:"百里奚是南阳人,这一点没有问题。我 1987 年转业到南阳,住在车站附近,步行到麒麟岗百里奚墓去看,见到了墓碑。回来后,我写了一篇文章发表在《河南日报》。我也算是宣传百里奚第一人……"

亲眼见你发火,是为南阳的文化建设的事情。那是 2004 年,文物钻探发现南阳城区一个住房开发工地的地下有古墓,围绕是否开发,引起争议。到 2005 年,果然发现地方志记载的百里奚墓冢是一个大夫级的人物的墓冢。我与省里的一家媒体考察了这一工地,并采访了你,你听说现场发现车马坑,非常激动地说:"到此与史书印证了。难道非要把文物毁了,建成洋火盒(楼盘)吗?"采访你的录像带,我一直保存着,这是你呵护南阳文化、关心南阳文化建设的见证。

京师千里,牵挂南阳千万颗心,你的健康,牵动了我们的神经。不想,数月的期待,最不幸的消息还是传来。惊闻噩耗,怎能不令人肝肠寸断!

二月河开凌解放　冬日霞落云垂泪

吴元成

这个题目未必对仗，但恰是此刻心情……2018 年 12 月 15 日，一大早，网上都是二月河先生仙逝的信息。

不信，不信！

11 时 13 分，新华网发布新华社消息：著名作家二月河逝世……

方知是真的了，大恸！

我和二月河先生交集并不多，写到他的文字也极其有限。2017 年 6 月 28 日，南阳一众作家、评论家汇聚南阳宾馆，座谈我和何弘合著的《命脉》（精编本）。操办者李天岑先生提前邀请了二月河，还托人把样书送到了二月河家里，拍下了先生翻阅《命脉》的照片。

开会的头一天，二月河先生还在郑州开会。一散会，他就赶回南阳，做了即席发言：

我早就想参加这个活动。《命脉》这本书我还没有认真仔细地看，只是浏览了一遍。所以说感谢出版社编辑，感谢两位作家刚才通盘介绍了这本书的内容，使我对这本书的整体结构还有书的主题思想，还有书的发展前景有了一个更加明晰的认知。两位作家经过对南水北调工程和移民、移民精神的认真采访，才创作出了这一鸿篇巨制。

　　我最感兴趣的是这个书名《命脉》。南水北调中线工程的整个移民工作、移民精神还有移民事业的发展，里边所贯穿的一个中心就是我们党的领导。淅川县委在移民工作当中做了些什么工作？鞋穿在谁脚上谁自己最知道，他们有多少痛苦，流了多少眼泪，做过多少工作，移民干部还有移民双方的难处要进行调解，那落到别人身上就是看看，放在我们南阳市管移民工作的同志、放在淅川县委的同志身上，那就是他们的具体工作。像吃喝拉撒睡一样，那都是要具体落实到每一个细节里边，具体贯彻到每一个移民的心目当中，我们移民工作才能够做得这么漂亮。

　　在我们中国历史上产生过移民、出现过移民这种事，已经不知道有多少次了。在大禹治水的时候有移民。从秦始皇开始算起，秦始皇就搞过移民，他搞移民是搞基本建设——修长城、骊宫、阿房宫。王莽时期也搞过移民，像王莽这样的人搞移民把国家都亡了。包括唐宋时期，都有移民。到明朝初期，朱元璋也搞过移民，南阳这个地方现在说起朱元璋、说到移民还能说很多这方面的故事，比如脚指头一砸两瓣，还有解手，移民走路上是被捆绑的，他不是像现在这样自动请上车的，而是捆绑着走的，走路上要去大小便怎么办呢？"报告，我要解手"，你把手解开我才能够方便，"解手"这个词就是从这儿来的。在中国历史上这几次移民也有成功的，也有失败的，但是它们都是强迫移民。所以说移民是很难的一件事情，别人在这个地方住了一辈子，你突然叫他走，故土难舍，这里的一草一木、这里的一花一果都是他辛勤劳动的结果，他栽的葡萄还没吃上，突然你让他走了，吃不上这个葡萄了。一个葡萄没吃上都感觉到是一种痛苦，何况这棵树都没有了。所以我们就想一想，移民也难，我们的移民干部更难，也就是说移民干部比移民还要难。因为他要理解移民，还要理解自己，还要理解整个社会，他所需要理解的东西比较多。只有在我们共产党领导下，移民工作才能够做好。《命脉》这本书虽然我没有仔细地看，但是我还是粗略地浏览了一遍。这本书从精细的角度上、从宏观的角度上说,对整个移民,他们的诉求、他们的心理,还有我们移民干部的心理,表现都是细致入微的,是雕刻工细的这么一个艺术创作。可以说从文学家和艺术家这个角度上说,从文学家和艺术家对于我们社会的担当这个角度上讲,这部《命脉》可以说从起名字到《命脉》的形成,到《命脉》的发展,到《命脉》的结局,都代表了一个良好的社会发展形态。

另一个,我在淅川的朋友也不少,也有同学在淅川。淅川人为了移民,为了确保水质,为了能把这一库清水送到北边去,送到郑州、送到北京,可以说淅川人付出了前所未有的我们想也想不到的牺牲奉献。我过去到郑州给报社送稿子,住在河南日报社的招待所里边,拧出来那个水就是漂白粉,饭店里面吃烩面,从头吃到尾都有一股异味。南水北调关系到我们千家万户人民群众的冷暖痛热,人民群众所流出的眼泪和人民群众把这一股清水送到北京,实在不容易。他们让我给中线工程题词,我说"碧水一线指北去",就是向北边各个镇、各个城市里面去,把我们这个地方的好水给他们送过去。我们现在在郑州吃饭已经不再吃那个异味了,这就是民生的改善,这就是我们整个国家、整个民族的需要。从这个角度上说,也可以展示出我们整个国家对于"命脉"的珍视。

…………

先生的这个即席发言,我发在 2017 年 7 月 12 日"新诗经"公众号上,众多媒体的报道中大都摘录了二月河先生的发言内容。

十几年前,我陆续写了三十余则小札记,在大河网的"大河论坛"上以《文坛诗坛错杂弹》为名推出,《大河报》编辑赵立功以为有趣,先后选发,其中写二月河的标题叫《二月河的头发》:

1993 年夏,河南省作协在乔典运故乡西峡县开全国作家笔会,一时大家云集。小子时在省作协主办的《热风》杂志,得以忝列其中。阎纲的书法、蓝翎的学识、邓友梅的干练、周明的幽默、杨子敏的诗情、周大新的实诚，还有当时河南的几大作家张一弓、二月河、田中禾、李佩甫、张宇等都给我留下深刻印象。一次吃饭，与二月河同席，见其头发稀少而短，似乎刚长出的样子，讶而问之。云：刚写大帝系列时，无钱，每日熬夜，抽赖烟，喝劣质酒，头发几乎掉光。事后，知其写清帝，光资料卡片就足足两麻袋。

西峡笔会之后，与二月河先生很少见面，偶尔也能在公开场合看一眼，见一面，包括2016年省委宣传部在南阳举办的公民道德论坛上，虽有合影，但所谈不多。不过我一直关注先生的动态，每有新作都一读为快。

最早见二月河就是在这次笔会上，晚餐后去乔典运家拜访。乔典运指着一小木桌笑云，他的小说皆写于此。记得乔典运与二月河说话，并不如我等称呼"二月河"，而是直呼其本名"解放"。

如今先生去也，"南阳作家群"少一支柱，中国文坛失一泰斗，岂不痛哉！

巨星一轮耀四海,落霞三部传千秋

殷德杰

在"南阳作家群"中,二月河是比较另类的,他的文学经历和成功,既有普遍性,也具典型性。用一句最简单的话来概括,就是"三气"成就了二月河。哪"三气"?力气、才气、运气。这是二月河的老朋友用土话总结的,文雅的说法是机遇、才华、勤奋。

先说二月河的"力气"。

二月河写作靠的是力气,而且是笨力气。为了写《康熙大帝》,他到图书馆去查资料,不吃不喝,图书馆下班锁门他也不知道。下午两点半图书管理员把门一开,看见一个满头大汗的人在低头翻书,吓了一跳:门没开,什么时候钻进来一个人啊?

写《康熙大帝》的时候,正是夏天,他住在一间很普通的民房里,房子低矮狭小潮湿,摆满书籍、卡片,大白天蚊子也嗡嗡叫。二月河皮肤过敏,蚊子一叮就起疙瘩,痒得挠出血来。为了躲避蚊子,他穿着长袖衣服,打一桶水放在桌底下,把两条腿插进桶里。那时他还在市委宣传部工作,白天照常上班,夜里挑灯夜战,极度地困倦,常常头一栽,笔尖戳破了稿纸。为了打起精神,二月河拼命抽烟;有时尼古丁也驱赶不走瞌睡虫,二月河就用烟头烧自己的手腕。《康熙大帝》第一卷完稿,二月河满头又浓又粗的黑发,成片地脱落,俗称"鬼剃头"。那时女儿还小,但已知道心疼爸爸了，她抚摸着爸爸的头说："爸，你的头累成个地球仪了，这一块像尼加拉瓜，这一块像苏门答腊，这一块像琉球群岛……"

古有"悬梁刺股"的成语典故，激励了多少学子文人。而二月河吸烟炙腕的真实故事，成就了"落霞三部曲"，成就了二月河，也必将激励和成就无数的后生学子。

二月河是在他三十几岁开始写"落霞三部曲"的。那个时候，他是心无旁骛，把所有的精力和体力都用到了创作上。他是副科级干部。2001年，河南省委决定破格提拔他到省里担任河南省文联副主席。副厅级啊！这是多少人梦寐以求的事啊！可二月河坚辞不受，他说："找一个文联主席容易，找一个二月河困难。"他要写"落霞三部曲"，他要当二月河，他不想当文联主席。他当了十年兵，知道一个军事术语叫集中兵力，打歼灭战。他把这个术语用到了他的事业和生活中，叫作："一段时间里只做一件事情。"而在那段时间里，他要做的一件事情就是写作"落霞三部曲"，即使是人世间最魅惑的连升四级，他也只抬眼看一看，摇了一摇手。

终于，康雍乾，520万言，中国文学史上的鸿篇巨制"落霞三部曲"诞生了，一颗巨星灿烂了中华文坛。

再说二月河的才华。

二月河曾经是一块棱角锋利的石头，没人喜欢他。他的小学是在洛阳等地上的，人家上课，他却跑河沟里摸鱼；作业不好好做，字写得歪歪扭扭，缺胳膊少腿；课堂上也好捣乱，提些老师回答不了的问题，惹得同学们哄堂大笑；考试经常不及格，批评他他却嬉皮笑脸不在乎……不止一个老师骂他是废物，饭桶，成不了啥气候；常常被罚站，甚至被赶出教室……

他们都没有发现，这块多棱多角的丑石头，原来是一块璞玉，内里包裹着的，是璀璨的翡翠。

不是二月河调皮捣蛋，而是他的生命太鲜活，受不了课堂的束缚；不是他不爱学习，而是他对知识的渴望太旺盛，受不了课本的羁绊。

就在其他同学们为100分奋斗的时候，二月河读完了《水浒传》《西游记》《三国演义》《红楼梦》《钢铁是怎样炼成的》《汤姆·索亚历险记》《红与黑》《史记》《资治通鉴》……这样，一个顽劣不化的凌解放，被文学和历史喂大了,喂成了学识渊博的大儒,喂成了二月河。

"落霞三部曲"场面宏阔,故事跌宕起伏,意蕴深厚。二月河通过惊心动魄的宫廷权斗,对清代历史文化特征进行了揭示和重构,为现代官场提供了形象化的镜鉴。这是当官的特别喜欢"落霞三部曲"的缘故。除了浓墨重彩的宫廷百态描写以外,二月河还用细腻的笔法描绘了市井生活、战场上的金戈铁马,清代的庙堂礼乐、典章文化、百官威仪、宴饮服饰、里巷杂业、瓦肆勾栏、青楼红粉……无不涉猎,让人诧异二月河何以装得下那么多东西!而且,这不是历史知识的简单罗列,而是充满文化意蕴,与故事和人物一起,成为作品斑斓绚丽的色彩。这与那些为宫斗而宫斗、为故事而故事的历史小说相比,是高了几个层级的。

这就是才华!这种才华是下力气也学不来的,所以,我们说,二月河是天才。

二月河的"落霞三部曲",获得了巨大的成功;有人说,世界上凡有华人的地方,都有二月河的书。

但是,那些戴着政治老花镜的人,对二月河的书是看不惯的。因为他的"落霞三部曲"写的是帝王将相、才子佳人,而不是歌颂工农兵,甚至有人骂他是"封建余孽""奴才思想""封建帝王的孝子贤孙"。但是,改革开放的春风是无人阻挡得住的,读者欢迎他的书,南阳市的领导们支持他的写作,出版社在催促他的写作,这是时代的呼唤,人民的呼唤,文化的呼唤。他没有犹豫,也没有懈怠,《康熙大帝》第二卷杀青了,第三卷杀青了,第四卷杀青了,《雍正皇帝》杀青了……许多人问他成功的原因是什么,他总是说,我有点才气,但才气不大,上学时留级三回,主要是我运气好,遇上了改革开放,给我提供了宽松的创作环境;我还总是遇到好的领导、好的朋友,关键时候,有贵人相助……

运气——或者说机遇,在二月河的"成星"史上,应该是最重要的。他是经历过"文革"的人,对《海瑞罢官》《清宫秘史》等历史题材的文艺作品的残酷批判,仍历历在目。如果不是改革开放,"落霞三部曲"这样的历史题材,二月河是连想也不敢想的!1984年,改革开放刚刚6年,"文革"的流风和余悸,仍然萦绕在每个人的心头。在有"封资修"之嫌的历史题材小说面前,作家们仍然战战兢兢。而就在这时,斜刺里,突然冲出一匹黑马,一部四卷本、100多万字的《康熙大帝》砸到了中国文坛上。二月河是当时第一个吃螃蟹的人。因此,除了运气,从内因上来说,还需要作家有胆气——文雅的话叫胆识。二月河无疑是有这种胆气的人,这是他日后成为文坛巨星的第四种"气"。

在"南阳作家群"中,二月河是唯一一位革命干部家庭出身的作家。奇怪的是,反而他最像一个农民。乔典运、田中禾、周同宾、马本德、行者、李天岑、殷德杰、王俊义……这些头顶把缨子走出来的作家,都西装革履,皮鞋锃亮。可二月河却穿着罗汉领的汗衣,领子扯溜到胸口上;大裤头,趿拉着破鞋,坐到七一路的街边,手里摇一把大蒲扇,像刚从田里归来的一个老把式。1992年他已经是省内外闻名的大作家了,朋友们劝他要多活动活动,别光埋头写作,那样对身体不好。他听从劝告,每天从人民路南头的家里出来,向北,穿过南阳最繁华的商场地带,一直走到南航大厦附近,距离有四五里地。他仍然穿着有时扣错了扣子的宽大的布衫,布鞋(不穿袜子),草帽,像乡下进城赶集的农民。有认得他的人指着道:"他是二月河。"旁边的人竟笑起来:"你胡球说!二月河能土成这号样?"

是的,土气——文雅的话叫朴实。土,土气,这是人们看到的二月河的实体形象;但在这土的后面,却升华出怎样的豪光啊!在人们眼里他是一颗巨星,但他却谦卑地生活在南阳,生活在芸芸众生中间。他的"落霞三部曲"塑造康熙、塑造了雍正、塑造了乾隆。三个封建皇帝,不管历史怎样褒贬,但在二月河的文学诉求里,他们都心系苍生,勤政爱民。康熙乎,凌解放乎?雍正乎,二月河乎?反正,南阳人都称二月河为"皇帝作家"。生民意识,这是二月河用生命发出的呼喊,"落霞三部曲"520万言,声声泣血,人们听懂了吗?

因此,我们说,二月河的"土气",是他成为文坛巨星的第五"气"。没有这土气,那颗星就不会那样闪光。

2018年12月15日凌晨,二月河在北京301医院逝世。尊重他生前遗愿,遗体运回南阳安葬。数千人自发地到殡仪馆参加他的葬礼。灵堂里挂着一副长联:"生于晋,长于洛,成材于宛,巨星一轮耀大地;砺于武,磨于史,建树于文,落霞三部传千秋。"告别大厅里一片哭声。让人感动的,不仅仅是他的书,更有他的人,他的精神。

二月河"感恩"的高贵情操

李成军

二月河老弟过世数月,痛定思痛,追思与他生前相处、交流、谈心的往事,我感到真正理解、看懂他的内心深处的另一面,是在南阳"红楼梦研究会"成立到现在的 23 年中,因他是该会的会长,我是该会的名誉会长。外界都知他是一位驰名中外的大作家,可我在与他日常接触和从书中看到的他,却是一个衣着随意、平易近人、直言坦率、笑容可掬的人,他把自己的成就和光环,与帮助他的组织和个人联系在一起,经常挂在嘴上,他具有文人宽宏的胸怀,特别是"感恩"的高尚情操。

他在会上或与人闲聊时有一句口头禅:"中国红学会是我的亲妈,中国作家协会是我的后娘。"乍一听起来,好像二月河在幽默调侃,实际是他很严肃的发自内心世界的"感恩"。可能很多人不知道,二月河是从研究《红楼梦》开始进入学术和创作领域的。他是河南最早的中国红学会理事之一,也长期是《红楼梦学刊》的编委,还是中国红楼梦学术委员会的委员。他曾先后在学刊上发表了《史湘云是"禄蠹"吗》《凤凰巢与凤还巢》等文章,引起红学界注意。1982 年他以年轻代表的身份出席了在上海召开的红学年会。后《红楼梦学刊》出现了经济困难,二月河当即毫不犹豫拿出稿费 30 万元捐献,使刊物渡过了难关。

二月河从研究《红楼梦》起家,但后来他感到"因为单纯的红学研究,不能充分展示我的全部生命力"（二月河语），他又转写长篇小说，且一举成功。人们常说"不读《红楼梦》的人就不可能成为作家"。因此，研究《红楼梦》为他的"落霞三部曲"的成功打下了坚实基础。

他不仅对中国红学会情有独钟，而且对帮助过他的人常念念不忘，其中周熠就是一例。周熠是"南阳作家群"中已故骨干作家，曾担任过《南阳日报》副总编辑。1984年二月河的《康熙大帝》第一卷刚刚杀青，心里一点数也没有，既不知道自己的作品是否达到发表水平，也不知道写出的作品投给哪个出版社。他非常感慨地说："天下文艺刊物多如牛毛，文艺出版社林林总总不可胜数，没有二月河的杯水之交。"正在他发愁无奈之时，周熠出面将他的稿子转交黄河文艺出版社责任编辑顾仕鹏先生。顾原是周熠出书的责编，也是南阳不少作者的挚友。1977年，粉碎"四人帮"之后，他来南阳举办了一个小说学习班，我和郑张先生曾协助他做些具体工作，他为人诚恳、直率，帮助作者一字一句修改文章，当时周熠就是其中的一位学员，他意想不到的是小说处女作《大治之春》被顾选中，并且第二年收在短篇小说集《跃马坡》首篇，周熠非常感激地说道："我若不是遇到顾仕鹏老师，可能一生不会与文学结缘。"

周熠将二月河《康熙大帝》稿子推荐出去不久，黄河文艺出版社社长王汉章和编辑顾仕鹏就赶到了南阳，因他们读了二月河的稿子心存疑虑，认为一个从未发表过任何小说的业余作者一出手就能写出一部长篇历史小说，让人心存疑虑，他们二人就有关康熙皇帝、清史的资料，列出了一大堆问题，在宾馆对二月河提问了两天半。由于二月河学识广博，思路敏捷，对答如流，就当场拍板出书，从此《夺宫》《惊风密雨》《玉宇呈祥》《乱起萧墙》陆续推出。因此，二月河常对人说："周熠是我出书的引荐人。"

正当二月河文思泉涌，写完《雍正王朝》第三卷，准备着手最后一卷《恨水东逝》时，他的责任编辑顾仕鹏面临退休，非常希望在退休前，能再和二月河合作一次。这让二月河非常作难。一般作家创作不愿意中途让人打断，另起炉灶，何况是长篇小说。但二月河是位很重交情的作家，他非常感激这位老编辑，永远都不会小看这份情意，"因为别人看重了我，我需得加倍地看重别人的情愫"。他毅然停下《雍正王朝》第三卷的写作，先写《乾隆皇帝》第一卷,然后回过头来再补写《恨水东逝》。他感叹道,在出版界有几位无一面之缘、杯水香烟之交,为一个陌生初起作家修桥造路,我为顾老师做出一些时间牺牲是应该的。

呜呼,希望时下像二月河那样具有"感恩"情操的人多起来!

二月河老弟安息吧!

沉痛悼念二月河

白万献

巍巍伏牛低首,滔滔白河呜咽。我们南阳民俗文化研究会首席顾问二月河先生驾鹤西去,噩耗传来,广大会员与全市人民一样,沉浸在无限悲痛之中。

自南阳民俗文化研究会成立,二月河先生就与学会结缘,参加学会组织的各种活动,包括端午文化论坛、中秋文化论坛、重阳文化论坛以及换届开会。大家有时怕他创作辛苦,接待外事活动忙,不敢随意叫他参会,但他一旦知道了就要参加。他常给我们讲,你们搞的是文化活动,我只要在南阳就一定参加。有时在我们租的办公室开会,地方小,条件差,他也不嫌弃。他每次都不让接送,总是徒步到会,准时参加,讲起话来平和幽默。

在谈到民俗文化的重要意义时,他说:民俗文化是人民大众的文化,是千百年来人民大众在社会实践中创造出来的,是人们生产、生活经验的长期积累和总结,是大众对社会现象的认知和约定俗成,如年俗节俗,种植习俗,方言俚语,乡规民约,都是一种文化传统,散见于广大乡野、田间地头,民间充满民俗文化。

在谈到民俗文化研究会的工作任务时,他说:社会上很多人喜爱民俗文化,你们把大家组织起来,形成一个民间团体,这比政府的行政命令还要管用。搜集民俗文化,抢救民族文化,不使它中断,这跟抢救大熊猫一样,非常迫切,非常重要。

在谈到建设文化强市时,他讲:组织大家深入到基层,去调查,去开发,去整理,去研究,有许多老人知道很多东西,要趁他们还健在,去挖掘,去抢救,不然这些东西以后就失传了,抓民间民俗文化是建设文化强市的重要方面。

在谈到南阳地域文化时,二月河先生总是滔滔不绝。他认为:说中国的文化版块,原来称呼是黄河流域文化,新中国成立后学者又提出长江流域文化,南阳是个什么位置? 南阳是在黄河流域文化和长江流域文化之间,像体育用的哑铃一样,南阳刚好是把手。我们文化的这种多样性和复杂性,可以说在全中国没有任何一个地方可以和南阳相比。这是因为黄河流域的文化和长江流域的文化在南阳这个地方是个杂交带,这必将产生杂交优势,所以南阳产生像百里奚、范蠡、张衡、张仲景、诸葛亮这样的历史人物,这一点也不奇怪。最早应该是秦始皇,他统一中国后,担心六国贵族和一些有能耐的人起来造反,就遣天下不规之民于南阳。什么是不规之民? 就是当时的没落贵族、儒生、手工业者、算命看风水的。南阳这个地方易攻难守,把这些不安分的人集中到南阳来,容易控制,如果你造反,我就一下子拿下。这种考虑呢,从另一个角度来说成全了南阳。当时把智商高的人集中到南阳来,使南阳形成了强大的文化杂交优势。上次省委在南阳开会,我说我们南阳人聪明,毛主席都叹服,毛主席向全社会推荐一部书叫《不怕鬼的故事》,头一篇就是《宋定伯卖鬼得钱三百文》,南阳人把鬼都卖了,还能有比南阳更聪明的地方吗?

另外,南阳的文化包容性很强,南边靠近湖北,受楚文化的影响,西边靠近陕西,受秦文化的影响,北边过方城进入中原,又受中原文化的影响,所以南阳民俗文化也很复杂。但我们有自己的优势,比如"地名的来历"和"王莽撵刘秀"故事,就很有南阳地方特色,外地人也不会来和我们争这些事。有一年我到新野县歪子乡开会,我问当地人,这里为什么叫"歪子",他们答不上来。实际上这里长的芝麻蒴都是歪嘴,歪子与歪嘴有关系,芝麻与地名有关系,这就很有意思。如果把这些五花八门的地名来历作个挖掘、分析，大家一定很喜欢看。另外，在南阳"王莽撵刘秀"的故事流传很多很广，主要流传在新野、社旗、方城、南召、卧龙、唐河、镇平等几个县区，扳倒井、麦仁店、皇路店、皇后乡、赊旗店、遮山等地名的来历都与王莽撵刘秀有关系。

在谈到《南阳民俗》杂志时，二月河先生高兴地说，《南阳民俗》杂志每期我都看，我就放在我床头，老是在中午休息的时间看，我也是看得很仔细的，许多文章都很好。民俗杂志，在开封我没有见到，在洛阳我也没有见到，我们南阳人办出来了，成了气候。

二月河先生还说：关于《南阳民俗》杂志，要增加内容，比如二十四节气、农业种植、南阳土话、婚丧嫁娶、庙宇文化等，内容很多，都可以搜集研究。研究这些，是学术，是文化，我们要吸收精华，剔除封建性糟粕。另外刊登文章也要有个计划，内容很多，要琢磨，努力做好这件工作。对于刊物的交流和发行，他说到《南阳民俗》要增加发行量，扩大读者队伍，比如学生、市民等。建议以后订个合订本，把材料收集到一起。当然这需要经费，你们要想办法，到时候我也可以支持一点，这是文化公益事业。

南阳民俗文化研究会首席顾问二月河，对我们的教诲太多了，我们广大会员都牢记在心，并且身体力行。大家要化悲痛为力量，努力做好研究会工作，让先生的在天之灵永远安息。

友情似酒

胡逸云

    我与二月河先生相识,缘于我们对文艺的共同爱好。我喜欢书法、摄影,是中国摄影家协会、书法家协会会员,并在我市这两个文艺团体担任副主席。二月河先生担任市文联领导,我们就有了许多年来的频繁交往,平日相见,互称名字,非常亲切。他的每部作品问世,都要签名钤印,赠送给我。

    相识多年来,深知二月河先生为人至真至诚。新世纪伊始,手机短信逐渐流行。我在企业工作,与社会上方方面面联系较多,使用手机较早,但对其功能不甚了解,只是接打电话。后来,学会收发短信,因为工作忙,仍是收的多,发的少。收到的短信中,各方面朋友都有,尤以二月河先生最多。一次小聚,二月河先生发表感言:"我给那么多朋友发了短信,大多都有回音,但也有人竟一条未回,这种人我还从没有见过!"我立即坦言相告:"你说的这种人就是我。我的确收到许多你的短信,着实一条未回。但收到以后,极其珍视,虽未回音,必请人下载、打印,经常揣摩学习,并未辜负你的深情厚谊!"先生听了我的话,很感动,以后给我发的短信更多。二月河先生是名家,他发的短信,有转发,亦有原创。大家作小文,分量肯定不轻。如此精神大餐,若一人独享,更显自私。后来,我将收到的短信(大半为二月河先生所发)编辑成册,分人生感悟、哲思箴言、处世之道、修身养性、闲情逸致几部分，发给企业员工，赠送亲朋好友，反响很好。

　　二月河先生对我的工作给予大力支持，他首次在本地企业做报告就在宛运集团。报告会上，他认为，历史小说创作应该坚持"三个凡是"，即：凡是对促进国家统一、民族团结有贡献的，都应歌颂；凡是对发展生产力、改善百姓生活有贡献的，都应歌颂；凡是在科学技术、文化教育等方面有贡献的，都应歌颂。我在总结时说，二月河先生为我们宛运集团干部职工上了一堂生动的历史课、人生哲学课、文学创作课。他的报告对我们提高思辨能力、拓展思维空间、提高人生境界，乃至搞好企业经营、注重人文关怀等大有裨益。宛运集团与江苏大运合作，我多次将他签名的作品送给江苏方面负责同志，送给全国道路运输单位同行，大家都如获至宝。

　　二月河先生为人真诚，极重情分。12月1日，我专程到北京301医院看他。他当时躺在床上，不能说话，睁开双眼时流下了热泪。我拉着他的手，极力安慰："你是文坛大家，南阳的名片，中国的名片，上苍会眷顾你的！"临别握手，他的眼里再度溢出了泪水。谁知这次见面竟成永诀。

　　记得早些时候，我们约定抽空到他的故乡——山西昔阳看看，种种原因，未能成行。这件事，竟成了永远的遗憾。

一声仁兄　天国安好

尹先敦

　　我正客居海南,闻得二月河先生驾鹤西去,禁不住凝噎难语,泪湿衣襟。在天涯海角,焚三炷香,遥向南阳盆地祭奠,表达我难抑的悲痛。

　　我与二月河仁兄交往三十多年了。

　　1987 年初我脱下戎装回到内乡县委工作,起初在县纪委负责信访,因自幼对书画艺术的痴迷,在创作上也小有收获,故常参加文化活动,就与二月河相遇相识,他称我贤弟,我尊他仁兄,仨俩月不见总通个电话,嘘寒问暖。

　　1996 年初,我调任县委宣传部副部长兼文联主席,并被推举为市书协副主席,与二月河友谊更深厚了。

　　仁兄先后为我出版的四部集子写序、一部集子题词。

　　内乡县衙的楹联很有名,饱含丰富的文化内蕴,为了宣传推介古衙文化,1999 年,我在整理研究内乡县衙楹联的同时,又收集了北京故宫、河北直隶总督府、山西霍州府衙、南阳府衙等各级衙门楹联 530 余副,进行注释和品鉴,准备出版。我将厚厚一摞书稿放到二月河面前,让他审阅并期望作序,他连声说好:"这个选题好,对人们有启迪教育作用,能给人一种抚今追昔、观后瞻前的精神享受。"仁兄认真审阅书稿,以《衙署沧桑话楹联》为题,撰写了序言。

内乡历史悠久,山水秀丽,李白、白居易、孟浩然、王维、贾岛、苏辙、司马光、元好问、郑板桥、高以永、史树青、乔典运等古今文化名人均留下美好诗篇。自 2003 年始,我搜集、整理、甄别散落在各种志书、资料中的诗篇,筛选出 120 首,请全国知名书法家二度创作,编成《放歌内乡书法集》。我将样本呈仁兄阅并嘱作序,他看后评价道:"老弟是个很用心的文化人,这个事做得有品位,有意义。"他在序言中说:"为了弘扬先进文化,振奋民族精神,先敦君从大量资料中搜集筛选历代文人歌咏内乡的名作百余首,并在全国范围内邀请百余位知名书法家进行创作,读其诗,品其文,赏其书,能给人一种高雅惬意之享受。"

我的成长,受家父尹遵学老人影响最大,父亲勤劳善良、宽厚明理的品质一直予我鞭策激励。老人在世时,作为儿女尽管都很孝顺,但因为忙于工作和生计,总觉得陪伴还有点少,为表达缅怀、追思和愧疚之意,我想编一本融格言、劝善、家训为一体的优秀传统文化读本,再附上本人的部分劝善诗语书法,名为《劝善歌》。我首先征求了仁兄意见,他很赞成:"老弟,此事非常好,你总能弄到点子上,这对家人对社会都很有益处。你抓紧整理,弄好后我给集子写个序,以弘扬孝道和传统文化。"后来,仁兄以《善心若兰香飘远》为题作序,其中写道:"我们中华民族从来就是一个崇善、尊善、向善、行善的民族,善是我们世世代代共同追求的目标,也是教化民众、惕励官吏的重要道德精神。""先敦贤弟是一个谦谦君子,书法大家,又是唯善是举、一心向善的贤能,更是闻名遐迩的一大孝子。今天,他收集、整理、诠释的这部《劝善歌》出版,确实是对建设和谐社会的一大贡献,可谓善莫大焉。"仁兄的高度认可尽管使我汗颜,但我明白他的用意是倡导和弘扬优秀传统,我应不负厚望,做得更好才是。

2005 年 6 月,我利用三年时间挖掘整理、编辑出《绿色宝库:宝天曼》《历史标本:内乡县衙》两本书,前去仁兄宅请教,他将集子认真翻阅了两遍,斟酌了一下说:"这两本书编得好,主题明确,资料翔实,分类科学,图文并茂,是一本介绍内乡的好书。我建议全彩印刷,并制作个精美的包装盒和手提袋,这样更方便馈赠和收藏。这是精装版,再出个简装版,降低成本,适应不同的读者需求。"我说:"仁兄的建议非常好,但有个任务,您得帮我写个千字文,介绍一山一衙,以提升书的品位。"二月河笑笑说:"贤弟说了,哪有不从之理,我明天出外讲学,回来后再写。"十多天后仁兄来电:"任务完成,方便时取。"我欣喜万分,马上驱车登门,几杯茶品完,老兄拿出文稿给我:"老弟,希望这套书早点印出来,我要收藏几套。"

后来,仁兄又为我的《尹先敦诗集》题赠墨宝:"借问行藏谁得似,诗家才子酒家仙。贺先敦弟新作。"

这些年来,仁兄对我的事,无论公私,都非常重视和支持。2002 年是我的天命之年,为了将多年的艺术追求与大家分享,并求得方家道友们的批评指导,受邀在南阳理工学院美术馆举办"尹先敦书法篆刻作品展暨作品集首发式"。仁兄远在西安的女儿凌晓交代的事情,他心急火燎处理完,按时出席开幕式。看完展览,在学院党委书记等领导的陪同下,又参观了教学区、生活区,了解学院生源状况及未来发展规划。那天,他非常开心,兴之所至,爽快答应受聘为学院名誉院长,午宴时也吃得痛快,妙语连珠,其乐融融。

我儿子尹果大学毕业后,先在沪后到苏创业,与一位苏州姑娘结为秦晋之好。本人略通文墨,作为一介书生,对独子的婚礼不求排场,但追求品位。我请了几位文艺界前辈致以祝福寄语,制作小型专题营造气氛,另请几位老师创作书画作品,美化新房。二月河兄理所当然在被邀之列。约定了时间,我带人来到仁兄书房,他递给我一个大信封,真诚地说:"侄子结婚是个大事,老哥身体有毛病,就不去参加了。画了幅《富贵牡丹》以表达我和你嫂子的心意。"仁兄还颇用心地在画上题写自作诗,可能是担心我看不明白,用手指着念道:"自生金谷本尊贵,纵是不语也妩媚。洛水汤汤千载去,东风年年一样吹。"我连声道谢:"仁兄画得好,题诗更好,内涵丰富,寓意吉祥。我代表全家谢谢老兄。"随后二月河对着摄像机镜头向一对新人表达了美好祝福。他意犹未尽,又提笔写了"百年好合"。

仁兄重情,贤弟报恩,我也对仁兄尽绵薄之力,支持其"五个一工程"。

由于超负荷创作,他在 2000 年突患中风,半身不遂,经全力抢救,险险扳回。健康状况促使他调整生活方式,步入"养命"新阶段,制定了"五个一工程"计划,即每天写一幅字,画一幅画,作一篇文,吟一首诗,走一段路。仁兄自爱上书画后,我们接触更频繁了,时常在一块切磋交流,有时随心挥毫写字,画幅小品。若多时不见,他还要打个电话约去喝茶,聊聊书画,拿出习作分享。除了他独具风采的"二体"书法外,笔下国画多的是牡丹、葫芦、南瓜等,我从线条、构图、题款、配章方面提些参考意见,仁兄会谦虚"笑纳"。仁兄起初写的字焦墨枯笔较多,线条质量不甚理想,我提醒仁兄,一得阁墨汁含胶大,使用时适量加点清水,这样笔墨会润一些,浓燥相间,作品就更有味道了。仁兄恍然大悟:"老弟说得可对,原来不知道加水,在宣纸上硬写,很费劲,效果还不太好,你这样一提示我明白了。"又会心一笑道:"你是篆刻家,我写字画画总少不了印章吧,老弟帮我刻两方如何?"仁兄的吩咐,我当然全力支持。他用便笺写了三项内容:二月河,应开,放怀。接着解释说:"应开是我的字,放怀作为闲章吧。"接受老兄雅命后,我精心设计,着意雕刻,时隔一周将三方印刻好送到凌府,仁兄甚是喜爱。告别时,他递给我一提信阳毛尖,我坚辞,仁兄真诚道:"刻印是个辛苦活,这是我的一点心意,希望老弟不要推辞。"

内乡文脉源远流长,人才辈出,2009年被中国书协授予"中国书法之乡"称号,2010年又被中国楹联学会授予"中国楹联文化先进县"称号。为了进一步推动文艺事业的发展,县委、县政府设立政府文艺奖,首届颁奖定于2010年2月6日举行,当时县委领导给我安排两项任务:组织好一台颁奖晚会,邀请到二月河老师。我与仁兄通电话,仁兄不假思索,爽快答应:"这几天我不外出,这是大好事,我得去,但你提前两天再提醒我一下,我好忘事。"颁奖前一天,我如约联系仁兄。6日晚,二月河老兄偕嫂夫人赵菊荣一道,赶赴内乡,如期参加。

颁奖的高潮点是仁兄为我颁发特殊贡献奖。仁兄分外开心,我的心情尤其激动。仁兄健步走上舞台,老弟兄俩热情握手,没想到,仁兄激情洋溢,又给我一个深情的大拥抱,那份兄弟情令在场者无不动容。

2012年6月,内乡县文化局组织编写一部志书《内乡文化遗产》,薛有仓局长找到我,想请二月河老师题词。当时仁兄的健康已有问题,我感觉不便再开口说事,但有仓老弟再三催促,我只好给仁兄通了电话。仁兄说:"兄弟说了,不能不做呀,写好后我通知你。"过了两天,仁兄通知我到他家去取题词。"守护精神家园,构建和谐内乡。辛卯仲冬,二月河",书法大气磅礴,风采别具,我很高兴地说:"知您近段身染微恙,实在有些不好意思。"仁兄马上诙谐"纠正":"先敦,你可——好意思。"我俩开心大笑。

这些年来,我在仁兄面前,替多少朋友托事,仁兄一般都会满足。忆往昔,珍贵情缘深,历历往事稠。啰唆如此,是为追思与仁兄的美好往事,减轻心中悲恸。

一声仁兄,厚谊深情。仁兄在天国安好!

二月河塞外挖煤

李再新

登上雁门关　　绕过七峰山　　挖煤来到胡家湾

　　1968年国庆节前夕,塞外煤城大同铺天盖地下了一场大雪。千里塞上银光耀目,寒气逼人。就在这"胡天八月即飞雪"的季节,某工程团六连接到上级命令,要到大同总后"五七"煤矿去执行挖煤任务。政治宣传是贯彻执行毛主席"五七指示",实行军工军农,开展农副业生产,把军队办成毛泽东思想的大学校。

　　连队到达胡家湾后,先自己动手盖房。

　　二月河和战友们在山沟的空地上,刨房基,和泥巴,拉砖头。有技术的老兵则砌墙基,架房梁。还有一部分战士则清理煤窑的施工现场,做挖煤的前期准备工作。10月初的山里已很寒冷。战士们虽在雪地里干活,但很兴奋。大家边干活边唱着歌,展开红红火火的劳动竞赛。

　　军队有个光荣传统:当执行一项重要任务前,总是政治挂帅,宣传先行。为完成挖煤任务,调动战士的积极性,密切驻地军民关系,六连组织宣传小分队,参加小分队者都是连队的能人,有的会说快板书,有的能拉二胡、吹笛子。因为二月河是高中生,能写文章,他到了宣传小分队后,具体任务是负责编剧工作。

二月河就发挥自己的特长,加班加点先后编创二十多个文艺小节目,供小分队演唱,他最得意的是快板《胡家湾里风光好》:"车过雁门关,轮蹑金沙滩。绕来绕去转了七座山,战士挖煤来到胡家湾。胡家湾的乡亲亲、土炕暖,胡家湾的黄芩茶香、酸溜溜酸;胡家湾满山是宝藏,遍地是煤炭……"

每到傍晚,宣传小分队的战士们就不顾一天干活的疲劳,在搭起的简易舞台上,为村里的老百姓和战友们演出编排的小节目,活跃文化生活。胡家湾地处深山,偏僻闭塞。每次演出,村里的大人小孩几乎全部出动,山村的夜晚很是热闹红火。

头戴矿工帽　手挂木契板　弓身推车步履艰

"五七"煤矿其实就是一座村办小窑,条件简陋,井下通风不畅,照明不好,线路老化,漏电严重,因而长期闲置,但其煤质好,才被总后调征。

采煤培训,安全教育,一切准备就绪,开始下井采煤。好在战士们全是工程兵出身,打山洞与下煤井工作性质基本相同,无须多说。

二月河与战友们未到煤矿前,以为井下是机械化或半机械化操作,谁知下去全是手工作业。一辆运煤的铁斗车两吨多重,全靠人力来推。

煤窑的出口开在半山坡上,从窑口进去,坑道里铺着小铁轨,供煤车进出运行。煤车为空车上坡,重车下坡。重车下坡很轻松,人站在车屁股后的踏板上随车下滑就行,但必须掌握好刹车闸,控制好速度,否则煤车就要出轨,掉到沟里。起初有的新兵没经验,经常出轨。二月河也曾出过几次轨,有两次与煤车一起掉到沟里,差点出大事。

在井下挖煤不费劲。因胡家湾产的全是优质煤,井下的煤轻轻一撬就松动。小块煤用铁锹就可铲起,大块煤用手搬起就能装车。

费劲活一是回空车,二是装煤。

空车走的是上坡道,这个煤窑的坡度朝上倾斜 20 度,走过 100 米的坑道,升高就 3 米多。推着铁斗车沿坡而上,十分费劲,全靠战士们用肩膀往上顶,每迈一步都很艰难。

在井下装煤,劳动强度很大。二月河与战友们干活三班倒,一个班干8小时活。有时上白班,有时倒夜班。连里给战士们下达的任务是:每人每天要完成5吨煤,包括装车、运输。一个班次20人,必须在8小时内装运出50车(每车装2吨)100吨煤。战士们下到井里,就手挥铁锹,马不停蹄地装开了。装满一车,推走,接着再装第二车、第三车……大家浑身上下全是汗水,棉袄都湿透了,下班时,靴里能倒出水。

二月河那时二十三四岁,年轻体壮。每装完一车煤,燥热难受,他不得不将身体靠近通风筒,让风使劲地吹。当时只图一时痛快,不懂得风吹的后患,这样吹来吹去,身体就被吹坏了,患上了气管炎。从那以后,每到秋冬,二月河的气管就发炎,哮喘。

挖煤不仅饱受苦、累、脏的磨炼,也经受着危险的考验。这个煤窑煤质好,但负面则是煤层结构松散,容易塌方,在掌子面采煤很不安全。井下虽有防范措施,支撑着拱架,可大小塌方接连不断,战士们在采煤时,被下塌的煤块砸伤的事司空见惯。

再一个危险就是电线。由于这个煤矿是个老窑,电线老化,绝缘不好,多处漏电。连里虽经常检修,但还存在着不少隐患。在井下,电线与煤同为黑色,眼睛很难分清,不小心就会触电,二月河就被电打着过两三次。

有一次,二月河在掌子面装车,他准备到坑道边去抱一块煤时,由于光线不好,未看清电线,一迈脚就踩在漏电线头上,强大的电流将二月河击倒。班长张浑伟立即将电源切断,手电光下,只见二月河歪在地上,眨巴着一对白眼珠子在痛苦地抽搐。老兵将他扶起,二月河咬着牙,伸了伸发麻的双腿,又继续干活了。一朝被蛇咬,十年怕井绳。从那以后,只要看见电线,二月河就心惊胆战。

下井挖煤干体力活,劳动量大,可战士们一日三餐吃的是普通饭菜。早晨馒头咸菜小米粥;中午土豆粉条炒肉菜,焖米饭;晚上鸡蛋汤面条,每周改善生活吃一顿水饺,二月河与战友们吃得嘴角流油打饱嗝,餐餐都觉得喷喷香。

黄芩茶苦香　醋溜子涩酸　挖煤的生活五味俱全

二月河的班长是 1965 年入伍的河曲兵。这位从农村出来的战士文化不高，为人朴实，工作扎实。他对班里管理严格，干起活来毫不含糊，下班后的时间全给战士们自由支配，可以看书、打牌甚至上山兜风。

班长对二月河很器重、信任。白天下井干活，班里需人管火烧水，班长就让二月河留下，整理内务，出黑板报等。

二月河随身带着英文版《毛泽东选集》和《英汉词典》，想抽空学点东西。他的英语口语不行，没有人教音标，上班干活时，只能利用工休时间翻翻，而留家烧水干杂活，就有较充足的时间了。他边烧水，边认真读《毛泽东选集》，背英语单词，还偷偷阅读《红楼梦研究》等书。

二月河平时喜欢看庙。太原市上兰村有窦大夫祠，始建于唐代以前，为纪念春秋战国时晋大夫窦犨所建。院内有元代重建的钟鼓楼，山门两侧嵌有四座琉璃团龙，庙内存有多块求雨感应碑，祠西有烈石寒泉。营部设在院内，二月河在上兰村时就经常进去抄录碑文，欣赏宋徽宗题的"灵泉"二字，背诵唐代诗人李频"游访曾经驻马看，窦犨遗像在林峦"的诗句。二月河到了大同后，胡家湾一山之隔有个禅房寺，由于年代久远，泥塑缺胳膊少腿，墙壁熏得灰黑，但壁画还能勉强看到。二月河就抽空去看壁画，琢磨碑文。当时没有笔，只好将碑文默默背下来。壁画、碑文代表着一个寺庙的文化档次、水平。那时，他对佛教文化就很注意研究。

节假日，二月河常约几位战友，爬到胡家湾山头上兜风。他们一边感受塞外大漠恢宏空旷的气势，一边摘醋溜子吃。山头岭背除了裸露的煤，就是满山满坡茂盛粗大的荆棘丛，枝上一串串的醋溜子，站在山顶放眼望去，一片醋溜子像金黄色的珍珠缀满枝头。经过霜打后，那颗粒饱满的醋溜子全是黏黄的汁液，又涩又酸，有种特别的香味。他将醋溜子摘下来，用水洗净，做成饮料喝。

老乡们经常用一种黄芩土茶招待他们。黄芩是山上长的野生草本植物，叶子对生，披针形状，夏秋季开淡紫色花。其根黄色，加工成中药有清热祛湿等作用。用黄芩叶子加工成茶，浸泡呈淡红色，喝起来味道偏苦，很有特色，其作用能清肺去火，二月河很喜欢喝这种土茶。他将黄芩挖回来，洗净叶子，切碎，晒干，自己制茶喝。但茶的味道总不香醇，他就请教老乡如何做土茶。老乡告诉他，黄芩有微毒，要制茶，必须经过"九蒸九晒"，其味道才醇正。因当时没有条件，只好罢了。几十年后，二月河仍想念这种土茶。后来，他将黄芩茶写进了《雍正皇帝》中。

在胡家湾挖煤半年，二月河工作积极肯干，思想要求进步，光荣地入党。1969年九大召开前，团政治处宣传干事栾心述来找笔杆子，他看二月河编的剧目有水平，办的墙报图文并茂，是个人才，就将二月河调到了团政治处宣传科工作。

从此，二月河就结束了胡家湾挖煤生涯。

二月河的开封情缘

赵孝斌

12 月 15 日上午 10 点，女儿小声对我说："今日头条：二月河先生走了。"我猛然一惊：不会是误传吧？紧接着评论家李树友、画家邢光华等人都给我发来同样的信息，大河网也发出新闻。我陷入无比悲痛之中，一位文学泰斗、良师益友，怎么说走就走了?!

2009 年 10 月 24 日，二月河在河南大学参加"大宋文化·中国旅游·产业创意论坛"，我一直在主席台下聆听并摄影。演讲结束后，我找到凌老师做自我介绍。老乡见面，分外热情，我俩边走边谈，从南阳文学创作现状谈到"南阳作家群"中的杰出代表周大新、柳建伟、程韬光……直到先生离开河大。

2010 年 10 月 28 日，凌老师应开封市委组织部之邀，为领导干部做专题讲座，我又见到了他。报告刚结束，我约着《开封日报》文化记者田宏杰到酒店采访他，一番畅谈后，我们三人还合影留念。此情此景，记忆犹新。

2011 年 8 月 25 日，我提着历时四年多用心血铸成的 45 万字书稿，回到南阳，到凌老师府上，想请他给我即将出版的《开封成语典故故事》一书作序。因为在此之前，我曾在开封向他提及此事，凌老师大概已有些思想准备——说实话，二月河这样闻名海内外的大家，身体欠佳且社会活动繁多，能不能为我作序，我心中忐忑，谁知凌老师翻阅了样稿后，即欣然同意，真让我喜出望外。凌老师问我："两宋时期的成语怎么没有'白驹过隙'？"我说："北宋之前即有这个成语。"凌老师说："这个成语是经宋太祖赵匡胤在'杯酒释兵权'事件中说出，才被世人广为知晓，也就是说赵匡胤救活了这个成语，宜收进去。"

2011年12月28日，我和田宏杰专程赴南阳拜访二月河先生，送几套由他作序的《开封成语典故故事》并作采访，同时向先生送上开封人新年的祝福。二月河显得极有兴致，他浏览了《开封成语典故故事》后说："这本书装帧精美、大气厚重而且图文并茂，很好。"当我向他介绍开封市新一届市委、市政府领导对开封成语典故文化产业化的建议给予了高度重视时，二月河先生非常感兴趣："开封成语典故是其他城市难望其项背的，是开封得天独厚的历史文化资源，申报'中国成语典故名城'荣誉称号是功在当代、利在千秋的好事，我支持。"

2012年11月，开封市委宣传部决定举办"中国成语典故文化周"，我向时任市委常委、宣传部长秦保强建议把二月河请来参加文化周活动，得到了同意与支持。我主动请缨揽下这个任务后，又有些犹豫和不安，当下物欲横流，有些名人出席活动时出场费高得离谱，我怎么向先生说明呢？谁知联系后，凌老师不仅非常爽快地答应了，而且不要分毫报酬，又一次令我万分感激，明白什么叫大家风范、高风亮节。

11月29日"中国成语典故文化周"如期开幕，二月河先生发表了热情洋溢的讲话。他说："在中国历史上，没有哪一个城市像开封这样拥有独特魅力和独特地位。前不久我非常高兴地为孝斌编著的《开封成语典故故事》撰写了序言。我认为，不是哪一个城市都有这样丰富的成语典故资源。开封的这种文化资源是无与伦比的，是得天独厚的，把它挖掘整理出来有着重要的现实意义，非常有利于提升开封的文化品位、文化自信，构建开封古老、美丽而又充满现代生机活力的城市风貌，对全省、全国来说都是一件大好事。"

经过千辛万苦创建的成语典故苑，于2014年12月5日正式开苑了。我向二月河先生报喜，先生发来了贺信："开封成语典故是开封独特的文化元素,是开封文化的精华,开封文化又是中原文化的重要组成部分,开封成语典故苑的落成,不仅丰富了古城民众的文化生活,而且为中外游客提供了一个感受中原文化的场所,同时也是开封人民认真落实习总书记文艺座谈会精神的丰硕成果。祝开封成语典故苑开苑仪式圆满成功,祝开封的文化产业兴旺发达。"

2016 年 4 月 1 日,中国民协授予开封"中国成语典故名城"和"中国成语典故文化研究基地"两个荣誉称号。我把喜讯汇报给先生后,他抱病写下贺信,并加盖自己的印章,由家人电传给我:"真诚祝贺'中国成语典故名城'并'中国成语典故文化研究基地'花落开封"。

凌老师曾说,他每年都要到国内许多城市,特别喜欢的,开封就是一个。

为了感谢凌老师对开封文化的关心支持,在 2017 年先生七十二大寿前,我请画家邢光华给属鸡的凌老师画了一幅引吭高歌的大公鸡,请书法家白玉玺为他书写了"铁肩担道义,妙手著文章",以表达对他的敬意和祝福。凌老师回短信"请代我向书画家们表示衷心的谢意"。同时又让我提供名单,在《二月河说反腐》扉页上签名后,分赠诸位文友。

近十年来,只要我看到报纸杂志上有关二月河的文章或报道,我都要收集起来,给他寄去。呜呼哀哉! 一想到我近些时收集的报纸已无处可寄,再也听不到先生风趣幽默的声音,看不到先生给我回的手机短信,我便心痛不已,难以自控。

12 月 16 日,在开封市非遗中心组织的开封成语典故文化培训会上,我作为主讲人,在讲课正式开始前提议与会人员起立为二月河先生默哀三分钟。

臧克家诗句:"有的人活着,他已经死了;有的人死了,他还活着。"二月河先生是后者,他已成为我们心中一座高大的丰碑。

琐忆早年二月河

胡群祥

文坛巨擘二月河的去世,使南阳陷入悲痛,继之是雪片般的悼念文章。我也想写点东西,来表达对这位整整四年同饮一井水、共吃一锅饭的老同学谢世的惋惜。因为二月河的文学成就及高洁的人品已被文朋契友们写足写透,我犹豫再三,决定换个角度,写写早期的凌解放吧。

饭场上:一张稀饭票

我和凌解放都是原南阳三高的"老三届"学生。那时三高位于梅溪路南端,因与南阳地委东大门相对,故有"府门校首"的称谓。从大门进去不远就是坐西朝东的学生食堂,开饭时,食堂门前一字排开四口大木饭盆,学生们排队买好饭后,或蹲在饭厅,或在操场柳荫下席地而坐,边聊边吃。那时,白面馍六分钱一个,红薯面馍三分一个,二分钱可买一碟萝卜菜或一碗稀饭。农村学生可以把红薯带来,用麻绳织的网兜装了放笼里蒸,加工一斤仅收五厘钱。

记得是 1964 年的秋天或翌年春天,午饭时我排队取蒸红薯。因未轮到我,就闲看旁边的买稀饭队伍。这时轮到走路有点"外八字"的某同学了,只见他右手向上衣口袋里麻利地摸一下,便朝炊事员老黄提的竹筐里一掷——我似乎没看到那张米黄色的一两票飘进篮内，但老黄已把玉米粥盛进某同学的碗里。接下来的一幕是：黄师傅没有习惯性地立即给下一位盛饭，而是用勺子敲一下盆沿。我知道那是"哑语"，翻译成口语应是："票呢？"不过此时某同学已折身出队。老黄正要继续追问，下一位已把碗迎了上去。只见他笑眯眯地朝黄师傅挤挤眼，轻声说："算啦！给我舀吧。"

这"下一位"正是凌解放。也许黄师傅被解放那穿着旧军衣的魁梧体形、那帅哥常有的英俊脸盘"镇"住了，为他的善解人意感动了，就了却了此事。我买好饭菜，又与他们二位同学邂逅于柳荫下。我猜想他俩会把刚才的一幕续演下去。以我臆断"续集"会有两个版本：一是解放会按照当时"四清"的政治形势诚恳地劝诫学弟：我们都是革命的接班人，可不能蹭饭吃呀！第二个呢，解放会与他咬"耳朵"：刚才要不是我，你就惨了哟！但我很快发现我是个蹩脚的编剧，因为他俩什么都没有说，一直到他们吃罢、洗碗、各自回班，"剧情"并没有什么进展。而后我琢磨此事：凌解放到底在玩什么把戏？周末，我们去白河滩捡蚌壳，听人群中有人激愤地说："农村学生怎么啦？凌解放就不小看农村来的，人家还同情农村穷学生呢！"我一下子有了答案：或许凌解放认为，与小小的饭票比较，穷同窗的自尊心更值钱。

阅览室：不友好的春天

学生食堂向东不足三十米是阅览室。那时学校对学生的管理很宽松；下午课外活动时，大家可以自由地出校门踩马路、逛大街，可以去操场练乒乓、打篮球。而我喜欢到阅览室翻书看报，去的次数多了，发现凌解放也是这里的常客。他看书似乎偏重于古代经典，诸如《红楼梦》一类。据说诸葛亮出山前不是有许多处居住地吗？我想凌解放出道前也会在多处躬耕过，这里应是其中一处。是否可以说，没有早期的三高阅览室，就没有后来的"红学"凌解放与"落霞"二月河。

然而就在这里我和解放同学发生过口舌之争。那是在 1966 年，正逢

"文革"启幕的时候，"儒法之争"就是"文革"的"过门曲"。当时我正在阅览室浏览山东出的一本期刊《文史哲》，上面有篇评述荀子是不是"法家"的问题，我看后鹦鹉学舌地复述几句。谁知道有人立即反驳道："你说得不对，谁能打个界墙把诸子百家截然分成儒、法俩阵营？"扭脸一看，是凌解放。我当然不服气，就短兵相接，争了起来。几个回合过后，一来我肚里"货"抖搂完了，二来怕影响别人，就祭起了"撒手锏"："关锋、戚本禹在《红旗》杂志里，就说过荀子是法家！"解放愣了一下，沉默了，也许这两个"金棍子"当时名声太响了。他嘴张几张想说什么，但没说出来。接着是，他把手中杂志往长桌上一撂，要离席。不过他走到门口又扭身扔给我一句："即使你今天是对的，难保明天会成谬论！"一年后，关锋、戚本禹被定为反动的"小爬虫"，从此销声匿迹，解放的话应验了。

在"文革"最热闹的 1967 年，我发现他很少露面，可能是爱好读史、眼光独具，使凌解放已预感到，这场"革命"中的是与非、对与错、革命与反革命的界定不会有严肃标准的，所以就不去掺和它。

阅览室：友好的夏天

同学们要发言，要写大字报，都纷纷去阅览室扒材料，阅览室立马红火了。

一天下午，我去阅览室，无处坐了。我看到东排有个小空儿，以我的体形还是足够用的，就小声问旁边那位衣着时髦的城市籍同学："这里有人坐吗？"他没有马上回答，而是扭头从上到下打量我一番，那眼神极像审查。大概他先看到的是我那家织自染的黑色老棉布学生制服，又把目光落到廉价的沾着乡下泥土的"摩洛哥"凉鞋上，然后很简洁地吐出一个字："有！"

我继续绕圈找位置，当转到那个市籍同学对面时，看到一位高个子在移他那大块头身体，然后向我努努嘴："你坐这儿吧。"我定睛一看，是凌解放。他腾出的空隙不算大，但能容下我。我笑了笑正要落座，只听他左边同学惊呼一声："凌解放，你屁股掉地下啦！"我忙去看他身下，原来凌解放坐了两个条凳头,而凳头并没有靠拢。我说:"解放,我不坐了。"他碰我一下:"没事儿。"接着意味深长地瞟一下对面的城市籍同学,笑嘻嘻地说:"说瞎话,说瞎话,屁股掉地下!"我不知道他是在回应左边同学的惊呼,还是在用南阳俚语安慰我。不过我还是接受了他的好意,一直坐到开饭钟声响起。

我们陆续退出阅览室时,我发现对面空位始终无人去坐。我忽然醒悟了:凌解放随口拈出的俚语,既不是呼应左边的同学,也不是安慰我,而是在敲打对面的城市生。他冒着"屁股掉地下"的危险为我腾座,极可能是为了告诫那一位:都是三高学生,大家应该平等友爱,不要有优越感,何必占着空位不让人坐呢!

高山仰止

与"二先生"同行

刘勤

二先生者谁？就是我所崇拜的二月河先生。我在卧龙区工作数年，办公室正对先生宅院。因为工作关系和个人情谊，我有幸多次与先生同行外出，或开会，或下乡，或赴宴，或同游，在此聊记一二事，以展示二先生文学成就之外的别样情怀。

那天正是雨时，我与二先生同车，路上有积水，有一些开车者开得飞快，泥浆污水直往行路人身上溅。看到前面有一处洼地积水，正好车侧有人骑电动车、自行车，先生赶快嘱咐司机："开慢点，开慢点，别把污水溅到别人身上了。"先生其言切切，其情殷殷，真是身暖不忘薄衫寒。先生悲天悯人、仁爱待人、平易近人，给我以深深教诲，使我在"当官"之时，时刻警醒和自省，如何更好地抱朴守拙，真正做到时刻为人民服务。

二先生颇有绅士风度。无酒不成礼仪，南阳人本来就喝酒野性，二先生年轻时当工程兵，钻林入地，进洞蹚水，必以烈酒做伴，才能逐寒驱乏。战友们的豪爽善饮，也熏陶了其过人酒量。但是，由于年事日高，寿近古稀，又患过中风、糖尿病、白内障，他的豪饮大为节制，虽"我心依旧"，却常以随意抿酒或以茶代酒表示自己的友情，大家也颇为理解。那天招待一帮文学艺术界的老师，有领导来敬酒，说啥也要给我多倒几杯，我已喝了满杯，很是为难。踌躇间，二先生挺身而出："我来。"说着就替我接下，连干两杯。那位领导说："凌老师这是'英雄救美'啊，太有绅士风度了。刘勤你也太有面子了，让'皇帝作家'替喝。"我对二先生连声道谢，心中好生得意。

二月河夜以继日地写作，困得睁不开眼了，就喝几口南阳产的红薯烧或玉米酒，提提神接着写。南阳的寒冬没有暖气，他冷得受不了，就狠劲地搓搓手，或把开水倒在毛巾上，焐一焐手；要么就是拎出瓶酒喝几口，肠热胃烧，驱走寒冷，继续写作。二月河虽与酒有缘，善饮能饮，但他对"酒驾"甚为反感。一次，我随他出行，他看到一辆车歪歪扭扭行驶，就说："这司机要么是新手，要么是酒驾，我认为酒驾可能性更大，看多危险，酒驾不仅危害自身，更是对社会大众的人身安全造成直接威胁。"

还有一次，我陪同二月河先生讲学，回来时，由于路途并不远，仅半个小时的车程，我就没让对方派人送，亲自驾车送二先生回家，为了赶时间，就上了高速路。路上，我全神贯注，集中精力开车，没敢与先生多说话。行程中，我的手机不停地叫唤，连续几个电话，有上级领导的，有区领导的，有县里朋友的，我扫了一眼，不管不顾，直到下了高速，才在路边安全地方慢慢停车，一一把电话回去。我跟二先生开玩笑："我给'皇帝作家'当司机，可绝对不能马虎。开车的时候，天大的事也不能管，凌老师的安危系于司机，若是出个啥子问题，明天报纸、网络上的新闻就传遍全世界，那可轰动了。"说得二先生哈哈大笑。后来我听说，我开车不接电话的细节，让二先生记于心，他在多个场合夸奖："刘勤是个有心的人，是个认真的人，办事让人放心。"

有幸，我在卧龙区工作数年；更有幸，结识二月河先生；犹有幸，多次与二先生同行出游。二老师的仁爱为人，大雅风度，让我感佩。二老师对我的肯定鼓励，我铭记在心，时时作为鞭策。

空相忆

李之柔

2018年12月15日清晨，凌晓妹妹打来电话，说二月河先生走了。

我脑海中一片空白，半晌说不出话。

那一天，不知道是怎么度过的……

我翻看着手机中与二月河先生多年往来的短信，翻看着我们的合影，翻看着他为我写的文章、送给我的书，一时间不知自己该做些什么。黎明前勉强理出一点头绪，将急就的稿子发给报社，我在留言中写道：一时惊梦断，簌簌朔风吹。借问云中月，无眠更有谁？

18日傍晚，在南苑机场见到田将军，他紧紧握着我的手，不住地摇头："二弟走了，二弟走了……我真的非常悲痛，非常难过……他住院的时候，医院离我家很近，我去看了他无数次，我多么希望他能迈过这个坎儿啊！他才73岁呀！"

田将军有一句口头禅："年龄比他（二月河）大的就叫'二弟'，比他小的叫'二哥'。"田将军与二月河先生相交三十年，心情可想而知。

知己三十年，守中君子无双士；

旧游千回梦，怀抱清风自一家。

这副挽联,或可寄托田将军的哀思吧? 田将军说,南阳卧龙岗有一副对联——"务外非君子,守中是丈夫。"二弟很是喜欢,还特意把这两句话写进小说《雍正皇帝》,借雍正皇帝的口,送给能吏田文镜。二月河这一辈子,要我来评价,就是两个字——君子! 他最大的特点就是"守中"。他给自己制定过"三条守则":一是守时,二是守信,三是一段时间只做一件事情。

在张庆善先生看来,让二哥(二月河)坚持了一辈子的事情,非《红楼梦》研究莫属。在去南阳的飞机上,我的座位挨着庆善先生,两个小时的航程,话题还是二月河先生。庆善先生说,二哥成名不久,有一天,他和二嫂(二月河妻子)拎着一个旧书包,突然到单位找我,说是刚刚拿到一笔稿费,要捐给学会,条件只有一个——不许对任何人说,如果不答应,就不捐了。庆善先生感慨:"在今天那都是一笔巨款啊,二哥就是这样,一辈子也没有忘记《红楼梦》。他从研究《红楼梦》开始进入学术和创作领域,后来推出的力作'落霞三部曲',和曹雪芹的人生、家世以及《红楼梦》都有密切关系,代表了当前中国历史小说创作的最高水平。"稍稍停顿了一下,张庆善先生接着说:"还有人片面地认为他是在为皇帝歌功颂德,恰恰相反,他是在用平民的视角探讨、解剖历史,通过解读封建王朝的皇帝来写时代、写人生、写社会。"

二月河先生有一颗平民的心,我想,这是大多数和他熟识的朋友共同的感觉。他自我认定就是一个普通的老百姓,最喜欢和平民往来。某文化艺术团体聘请他做主席,他不同意,回绝道:"领导谁都可以当,二月河只有一个。"他给某机关的领导们讲课,说:"送给大家五个字——好好过日子。好日子就是可以上去,不怕下去,不要进去。"

作家王钢评价:"二哥憨直,说话不拐弯,吃过不少亏,这是谨遵家训。"

二月河先生的父亲曾说:"无论在哪里,都要吃饱;无论和谁说话,都要大声——大声说话,就不会说谎。"后来我把这句话概括成一副对联,用短信发给他:"大声说话三餐饱;低调为人万事清。"他回了我一个字:"好。"

二月河先生没有微博,也没有微信,却有两个手机号码。算来七八年的光景吧,我们经常互发短信,内容从天上到地上,从佛学到文学,从生活到社会……他给我转发了许多精彩的诗词,而我创作的很多诗词、楹联,他也是第一读者,他喜欢我的一副对联:"世有炎凉,情知冷暖;胸怀日月,笔走春秋。"

2010年,我的《无住轩集》付梓前,因为里面的诗词多和茶禅相关,便请时任中国佛教协会会长一诚长老赐序。同时,还给二月河先生发了个短信,请他也给我写个序,因为我觉得他比老和尚更了解我。几天后,电话自南阳打来:"序已经写好,发到你邮箱了,看着行就用,不行就不要用,没事。"这就是他,厚道、朴实。

他文章中说我是他的忘年交,这是先生高看我,我一直视他为可敬的长辈,惭愧的是,我这个晚辈经常不分轻重地麻烦长辈。

2014年3月,我策划第一届"水墨茶禅名家书画十人展",并出版了一本书画集,二月河先生欣然作序。待到2017年春我应邀去台湾举办个人诗文书法展,他抱病又为我写了文章,发表在《解放日报》和《书法报》上,文中还引用了我一首诗,并解读道——

今年春节,之柔写了一首《丁酉咏鸡》,短信发给我:

等闲能作几声啼,一唱苍穹晓月低。日出由天天使我,行吟宿植起蒸黎。

咏物诗妙在托物言志,这诗像是在写我,又像是在写他。宿植是佛教中常说的话,日出由天,我命由我,随缘随性,一切现成。

那一年,二月河先生72岁。

早些年,我主编过一本书,叫《生与死的思索》,收录有先生的一篇文章,他写道:"美人香草,总须迟暮;英雄豪杰,终归消殒。"这是悲观吗?我看,这是对生命的达观。

2019年3月24日,二月河先生逝世一百天。我填写了一阕《空相忆》:

奔流急,寒卷朔风如泣。

白浪龙腾吞海碧,梦回何处觅。

欲问而今行迹,短信寄谁消息。

二月河开催柳色,入春空相忆。

二月河先生曾说,他是黄河的儿子,终归也会随黄河入海而去。他还说过,要用历史的眼光看待今天。先生做到了,我却做不到。

空相忆! 年年二月河开时,痛!

永远的遗憾

高亮

那天在外地出差，惊闻先生病逝，怎么都不愿相信。同行的几位教育界同人，无不为之扼腕叹息。在卧龙区教育人心中，二月河先生不仅是文坛巨擘，更是我们心中光辉的人格典范；他对教育的深情厚爱，对青少年成长给予的殷切期望和无私奉献，激励着我们勠力前行。

2016年5月，我们南阳二十一学校准备建一座图书馆，并把构想向卧龙区政府做了汇报。这件事不知怎么传到了二月河的耳朵里。有一天，区委宣传部领导给我打电话，让学校财务部门去个人，说二月河要给学校捐款。我将信将疑，我与二月河从未谋过面，我校也未与先生有交集，他真的会捐钱给我们吗？我派财务科的人去了。宣传部工作人员把他领到二月河家里，先生把准备好的5万元现金装到信封里，递给财务科的人，说："听说你们学校要建图书馆，这是好事，我支持，捐给学校5万元。这是我的稿费，希望你们为学生买点好书，免费让学生借阅。"

先生那种关爱教育、奖掖后人的精神，让我万分感动。两年来，我总想抽时间去向先生当面致谢，但因种种原因，一直未能成行。2018年秋天，听说先生病了，在北京住院治疗，学校就商量着等先生出院回宛后，一定要登门探望。可万万想不到，先生竟离我们而去了，这份感激只能永远珍藏在我们卧龙区教育人的心中，落实在努力教书育人的行动上了。

我们对二月河先生始终怀着崇敬的心情。2018年秋期,南阳市第一完全学校落成,其大门两侧规划为"梦想与未来"的主题浮雕墙。为谋求理想的素材来诠释这一主题,教体局党组曾面向社会公开征集浮雕墙设计方案,但未获得合适的创意。时任卧龙区教体局党组书记、局长兼第一完全学校负责人王连照同志说,等二月河回来再定吧。为厚植学生家国情怀,南阳市第一完全学校拟在校内建一处展示馆,收集展示做出突出贡献的南阳籍人士作品,需一德高望重之人牵头成立遴选委员会,对入选人员的资格进行把关。在议及此事时,王连照同志又说,等二月河回来后,请他领衔吧。不承想,这竟成了永久的遗憾。王连照同志每说到此事,总是泪光闪闪,难抑痛惜之情。

　　"谁终将声震人间,必长久深自缄默;谁终将点燃闪电,必长久如云漂泊。"先生曾多次表示,卧龙岗上一处石碑上所刻"务外非君子,守中是丈夫"是他的座右铭。他说,其实自己就是个踏踏实实写书的人。这种朴实沉静的个性,低调谦和的作风,彰显着他向内聚力、时时自省的高尚修为。著名教育家陶行知先生说:"人生为一大事来,做一大事去。"二月河先生便是如此,他创作的文学精品为人民增添了精神财富,他以高尚品格和崇高境界为后世提供了做人的典范。

　　我们决定,要在学校图书馆中开辟二月河专柜,陈列先生的著作,纪念先生的贡献,让全体师生永远缅怀先生的事迹,学习先生的崇高品格,把感恩之心化为教育人开拓奋进的不竭动力。

文人的悲哀，还是古城的无奈？

刘娜

此后，

他终于可以自由地做自己了。

一

2018 年 12 月 15 日上午，我和一帮来自北京的媒体同行，坐在平稳行驶的旅游大巴上，穿行在满眼苍翠的花城广州，手机上忽然弹出一条消息：著名作家二月河于凌晨去世。

我内心一沉，正要质疑消息的可靠性，大巴上整车人开始骚动起来。

有人惊呼道：写"帝王系列"的二月河老师走了！

有人接过话茬说：大学时，我看过他的"帝王三部曲"呢。

有人摇头叹息：好可怕的 73 岁魔咒。

还有人慌忙打开电脑，开始搜集和他有关的消息，准备第一时间推送一篇怀念文章。

我沉默着，望着窗外高楼林立的城市和车水马龙的街道，感觉一切都那么不真实：他病了好久，一直苦苦撑着，终究没能挺到来年二月冰凌解冻，大河奔腾，春暖花开。

其实,对我来说,生活在同一座城市的他,更像一个和蔼可亲的长者。

二

第一次见到他,是 2003 年 9 月,我刚到报社上班。单位搞一个征文活动,邀请几位作家参与,他是其中之一。活动结束后,一位同事登门给作家们送稿酬,我也跟着去了。

那时,他的名字已响彻海内外,根据他的著作改编的电视剧,掀起了清史研究和宫廷影视的热潮。

所以,那天推开他家的门,看见他身穿布衣布鞋,操着河南方言,笑容可掬地和我们打招呼,着实让我吃了一惊:这分明就是白河岸边一个普通的老头儿嘛!

在他满墙是书的家中,同事给他介绍我:"新来的记者,学历史的小姑娘,家在外地。"听罢,他笑着问我:"你一个学历史的外地人,咋会跑到报社来上班?"我抠着衣角拘谨地说:"喜欢写作,被招进来。"

他大概看出了我的紧张,拍着大腿笑言:"你老实说嘛,是不是走后门进来的?"我涨红了脸,摇着头一再否认。看到我的窘样,他哈哈大笑:"我就是开个玩笑。文史不分家嘛!学历史的,更该写好新闻。"

从那时至今,十五年一晃而过,在很多公开场合,我都遇见过他。

通常,他拖着日益沉重宽大的身子,坐在主席台上讲着话,我背着采访包,坐在台下的记者席上,飞快地提炼着他所说的关键句。

他早已不认得我是谁。我却一直记得,他说过,学历史的,更该写好新闻。

三

还有一次采访他,是 2014 年 12 月,南水北调中线工程正式通水前。

我和同事沿着南水北上的路,从丹江一直走到北京,边走边采边写文。在写到丹江的历史文脉时,我电话采访他。

那时,被糖尿病困扰多年的他,身体已大不如从前。但,作为南阳形象的代言人,他的大幅巨照被树立在高速路口,他的访谈影像在大屏幕滚动播放。

所以,即便患病,即便老去,他依旧频现于大会现场、大学讲坛,发声于聚光灯下,媒体之上,为古城南阳奔与走,为盆地作家鼓与呼。

所以,那天接到我的采访电话时,他欣然应允。只是,新华社记者正在家中采访他,我的采访被安排到下午。

下午,距约定时间还有 5 分钟时,我拨通他的电话。他好像还在午休,疲惫的声音透出对我早打电话的不满:"不是还差 5 分钟嘛。"

我恐慌地表示歉意,他接过话侃侃而谈,从一江碧水一江文,聊到一江厚重一江根。

采访结束时,我征求他的意见,问稿子写好后,要不要送给他审。他说:"不用了。我看过你写的东西,不错的。"

原来,他记得我的名字。原来,他并没因我早打电话而生气。

四

最近两三年,在一些重要会议上,还会见到他。

看得出来,他的身体越来越糟,发言越来越短,很多时候只是打个照面,就被秘书搀着离开——说话和久坐,对他来说,已成痛苦难忍的事儿。

2017 年春天,我因赶采访,在一场会议的中途离开,出大门沿着高高的台阶往下跑时,恰碰见两个人搀着他,从会场离开,下台阶而去。

因为病,因为胖,因为老,他走得很慢,每下一个台阶都要停一下,喘口气再迈出一只脚,缓缓踏向下一个台阶。

那一刻,我停下慌乱的脚步,看着他被搀扶着的宽大却羸弱的背影,忍不住一阵难过。

他完全可以拒绝这类会议,以病患的借口,以年老的理由。但他很少说"不",直到病重之前,仍常常出现在公众视野。

我并不了解他。

我了解的只是,在这个快速变革的时代,人口千万、经济落后、包袱沉重的古城南阳,需要走出盆地,赢得机遇。

它需要名人效应和文化IP(知识产权),吸引流量,博得关注,获得投资。而写出"落霞三部曲"、深谙官场人与事又头顶各种光环的他,无疑是古城南阳最壮脸、最需要的那一个。

他应各级领导的要求,牺牲思考写作的时间,携带患病衰老的躯体,一次次出现在欢腾而隆重的场合里,一方面,或许和他的十年军营生活有关:军人的荣誉感和使命感,让他一次次放弃小我,去成全大我。另一方面,把南阳视为最亲故乡的他,和这片土地有着深厚而强切的链接,以至于他把这座城市的诸多大事,当作自己的家事,极少推辞,亲力亲为。

所以,他才一趟趟不辞劳苦地参加很多看似重要实则无聊的会议,重复着在很多场合说过多遍的话,在会场不厌其烦地合影、签名,也不愿拂了领导者和组织者的心意。

所以,他才一回回分文不取给那些首次出书的年轻人写序,哪怕大部分作者他并不熟悉,哪怕一些人写得也并不够好,他还是送上身为师者的赞美和鼓励。

这时候的他,的确少了文人该有的傲骨和傲气,但也诠释了赤子之心和长者慈悲。

这,或许是他的悲哀,也未尝不是他的情怀。

五

不久前,报社推出"改革开放40年人物志"活动,让我采访他。我才得知,他病得很重,去了北京治疗。他的秘书传来一篇文章,关于他的写作之路与改革开放的休戚关系。

我仔细修改了那篇文章,给它加上这样的引题:

一个人,一支笔,厚积薄发,一鸣惊人,受益于改革开放之春;

一段史,一腔情,纵横捭阖,关乎家国,独秀于南阳作家之群。

文章的配图,是尚且康健年轻的他,站在满墙是书的家里,翻阅着微微泛黄的古书。阳光从窗外透进来,照在他凌乱的书桌上,照在他的虚胖身躯上,照在他的满面笑容上。

那么平和安详,那么自由喜悦。

我想,这当是他到了天国后,天天该有的模样。

仰望

——小记二月河先生

水兵

仰望,才知道天有多高,天空有多深邃。

——题记

一

去看望二月河先生,必要经过玉带一般环绕着家园的母亲河——白河。尽管春天已来,但水面上仍漂浮着零星的、微薄的碎冰。驻足细看,蓦然发现,河面已是碧波微荡,水也变得有些深邃莫测了。抚一抚丛生在地、度过寒夜隆冬的迎春花枝,惊喜地发现,看似枯枝的细条已稍稍挺起,芽苞暗涌。又看那荡浮在微波之上的几只小野鸭,它们不时地扎着猛子,潜水半刻,数分钟却在远处翻涌而出,悠然地嬉戏着,好生羡慕。河岸上,已走动着不少人,喧闹叫嚷,拍照说笑,小野鸭根本不在意岸上的动静,一味地在水面翻动着。春江水暖鸭先知,这些可爱的小生灵,多么自在,多么自由!

去年这个寒冬,像冰天雪覆下的一条小鱼或一只小鸭,可曾有一个人或一件事感动到你,温暖到你?

有。短短一个月的时间里,我因感情的、礼节的、受托的诸多原因,三

— 126 —

次去看望北京治病回来后的二月河先生。作为一个热爱文学的晚辈后生，我和先生心里很熟悉，但一见到，总是聆听，极少问这问那，拍照合影，也总把时间和镜头留给有需求而难得一见的人。因为先生是南阳最引以为荣的城市名片，多少人为求一个合影，一个签名，一句留言，幸福激动得如同睡梦中畅游世界，享受了人生中最美好的时光一般。就在春寒料峭，残雪未消的新年来临之际，我和几位老作家一起，第三次叩开先生家的小门。

那是一向相濡相知的几个老友，在愉快交谈了约半个钟头，要走的时候，有人提议为一个新文化栏目题个词。先生随手就拿起了笔，但柔软的笔在他手里好像有些不听使唤，几个字，先生的笔尖几次点在一个点上，字成了一个没有结构笔画的墨疙瘩，我们一再说不写了。先生却说：你们干那么多事，我干不了别的，借我的一点名气为文学上的事情助助威鼓鼓劲，总还可以吧。重写，更加艰难，却完成了。先生打趣地说："（我的字）反正都是狗爬叉，要个名就行，知道二月河有这个愿望。"临别，他执意要送我们，我分明看到，病后仍康复中的先生吃力地扶着桌面，有些摇晃地站起来，用有些颤抖的手和我们一一握别。"马上就要过春节了，请转告新老朋友们，二月河感谢大家，并向大家拜年了。"先生没有忘记牵挂着他的读者和文友们。

我真的被感动了，仿佛人世间的友谊与真诚一下子涌入了我的眼眶，憋得我坚硬的泪水在眼眶里发热打转。

这是一种什么样的品质和境界，又是一种什么样的相知与温暖，还有谦逊。

去看望一个生病的名人大家，再用所谓煽情的笔法描述一番，感慨一番，借着大众好奇猎奇心理或窥探的目光，去披露一些小众的东西，让一个人或一个事件暴露于大众，这一向是追星或追名人的娱记们的谋生手段，无可厚非。但借名人的光环，别有用心地炫耀自己，就很令人不齿甚或痛恨了。

二

像仰望深邃的夜空，让我想起先生的许多小事。

皇皇"落霞三部曲"，五百余万字，耗尽先生心血，正值中年，却华发尽落，配着他笑眯眯的宽厚慈祥之容，笑佛一般。

他本还要写大部头的，无奈，身体不允。

换一个新的路口重新出发的人，才有真正的精彩与漂亮。

不能写大部头了，先生转写散文和随笔，竟有了饮誉文坛的《二月河语》《佛像前的沉吟》等四五部。以字画做锻炼身体和醒脑明目的工具，他竟又弄出了单幅画竟拍达十几万元的作品。

而说起他的字画，还真有些意思。"我是胡乱涂鸦，以此感知线条和色彩，弄着玩的。"他说。可不料这名人字画，洛阳纸贵，一时成了某些人追逐的风雅和目标。求字的，索画的，无不尽其所能。可二月河就是二月河，书画从来不买卖。志趣相投的，分文不要，送你！不相知的，任你官有多大，威有多高，财有多富，对不起了，二月河不是卖客。画有时也是要卖的，那是义卖，卖出的钱是救助失学儿童，鳏寡孤独的弱势群体。不但要卖，而且要高价钱。南阳有一晚报，每年组织一次救助失学儿童名家书画义卖活动，先生总是参加，并且告诉主办方，我的画低于多少不卖，卖得越高越好。殷殷之心可融冰雪，可暖人心。先生吝啬吗，非也。他的好友，散文大家周同宾先生每年生日，二月河总画一幅画相祝，有时忘了曾送过，隔几日又送来一幅。同宾先生说，已送过了。二月河说：再添寿一岁。两人哈哈大笑。有人想办一个名人字画展，向二月河求画，二月河问，是公益的还是经营的？那人说是公益的。二月河说，你到本地希望工程办公室捐一点款，拿着收据来，我给你画。一幅市场价几万元的作品，就因是公益，就毫不犹豫地送了。要知道先生颈椎腰椎都有毛病，画一幅画是多么吃力艰难。

像一棵繁茂的大树珍惜自己的每一片叶子，像一只丰美的大鸟自始至终怜爱自己的每一根羽毛，二月河先生又是怎样的一种修为品行。他居家的隔墙就是一个小菜市场,可为了节俭省钱,他和老伴总是提着菜篮子步行数倍的距离到中心市场买菜。他缺钱吗?每年百万甚至千万的版税。他小气守财吗?每年几十万的爱心捐献,他眼都不眨,慷慨如一名富豪老兵。那是不忘初心的砥砺,那是守望践行优秀节俭传统的品德。二月河在一篇回忆往昔生活的文章中写道:那时生活艰辛,虽已有些小名,但大清早仍是起得很早去青菜批发市场捡菜叶,捡回来的菜叶,好的人吃,差一些的喂鸡喂兔,去的次数多了,有的人认出我来,就着意为我留下,我也不好意思再去了。记得南阳有一次举办"书香个人"评选活动,有单位赞助,中午会餐。就在午餐结束站起来要走时,二月河看到有个盘子中还剩一块肥肉,就转身拿起筷子夹起来吃了,还自言自语地说:浪费了多可惜。大家都知道先生一项提倡光盘行动,无论谁请客都不能浪费,浪费了他都生气。

富有的二月河,清平的二月河,愿以身之微芒,照彻周围。

三

时间和精力有限,生命有限,要做你想做的事情。二月河先生挚爱他的读者和文字。已逾古稀之年的先生,被多种疾病缠身,写的文章少了,怕冷落了喜爱他的读者和朋友,竟自觉给自己加压。本来是一个地方报纸副刊的一次约稿,先生却一篇一篇地往下写,不料竟集珠成串,积水成河。一下来,就有了百余篇,引来数家出版社的青睐和光顾。给谁呢?先生引用南阳老作家乔典运的话:名人就是水中的鱼,谁先逮着是谁的。但我一定优先感恩当初艰难时看好我、推介我、帮助过我的。

　　　　你还记得吗　那时的夜晚
　　　　是如何降临的
　　　　什么都不说　像来自天空
　　　　轻如指尖的触痛
　　　　你是否得到了　期待的人生

梦里的海潮声

它们又如何　从指缝中滑过

像吹在旷野里的风

——朴树《猎户星座》

名人的二月河,舞台上、聚光灯下,一切光环中的二月河,用沧桑和智慧,跟台下的观众、读者说:"好好过日子。"这是如歌声的天籁之音,如人生的肺腑之言,大言,真言。如温暖的阳光照下来,连微尘都能看见的美妙。

"好好过日子。"整个城市仿佛都慢了下来,悠闲的阳光,人群,街景,还有如期而至的年味儿,这大概就是生活本来的模样吧。先生说出了每个人心底最柔软最踏实的地方。

生活,言不尽,道不穷。先生的真音,仿佛是心底升起的一轮暖阳,是大街小巷里的平淡生活,是人来人往中的擦肩而过,是晴朗蓝天下的孩子们的笑脸……

大道至简。简单饭,粗布衣,简单到极致,便是绚烂。你没看到旅途中开封大相国寺的台阶上,斜躺着大名鼎鼎的二月河,游人如织中,他能呼呼大睡,鼾声如雷。你没看到挽起裤腿拧着菜篮子的二月河,平头老百姓一个。他曾是"双料"全国代表,为民代言,为党出声,却简简单单成一介布衣,大智若愚。

"居陋室,勤写作,奉节俭,大爱人间,通过自身的修为,去超越肉身基因与生俱来的自私。"这也许是先生追求内心自然本真的法度与寂寞。

有时你乘起风　有时你沉没

有时午夜有彩虹

有时你唱起歌　有时你沉默

有时你望着天空

——朴树《猎户星座》

130

仰望星空,星光明亮又神秘,可谁知道这些光是亿万年前的积聚,穿越了漫长而又清冷的时空,到达我们的眼中,就像我们每个人的漫漫人生。

二月河,一定是星辰。用人格和文字的光芒,照耀我们。

每个人都有落幕的时候,良宵未尽似此星辰。二月的星河有些清冷,但二月的解放却是冰河解冻,春暖花开。我们阅读二月河,我们看望二月河,我们仰望二月河,其实,我们在感知人间的温暖和大爱,我们在聆听先生的睿智与提醒,我们在先生宽厚有力的臂膀上延续和舞动着未来的精彩。

无颜送别

王希燕

2018 年 12 月 15 日,二月河去世了。

早上没出被窝,就接到文友打来电话求证这一消息的可靠性。最后得到确切消息:二月河遗体下午能回到南阳,将被安置到南阳市殡仪馆。

认识凌老师已有 24 个年头,这两天点点滴滴如电影般在脑海中不停地回放着。

1994 年,我初到南阳市文联《躬耕》杂志社上班,策划了个栏目,在刊物扉页上每期刊登"南阳作家群"一位作家的照片,下面一句话用作家手迹,可以是作家的座右铭,也可以是鼓励读者的话。我先去找二月河,他名气大,我打听着直奔他家。以前素不相识,第一次见面就得到了他春风般的接待。他从楼上下来打开门迎我进去,印象最深的是院子好小楼道好窄,他身体好庞大。红砖墙的二层小楼里,我好奇地先行参观。一楼是客厅、厨房、卫生间,楼道窄而陡,上楼时我直担心他会被楼梯卡住。二楼靠南一间是刚好够放一张大床的卧室,靠楼梯一个斗室是他宝贝女儿的闺房,另一个不足十平方米的房间里放着一张破旧的书桌、一把黑不溜秋但椅面和扶手磨得发光发亮的太师椅和简陋的书架,这是书房。凌老师把我让到太师椅上,倒杯茶后,随手拉个凳子坐在旁边,安静地听我说明来意,认真地说:"小王,首期得登老乔(乔典运),老乔是宛军旗杆,我得靠后站。"乔典运在西峡,要找不方便,何况当时他是癌症缠身。少不更事又急于求成的我笑着反驳二月河:"他是宛军首领,可你是全国人物呀。"二月河弥勒佛般笑呵呵又语重心长地对我说:"傻姑娘,《躬耕》是本土刊物,自然以宣传南阳本土作家为主。今天,我可以把我的照片、我的题字都给你带走,这样你可以少跑一趟腿,但是'乔老爷'必须排在最前头,不然你也别刊登我。"说着,他起身找自己近期的照片,又迅疾写下一行字:"知学问博大,戒妄自菲薄。"他又细心地给我介绍乔典运的情况,说怎样能找到乔典运以及这个人如何的好,咋值得人们尊重爱戴等。最后,我依照他说的方法先到西峡县文联,王俊义、李雪峰老师又领着我到医院找到了乔典运老师。那时,乔老师身体很虚弱,在病床上挣扎着起来跟我说话、题字。等刊物出来我送去时,他病情加重,转诊住到了南阳市中心医院,已经不能说话,只得用笔语交流了几句。1997年2月,乔老师去世。非常感谢凌老师,没有他的举荐,不是他的谦卑,我这辈子可能都见不到大名鼎鼎备受敬仰的乔典运。

三个月后,《躬耕》上二月河的内容才刊登出来,因为送刊物我第二次叩开了他家的门,依旧被迎到书房的太师椅。聊天中得知,他业余生活除了读书就是干家务,偶尔下棋。当时凌夫人还在铁路局上班,工作忙时间紧,女儿上初中,所以每天做饭、接送孩子的重任,基本都落在了凌老师身上。那时,我才知道大作家原来也是在人间烟火中生活,他也得天天面对柴米油盐,做饭接娃。离开的时候,凌老师送我一套《康熙大帝》和一本发有他文章的《红楼梦学刊》,还认认真真地每本签名钤印。

接下来那几年与凌老师接触比较频繁,有时候文联领导让我去给他送东西,到他家取稿子;有时候是《躬耕》组织"南阳作家群"笔会;还有好多亲朋好友同事邻里让帮忙找他签字,我都乐此不疲,觉得举手投足间都能从凌老师身上学到很多东西,同时还得到过他不少的馈赠。我不止一次看到穿着破衣烂衫的他,抓把粮食从容而淡定地撒向飞到院子里觅食的鸟雀。也许,这是他那几年拼命写作累极困乏寂寞郁闷时的一种放松方式吧——与苍穹对话,与鸟雀共食,与自然交流。当年,从他的举动中我看到的更多的是他慈善宽厚、悲悯博爱的胸怀。曾经半开玩笑地跟凌老师说:"你就是一尊佛,标准的一尊弥勒佛,你开口就笑,笑对我们这些无名小卒,大肚子能装,装着世间苍生。"

大概为了鼓励我,凌老师说我是块可雕琢的玉,让我加入南阳红学会。记得第一次参加研讨会,凌老师详尽讲述了自己走上红学之路的经历以及《红楼梦》对他创作上的影响,并且他还加了句:"红楼梦研究会缺少年轻人,更缺少女会员,巨著中琐碎的事务、细腻的情感只有女的能品味得懂、品味得透。"而那一年,我是比较年轻的女会员。凌老师还不止一次地给我说过,你骨子里是块作家料,闲了多读读书,多写写文章。可惜至今我仍是一根朽木,一块不开化的顽石。

都说二月河"牛",专为他开的作品讨论会,他本人都不去参加,作品得奖也不去领奖。是的,有时他是真"牛",有很多不小的"官"、企业家、富豪都巴结不上他,但在我眼中,二月河真真切切是个虚怀若谷、温和宽厚、有着强烈使命感和责任感的人。国家大事他关心,老百姓的事他挂怀,南阳文化事业上的事他更是鼎力相助,南阳红学会和《躬耕》的年会他几乎年年参加并且主讲。在《躬耕》的一次年会上他说:"《躬耕》是个纯文学刊物,经济时代,这种阳春白雪的东西能生存下来不容易,能生存下来高质量地办下去更不容易,它离不开广大企业家的支持和帮助。文联是个穷单位,好比一个丐帮,主席是帮主,我今天来呢,是为他们敲锣打鼓摇旗呐喊的。我想,既然大家能坐在一起,就是前世修来的缘分,希望大家能有力出力,有钱出钱,咱们齐心协力把《躬耕》办好,把文学阵地守好,多多培养文学新人,让南阳文学事业蒸蒸日上。"可以说,没有二月河昔日的鼓与呼,就没有《躬耕》今天的辉煌;没有二月河,不可能有南阳红学会。

2004年,我调到地方史志办工作,与凌老师接触就少了。平常见与不见,联系不联系,感觉凌老师就在跟前,他说过的一些话也时常在我耳边回响。

2013年,一个朋友出书,缠着我找二月河写序。知道他不是一般的忙,便在电话里先试探性地问问。没想到他爽朗地笑着说:"你后天拿来吧,但是要的时间太急了不行。一是我的眼不好使,现在看东西很困难。

二是杂事太多,人坐不下来。"完了,又打趣说:"嘿嘿,我还以为是你要出书了呢,你出书我一定给你写序。"我羞愧难当,当即表态:"好!不过你可得耐心地等着呀。"亲爱的凌老师就这样走了,给我写序便成了永久的承诺,也成了我一生的遗憾。

2017年8月,新乡市市长委托民进南阳市委领导,请二月河给他们写篇关于比干的文章,这件事托付给了我。我压力很大,我不想劳烦他,他已经够忙够累了。何况近几年他身体每况愈下,由于糖尿病并发症眼睛几乎看不了东西,身体浮肿,血压还高。领导打了几次电话,我推辞不过,勉强拨通了他的电话,凌夫人接的,当即以他身体不适回绝了。当时,凌老师可能就在旁边,他听见后接过电话,问清事情原委。几天后,凌夫人打来电话,说文章已写好,把邮箱地址发过来。凌老师不会打字,也不会发邮件,一天后,他托侄子把稿件《比干庙小记》发来了。事后,我想表示感激之情,又怕他拒绝,中秋节便备了些简单的礼物直接去他家里。还是那个幽静的小院,多了个鱼塘和一些常青的花草。凌夫人开门,凌老师正在院子里散步,见我后点了下头,那天,他女儿女婿及外孙也都在院子里,我站在院子里与凌夫人聊了几句就告退了,凌老师始终没跟我说一句话。万万没想到的是,中秋节这匆匆一见便成了我们最后的一面。

19日上午9时的追悼会,我还是去参加了,还特意去买了束鲜花以示隆重和敬意,翘首等着殡仪馆的门打开,我就不顾一切地冲进去,看到凌老师被置于花丛上,身上披着党旗,我只能站在数米之外踮着脚仰望,站在人丛中默默流泪。随着人流绕着遗体告别时,突然有种触了电的感觉,在给我一种暗示吧?——二月河走了,凌老师永远在,只是换了一种方式存在而已。

凌老师,一路走好!

十年的浅缘

——追念二月河先生

齐英杰

先生名誉的和实际的头衔数不清,唯有南阳红学会是他的"私产"——先生自己发起创办的。红学是他一生最动人的"艳遇"。不承想,红学竟然也成了我与先生结缘的线。

2008 年,初踏"红门",便赶上在内乡县衙召开的红学会年会。尽管此前有过多次邂逅,但这次才算第一次正式"面圣"。先生谦和有度,思路敏锐,表达简练得体,衣着也算入时。都说先生不拘小节,我看也不尽然。记者会场外采访先生,我在一旁见他领口不整,就示意摄像师停下,给正了正。先生却视若不见,依旧侃侃而谈。会后,在门口碰上了,先生突然撂了四个字:"谢谢了哦!"谁说先生不拘小节了!

2012 年前后是南阳红学会特别活跃的时期,自然与先生有了更多的交集。

那时先生还没有专车,学会搞活动常由我接送,近距离接触就多了些。

先生每次上车问得最多的话就是,这段儿又在忙啥?写啥没有?别误了好时候!还说,红学会给不了谁啥好处,只有写作这个苦差。记住,要小题大做,不要大题小做,难为了自己……

在先生的敦促下,从 2009 年始,我陆续撰写了《南阳是促成汉话统一体系形成的重要方域——读〈红楼梦〉引发的断想》《聊斋与红楼》《为秦可卿掸尘》《冷眼看红楼》《贾营与〈红楼梦〉》等二十多篇论文,得到了先生和专家们的赞赏,部分篇目还被转载。

国内红学大家们常来南阳,好几次我都全程跟随。2010年夏,《新华文摘》原主编、中国红学会副会长胡文彬教授莅宛。两位先生在白河宾馆畅谈《红楼梦》,从作者谈到版本,从曹家谈到贾府,字字珠玑,句句生辉。晚宴进入尾声,先生致辞作结:天下没有不散的筵席,天下没有免费的午餐,天下老鸹一般黑。连胡老也蒙了半天才回过神来。这何止是简单的离席说辞,更多的是对现实生活的深刻解读。

2013年,中国红学会会长张庆善、秘书长孙伟科、红学所所长孙玉明、学刊编辑谭凤嫒来南阳考察,市政府为先生安排了招待晚宴。席间,谈笑风生。乘着酒兴,先生有些"失口":"我知道咱的字不咋着,说如何如何,我知道那是恭维话。有人要,咱就写,练练笔,哄人开心,有时还能救助人,何乐不为!"

从先生的字说开来,在十年的浅薄交往中,我是这样看待先生的:衣不如其字,字不如其画,画不如其文,文不如其人。

是的,这样说的确有些不敬,但我这儿只是找个说辞而已。

先生的字不顾及法度,却也成趣,墨迹间隐着丘壑,藏着佛意,"明月见性,绝无赝品之虞"。先生的字,是深受欢迎,要"值钱"得多。

2014年临春节,扬州友人过南阳,我想送对方先生的字,就电话说了,先生说那你来家吧。推门,先生已经写好了。后来朋友从扬州打来电话说,字画商频频抬价求购,放心,我不会卖的,情谊值钱得多。

先生的画比字有味,丝瓜、牡丹、葫芦、葡萄都不错,多见的是荷花,而叫绝的是葡萄。我见过一幅为柳玉柱老师作的《葡萄图》,其用笔、题文意蕴深厚,堪比大家之作。

我的朋友,甚至"代换"朋友,都以为我能随时"面圣"。三五成捆往车上放书求签,昨天刚一趟,今天又得去,"汗牛"于道。不好意思了就说,老师,我这是"啃老",是"倒卖"人情啊!先生说,自己人,来了就不说外话。

想来，这几年转呈的"御批"足以"塞栋"。

三十年前，"瓜饭楼"里的冯老为先生作画"实大如斗"，画的是大南瓜。有人说"落霞三部曲"就是先生的"大实"。先生通古今，贯六艺，悟佛法，解世情。著述还只是"凌山一角"，书哪能如人。

那天含悲去献花圈，见一位八十来岁的老者坐在轮椅上，簌簌落着泪，还命其老伴代给先生叩头，先生大气十足肃穆如神。先生是用毅力、才华、人品、胸襟在人们心中树起了高大人神形象。

衣见洒脱，字见真性，画显灵气，文显才气，人显侠气，这五道"色"，缺一色都无法摹绘出饱满的二月河。

十年，能与先生有这份浅缘，一生弥足珍贵。

初见二月河

张燕

算来大约是 18 年前吧,我在报社负责一个关于母亲节的有奖征文活动,遵领导意去向一些在南阳的文坛大腕约稿,因为这样才能提升报纸的品位,当然还有这个征文活动自身的影响。

我自小就喜欢文学,崇拜作家,乐颠颠领命后,很快就登门拜访了周同宾、秦俊、廖华歌等著名作家。大家们无一例外谦虚低调,没有一点架子就答应了。可我还有一个更大的难题,就是"南阳作家群"里最大的腕儿——二月河,我一直胆怯不敢去约,因为二月河早已红透华人世界,"凡有柳井处,必读二月河",我像其他人一样,听信了太多二月河不好接近、不爱理人的传闻。那时街头巷尾都在盛传,向二月河约稿约采访约上节目约出书的来自天南地北、世界各地,多少大报大刊大台都排不上队呢。

跟二月河约稿这么难,可是我们报社的活动,怎么能少了生长在南阳、成名于南阳的大名家二月河呢?这几乎成了我的一块心病了。母亲节眼看就要到了,我的任务八字还没一撇,怎么办?我真是急得抓耳挠腮。

有一天,报社的一位同事、师兄——他那时也很年轻,亦是狂热得不得了的文学青年,早年就因文采出众而扬名圈内外——他好心告诉我:燕妹,你别怕,二月河虽说不好接触,不好约稿,但越是普通的文学青年、无

—— 139 ——

名小辈，他倒越是碍于面子，不会不答应的。真的假的？我将信将疑。我别无他法呀，只有硬着头皮给二月河打电话了。

没想到电话顺利地接通了，我按捺住激动得乱跳的心，结结巴巴地说明了意图。电话那头，二月河的声音非常温和，爽快地答应了约稿，并且没有一丝迟缓就应允了我登门拜访的请求，还说他的家在卧龙区委院里面，不太好找，约好了交稿时他会在区委大院影壁墙那里接我。

谁说二月河架子大、难说话？感觉他是十分平易近人的嘛。我欢快地跑去告知师兄，他笑眯眯地说，我就说嘛，没问题，二月河挺好说话的。

时隔18年，我至今依然记得初见二月河时的情景。那是仲春，清晨，斜风细雨中路人行色匆匆。我披着长长的直发，身穿暗红色高领毛衣，外套一件牛仔背心裙，走到区委大门口，便看到影壁墙那里站着二月河——虽是第一次见真人，可他的画像、照片到处都是啊，他还跟电视中、报纸上的一样，穿着平平常常的灰色外套、松松软软的黑布鞋，敞着怀，弯曲着一条胳膊，像极了一位普普通通的邻人，甚至还似那不修边幅、稼穑归来的农夫呢。我却忽然有些紧张，步子快且杂乱了起来，慌里慌张地往前跑。没想到二月河竟面朝我的方向迎了上来，走近，停下来，很家常地问我，你多大了？我三十多了。我看你只有二十多嘛。就这一迎，这一句话，我的紧张、局促、不安，即刻烟消云散。

一路跟着二月河向大院更深处走去，曲曲弯弯地来到他的家。推开寻常的暗红小门，眼前是一座安静的种满蔬菜的小院，地里有一蹲着的背影在忙着什么，想必是凌夫人吧。哦！这就是传说中的"落霞三部曲"诞生的地方了，静谧、安逸，既充满了凡尘俗世的人间烟火气，又隐隐地透出些远离车马喧嚣的出世感。有谁能想到呢，就是在这小院的僻静处，在这桃花源一样的幽深中，石破天惊地孕育、迸发出一幕幕大清帝国的刀光剑影、惊涛骇浪。康熙、雍正、乾隆，几世明君金戈铁马、杀伐决断的形象，就在这个小院惊天动地诞生了！

梁实秋曾说："绚烂之极归于平淡，但是那平不是平庸的平，那淡不是淡而无味的淡，那平淡乃是不露斧斫之痕的一种艺术韵味。"二月河常年久居这独门小院，但这平淡，分明已不是那平淡，而是不露斧凿之痕的一种艺术韵味了。

那天,在二月河家光线有些许昏暗、布局稍显凌乱的书房,他把他写的题为《我的母亲》的手稿一张张复印了,郑重地交给了我。

我任务完成得尤其好,非为我口才好善联络,而是二月河对家乡人,对家乡的报纸,格外抱有一份偏爱。作家梁晓声说过十分经典的话:"什么是文化?文化是根植于内心的修养,不需提醒的自觉,以约束为前提的自由,为别人着想的善良。"我所感受到的,恰恰是二月河"为别人着想的善良"。有时候,看似不经意的善意,恰恰最温暖、最得体。

多年以后,因为做文化记者,做《南都赋》和《星光》副刊编辑,做《南阳晚报》读书会,近距离接触二月河的机会便越发多了起来。在我的记忆中,虽不能说有求必应,但报社的文化活动二月河几乎都是爽快赴约。那一年的夏天,在秦俊的《春秋五霸》作品研讨会上,二月河不慎一脚踏空跌倒在地,但他仍坚持参加研讨;另一年的春天,著名杂文家、评论家李庚辰因私回宛,《南阳晚报》趁机邀请二月河、李庚辰两位大家为南阳的文友们做了一期读书会。那晚有幸与先生同桌吃饭,我和同事因为赶稿子踏着溶溶月色匆匆赶去,赶紧落座,大家们亲切和蔼,对我们这些文学晚辈极尽关爱。饭后出得门来,有微凉的风拂面而过,先生站在台阶上,一一与我们握手告别。

先生字字珠玑,句句肺腑,他的思想的光芒,令我获益匪浅。想来一切犹如昨日,栩栩如生,历历在目。

在二月河身边的日子

李柯

2018年12月15日，这天一大早手机便被二月河老师去世的消息刷屏了，不敢相信！不会相信！不愿相信！

我无法相信，我亲爱的凌伯再也看不到我的画作，为我指点了，再不给我签书了，再听不到那句"先给柯娃签，她得接宝宝放学，赶时间"，再不能收我给你送的包裹和汇款单了，再也不能听到你亲切地说一句"柯娃，帮伯个忙，把水果拿回家带给孩子吃，我糖尿病，不能吃水果"……那些熟悉亲切的话语，再也听不到了。

和凌伯的渊源颇深，在没有到文联工作前就知道，南阳有一大作家，创作了"落霞三部曲"，改编成电视剧，轰动海内外。不承想我真有缘分，2001年工作后，竟然可以和这位仰慕已久的大家零距离接触。

我初到文联，单位领导派我去找他签书，当时的心情是激动万分，这是我们最早的接触。走进这位文坛泰斗的家，我认真观察了一番，如普通的家庭一样，简单、整洁、朴素，满屋子的书是最显眼的摆设，老师也是和邻家大伯一样亲切，没一点大家的架子。之后给二月河老师送包裹、信件、汇款单、报纸，有人拜访、需二月河著作签书等，竟成为我在文联日常工作的一部分，虽说有些琐碎，但能为这么一位大家服务，我备感荣幸。

我和二月河先生还有一层深厚的缘分，他与我的公公是战友，1968

年3月一道到山西太原8731部队从军,我公公先回南阳,二月河随部队移防东北辽宁,后转业,也回到家乡南阳。同在一座城市工作,现在我又来到先生工作的文联,所以,我称先生"凌伯",那是名副其实。

在文联工作,要有自己的专业,我就选择了绘画,主攻国画,凌伯对我鼓励有加,可以说,我的绘画爱好能走到今天,有凌伯的功劳。"李柯这孩子画画有天赋,也很勤奋,好好画,要有恒心。"一句"好好画",这么简单随口,却让我深受鼓舞,自警自省自我加压,更加认真学习绘画技艺。我爱好中国画,凌伯热心地为我指路,以自己在文联工作十余年为例,循循善诱,启迪我要多走访名家,多学老师们的笔法,多看名作,打好基础。我想阶段性总结一下,出本画集,凌伯欣喜地为我题序,让出版社编辑也羡慕不已。凌伯嘱我"画中国画把基本功打实,多临历代名家作品,每个人的精力有限,不要贪多,抓一两个重点题材着重下功夫,再涉猎其他画种,要沉得下心,沉得着气,厚积薄发。"凌伯的教诲,让我受益匪浅。这么多年来,我画工笔,画写意,画荷花,画月季,每每画出得意之作,他都乐呵呵地为我评论一番,指点一二。

记得2011年4月,凌伯院内的一株牡丹花开了,我送给凌伯一幅四尺横幅牡丹画作,说:"凌伯,你的牡丹开得好,但是规模不够多,我给你画了幅。"他眯着双眼乐呵呵地说:"哟,又画牡丹了,我也画牡丹,我给你画幅牡丹咱俩交换。"我如获至宝。凌伯博览古今,大智慧怎是我辈能及,名则交换,实则鼓励我把绘画的道路一直走下去。他还把书柜中有关绘画的书籍找来送我学习,让我感觉到无比荣幸。

小院中和蔼可亲、笑容可掬的凌伯,我再叫没人答应了。泪水模糊,唯能忆凌伯对我的点滴关爱,聊解心中的巨大悲怆。我知道,凌伯没有远行,他已化为天空中最明亮的一颗星,俯视着我,给我力量,伴我前行。

二月河的警察情结

朱付新

　　"斯人已驾白鹤去,世间再无二月河。"当我与文友一起前往殡仪馆为其送行的时候,触目那幅神情温和、儒雅敦厚的先生遗像,我禁不住悲从中来,泪眼迷离,这是一种痛失亲人般的至痛至哀啊……

　　先生是文坛泰斗,凡有柳井处,必读二月河。我与二月河老师的交集不多,他是享誉世界的文学巨擘,我乃一介警营书生,但是我聆听过老师的教诲,参与过老师进警营的活动,最让我珍视并荣耀的是,当年拙作《英雄三弦琴》诗集出版时,得到老师"寄语"的推荐扶掖。过往的一幕幕,恍然如昨——

　　2004 年初,当我把自己的诗歌整理后欲以《英雄三弦琴》为书名结集出版的时候,经由朋友引荐,将稿样送交二月河老师审读,期待先生能拨冗赐教,并奢望他能够写篇序言,"以壮行色"。就在我忐忑不安、急切盼望的日子里,听说先生身体欠佳,我知道是他苦心孤诣写作落下的病,不觉对自己的非分之想暗暗自责歉疚。然而,不久,朋友就从先生那里取到了他的手迹:"寄语——我的母亲是共和国诞生时的老警察,我对警察有着特殊深厚的感情。我愿这部书能够把警察最美的心灵传送您那里。读者与作者的心都是一样的美。"朋友说,先生对诗集中公安题材的那一辑诗作颇有感触,警营生活及警察形象的抒写与讴歌,让他看到了自己母亲的影子。这让我受宠若惊,反复咀嚼手书,虽寥寥数语,但纸短情长,我能深切地感悟到他的那份"警察情结"。

2004年10月,《英雄三弦琴》如期出版,二月河老师的寄语,成为最好的推介,我与朋友一起兴致勃勃地赶到先生家中,奉上诗集以求"雅正",同时也是对老师的扶掖当面致谢。诗集后来获得了南阳市第三届文学艺术优秀成果奖,我想,这里边一定有二月河老师的光环照耀吧。

二月河老师的父母都是老革命,从先生的作品中,可知他饱含深情谈得更多的是他的母亲马翠兰,老人家是新中国第一代警察,1949年已成为公安局的副局长。"能打枪、骑马,母亲在我心目中不是依门盼子灯下走针的女人,而是英雄。"警察母亲的形象,深深地烙印在二月河老师的心中。

正因这份"警察情结",2000年9月1日,南阳市公安局卧龙分局举行警官阅览室揭牌仪式,二月河老师欣然应邀参加并讲话,他语重心长地勉励民警要博览群书,并挥毫题词"仁者无敌"。

正因这份"警察情结",2012年5月15日,二月河欣然接受聘请,成为南阳市公安局一名特邀监督员。

正因这份"警察情结",2014年12月5日,二月河应邀到铁道警察学院做学术报告,他谆谆教导铁警学子:"作为未来的执法者,一定要把持好正确方向,'好好过日子',做一名忠于法律、富有人格魅力的执法者……"

正因这份"警察情结",2015年清明节前夕,二月河应公安部政治部邀请,为公安英烈题词:碧血化为蝴蝶,你们用鲜血和生命换来人民的幸福与安宁,你们的生命融化在我们的事业中,你们是最可敬最可爱的大写的"人"。

正因这份"警察情结",2015年5月22日,二月河老师欣然受邀,为南阳市三千多名公安民警做了一场人民警察核心价值观教育专题讲座。

从社会活动,到文化讲座;从欣然受聘,到扶掖后学……所有这些与警营、与警察有关的情节,我觉得都是先生的"警察情结"使然!正如他当年刊发在《公安月刊》上的那篇散文《走近些,请再走近些……》中所说:"我的心要求我祈祷:假如冥冥之中果有造化之神,请将'平安'这个最通常的福分赐给警察。"

先生虽已溘然长逝,但其思想和精神之花永开不败!

三访二月河

田园

    2018 年 12 月 15 日,一个让南阳满城悲痛的日子。这天一大早手机便被二月河老师去世的消息刷屏了,从开始的不相信到打电话得到确认,心情一直无法平复。中午接受任务,与报社陈强副总编商量后,马上进行各方面采访,然后坐下来,努力静下心,开始撰写关于二月河去世的新闻稿件。一点点地查阅资料,回忆将我拉回到几年前。

    第一次访二月河老师,是在七八年前,卧龙区委院内僻静处一座红砖的小院,院墙上爬满了绿色的蔷薇,生机勃勃。红色的铁门上贴着的大红"福"字,耀眼喜庆。同行的作家鲁钊对我说,这门上的对联就是叔叔二月河所撰。门上贴着一张纸片,上面写着"有事请打电话"和两个电话号码。作为著名作家、"南阳文化名片",每天想要到家里拜访他的人很多,想见他要先打电话告知事由。电话打通后,二月河老师的夫人打开门,带我们走进那座二层小楼内。

    这位文坛泰斗的家如普通的南阳市民家庭一样,简单、整洁。没有想象中的满屋子的书,最显眼的摆设是茶几和餐桌,摆放着尚未撤走的碗筷,充满着浓浓的人间烟火气息。二月河老师就是一位普通长者的模样,胖墩墩,脚上没有穿袜子,趿拉着一双黑布鞋。有人签书,就是先生的大著"帝王系列"。我们帮忙掀书页,先生非常潇洒地签了名。那时候并没有想着要照一个合影留念,因为在南阳的白河边、街道上、羊肉汤馆里、菜场里常见到他散步、买菜、吃饭的魁梧身影。

第二次去二月河老师家拜访,是在 2017 年 4 月。我参加完第二届海峡两岸中原人文地理科考文化高层论坛,以记者身份跟随与会专家到二月河老师家里拜访。提前约了,二月河老师在家候着我们,他穿了件紫红色的缎子外套,热情地接待远道而来的朋友。从文化到政治,从治学到做人,二月河老师的满腹经纶让来访的教授啧啧称赞,钦佩不已。

在他们面前的茶几上就放着当天的《南都晨报》。很显然,这份报纸二月河老师刚刚翻阅过。每天我们辛苦奔赴一线采访报道的新闻,二月河老师都会翻开浏览,这让我这个晨报一线记者无比高兴,就像一只辛勤的蜜蜂,采集到的蜂蜜得到懂蜜人的品尝、赏识。我用手机记录下了这一幕。

三访二月河老师,是在 2017 年秋,领了报社任务去的。又到报纸征订季了,需要拍摄一张宣传照。领导决定由我和摄影部记者陈晓文一起去二月河老师家。经过联系,二月河老师欣然同意。这时的二月河老师正被糖尿病折磨,白内障越来越严重,腿和脚浮肿。但他依然很配合,仍穿了我们经常在会议上见到的那件外套。先生和善,让我们随意"摆布",拿起报纸仔细看了起来。摄影记者陈晓文赶快按下快门,记录下了这历史性的一幕。

二月河老师为《南都晨报》的发行所拍的宣传照,是他为宣传南阳,推动南阳文化所做的又一贡献。

二月河老师 2018 年 4 月份因脑栓塞住院,病情一直不稳定。朋友约我前去医院探望,因为还有其他采访任务我没能同去,没有想到竟成我的终生遗憾。

我采访著名作家周大新老师时,周老师悲痛地说,二月河先生是我们"南阳作家群"的领军人物,他的去世是我们"南阳作家群"的重大损失。先生的突然离去,让人扼腕叹息。希望他在天国安好。周老师的话,抒发了我们共同的心声。

我哭大河化天河

鲁钊

我泪如雨下。受不了这冬雷贯顶震天霹雳,猝然打击使我耳鸣眼花,身体直要虚脱。我无法相信,我亲爱的叔叔再不理我了,不能指教我了,再不给我签字了,不接受我的访谈了。

先生视我如子,作为晚辈,我真切地感受到先生离去对我意味着什么,天塌地陷,日月无光,撕心裂肺,痛彻难耐。

此时,唯有泪水,滚滚倾泻的泪水,能些微化去我满腔的痛苦。

叔叔由婶子和妹妹陪着由京返宛,还未回到他深爱的家乡南阳,我先赶到叔叔创作生活的住宅。庭院深沉,古藤爬墙苍劲,辛夷穿云挺立,似在等主人归来。我掩泣拭泪,把落叶简单清理,希望叔叔回到小院时,仍是以往那个整洁温馨的家。

我呆立院中,景物依旧,多么熟悉的气息,却物是人非,仍不敢相信,我那攻石开山蹚泥涉水建国防工程的叔叔,那深入地底每天挖煤数吨不在话下的叔叔,那大口吃肉大碗喝酒豪气干云义薄云天的叔叔,小院中时时笑容可掬接受我访谈答应我要求的叔叔,我再叫没人答应了。那天真耿直不拐弯的叔叔,那胖手胝足宵衣旰食秃笔写就传世经典皇皇巨著的叔叔,不说则已一说就引起全国媒体关注的叔叔,那深受海内外华人读者喜爱的"皇帝作家"叔叔,永掷椽笔了。

泪水一次次模糊视线,唯能忆叔叔对我的点滴,聊解心中的巨大悲痛。

一

二月河与我的父亲是战友,是我的"皇帝作家"叔叔,我谐称"皇叔",多次随其赴外讲座、文坛活动、回乡省亲、朋友聚会等,有着这份先天的缘分,我得以在其面前求索请教,获取佑护关爱,频繁要求,甚至敢对先生泼皮无赖。当我爱好创作后,愈向文学靠近,才知自己浅薄。犹如遥远对山,并不觉得山多么高大,越走向山前,离得越近,方知山的巍峨。才感知叔叔不啻为横空出世莽莽昆仑,是连云叠嶂的巍巍伏牛。

在平常的工作生活中,叔叔热心为我指路,苦心栽培。他常以军旅十年痴读书为例,启迪要我多读多学,把基础扎好。他说自己幼时调皮捣蛋,不爱学习,专读杂书,后来又遇"文革",没有机会深造。当了兵,进入大山腹中掘洞建国防工程,或深入地底挖煤运煤,这时候才幡然醒悟,努力苦读。挖山洞运石头,繁重的劳动,施工了一天,战友们呼呼大睡,他躺在被窝里用手电筒照着读书,专心致志地研究《史记》和《资治通鉴》。塞北挖煤中间休息时,他掏出随身带的从库房中翻出的《红楼梦》或《三国演义》,躺在煤堆上,伸出黑乎乎的手指,借着头顶的矿灯光,津津有味地研读。军营里"破四旧"销毁"废书",他悄悄到连队库房里把将要销毁的书"偷"出来,如饥似渴地学。

叔叔教育我要善于思考,一定要有自己独到的思想。当时他的《康熙大帝》第一卷《夺宫》初稿刚出,编辑要求他一定把康熙的阴险毒辣、残忍暴虐写足。为什么这样要求?因为其时在思想仍然僵化的人们的意识中,这样写在政治上不会出错。按照传统观念,康熙皇帝是封建君主,要持批判态度,根本不允许作为一个正面人物来描写和颂扬。但是叔叔的思想比较解放和前瞻,坚持了自己的创作理念,义无反顾走下去。他说,创作就得特立独行,吃大众饭,走大伙路,就没了个性。

"年轻人,要有吃苦思想,能够吃苦。"这是叔叔经常对我说的话。他创作时习惯手写，数百万字全是一笔一画秃笔写就。初创作时没钱买空调电扇，就在桌子下放个水桶，两条腿放进去，既清凉驱暑又可防蚊虫叮咬。冬天冷得受不了，就狠劲搓搓手，或把开水倒在毛巾上焐住手暖一暖。或者烧上蜂窝煤炉，放在跟前，冷极了就烤烤手，结果因为煤球不充分燃烧，产生一氧化碳，他写得入迷，浑然不觉，几次煤气中毒差点去见马克思。他白天照常上班，完成好所担负工作业务，利用晚上时间写作，仅靠中午补觉，就这样二十年如一日，没偷懒睡过一天安稳觉。夜里写到凌晨三点钟，他实在瞌睡熬不住，就猛抽几口烟，然后用火红的烟头照着手腕烫去，烫得一激灵，以驱赶疲惫，清醒头脑，继续伏案写作。他的手腕上，留下斑斑烟炙伤痕。其"烟炙腕""三睡三起""拼命创落霞"的故事，至今盛传不衰。

二

这些年来，我幸在河边享泅润，却时时身在福中不知福。叔叔视我如自己的孩子，关怀是全方位的，可谓无微不至。从我的工作安排、孩子上学到生活上的琐碎，叔叔无不操心费神。我从事新闻工作，省内外的记者有任务，或我引见，或我采访传稿，叔叔都答应干脆。按照报社规定，凡有关叔叔的稿件，如重要领导活动一样，须经叔叔亲自过目签字方可。叔叔却对编辑说："鲁钊这孩子写东西不错，我很欣赏和信任，以后凡是鲁钊写我的稿件，我不再看，你们尽管发表吧，我很是放心。"一句"我很是放心"，这种信赖，让我深受鼓舞，也战战兢兢如履薄冰，自警自省自我加压，更加认真学习细致采访，小心翼翼写稿。

我有一点点的进步成长，叔叔都分外欣慰。在文学创作中，无论我什么要求，叔叔都利索答应。我要出短篇小说集《灿烂的河》，叔叔欣喜地为我题写书名、作序，又为内页题词，编辑为我能得到如此垂青而惊叹。叔叔嘱我"要整就整大的"创作理念，让我怦然心动，我涉猎长篇，十几年前就出版了章回体长篇小说《英雄竞折腰》，叔叔又为我题写书名，并且一连题了六次，嘱我挑选自己满意的字。可以说，我是在叔叔的鞭策激励中,蹒跚文学曲折之途的。

2010年,我想专注创作有关叔叔的作品并结集出版,心中惴惴不安,叔叔安慰我说:"你不要多想,放开心去写,放开手去做,写好写坏,我都不会怪你。"叔叔的宽慰,让我卸下思想包袱,无所顾忌放心大胆去做。后来《直面"皇叔"二月河》出版后,反响很好,发行到全国各个省市,被中国政法大学等全国百余家大学以及文学馆、图书馆收藏,还获得"冰心散文奖"。我明白,这是借光,是叔叔名气给予我的收获。可以说,我是被叔叔的大手推动着,于叔叔温润的目光中,在努力奔跑前行。

叔叔关心栽培我,爱屋及乌,我主持卧龙作协工作,凡作协有活动,一个电话,叔叔就满口答应,兴致勃勃而来,讲话、勉励、提要求,不厌其烦与每个人合影留念,让青年作家们欢欣鼓舞。会员们出书,我舣脸帮着求题词,作序,一个又一个,一本接一本,面对这纷至沓来的杂事打扰,叔叔没有犹豫:"中,只要你们好好写,我都支持!"今天思来,凝噎难言。

三

叔叔博览古今,洞察天机,早已不重名利,希望安稳小家度日月,宁静过生活,我也不忍心总去打搅老人家,私下里我已挡驾不少记者。我认为欣赏大河风光,不一定就要零距离接触,最恰当的做法是,在他的作品中享受阅读快感,在他的身后静默感悟历史,不要多去讨扰他,让大河静谧恬然流淌。可是,读者需要,社会需要,作为二月河的子侄,河边人的我有理由、有义务,更有条件、有优势,也有信心、有能力,把我所尊仰热爱的"皇叔"背后故事、传奇人生讲述,奉献给大家,我义无反顾,责无旁贷,天缘机成,无上荣光。

叔叔如宝藏,我不能贪心,弱水三千取一瓢足矣,我学习叔叔的风采精神,就足够了,受用不尽了。叔叔看重栽培我,我将牢记嘱咐,踏实走好叔叔指引的路。

那年随叔叔回他的祖籍山西,到五台山及定襄县河边镇阎锡山故居参观,我站在他身边,一个谜语如泉水涌出:站二月河身边的动作即为谜面,打一定襄县地名。谜底即是"河边镇"(意二月河身边)。随后岁月中,才更悟知:我很荣幸,一直在河边,生活在河边,享受大河的洇润。可是,我却不知福不惜福,悲痛已晚哉!

泪水中向天遥祭,我发现这条大河,已浩浩汤汤,汇入天际,与天河化为一体,闪亮中国乃至世界文学界。

我坚信,叔叔没有远离,他已化为天河。泪眼中,我仍举目可见。

清明时节忆先生

于杭

乍暖还寒的清明时节,想起年前故去的文学前辈二月河先生。"冥寞重泉哭不闻,萧萧暮雨人归去",空对一树雪白的梨花,忆起先生往日音容,犹在眼前。

给盗版书签名

作为一个曾经的文学青年,我与二月河先生认识已久,却并未受到什么特别的垂爱,只是他勉励的众多普通作者中的一个。20世纪90年代末,他已声名鹊起。我刚参加工作,在一家商贸公司做企划,与《南阳晚报》合办"七日小说接力赛",请包括二月河老师在内的"南阳作家群"代表当评委,他几乎每场必到。不论是评稿、座谈、吃饭,他都没有架子,十分谦和平易。后来,因为《雍正王朝》电视剧的热播,让他的"三部曲"名气日隆。一次外地的文友托我买小说请他签名,由于贪图便宜,不小心居然买的是盗版书。他在签名时翻着书说:"因为正版书贵,才有盗版书的市场,正版书的价格要降下来呀,不然老百姓读不起书。"当时,他居然没有生气,反倒同情我这买不起正版书的小青年,而且丝毫没有生气埋怨的意思,给那五套书都郑重地签上了大名。

这可以说是我第一次与先生的近距离"亲密"接触。后来,他当选全国人大代表,多次呼吁"建议作家免税,降低图书成本",我格外能感到他那一腔发自内心的热情。

当然,现在回想起二十年前拿盗版书让先生签名,也确实不该。怪只怪自己"未出茅庐不识天下",当时也确实一次拿不出几套书的钱呀。

给无名作者写序

由于长期在企业工作,我心中的文学梦长期停留在"业余爱好"的层次。2012年初,我辞职创业期间,抽空把以前发表的"豆腐块"结集成一本20万字的书稿,名曰《梅溪观澜》,计划出版。文人特有的虚荣心使我想找一位名人作序,于是在文友鲁钊的陪同下,去求见二月河先生。当时,先生的身体精神尚好,处于其散文创作的一个高峰期,加之本地外地作者求序的不在少数,先生应接不暇。他当时听了我这个多年不见的文学青年自己创业干房地产,还坚持写书,很是惊奇,便给了不少的鼓励。随后一周内,他认真审阅了部分书稿,口授序言的大意,让鲁钊打印成文,而且仔细地对打印稿进行了修订,并在文末郑重地签上了名字,交给我时还问"中不中"。序言中夸我的话不少,诸如"很是洗练到位,如清水洗涤以后的衣服,一尘不染,明净直爽",让人感到脸红而又心暖。

就在我写本文的时候,回忆起先生离世之际,另一个当初的文学青年,今日网络诗坛著名诗人"梅老邪"(崔鹤),当时在广州通过微信发出的缅怀文字——"28年前那个冬天,他(二月河)主持的原南阳市(今卧龙区)文联,《卧龙》文学杂志首次聘用一个编外的文学青年。后来他又冒着风险给我盖章,拿出100元,帮我申请并创办了南阳史上第一份民办文艺报纸《南都诗报》……那个冬天,我每天早早上班,打开煤火炉,烧一壶水,水开的时候,他就拿着一沓报刊进来了。我给他倒上一杯,把炉子的火烧得旺一点,坐在他对面……而今又是一个冬天,忽闻噩耗传来,旧事如烟,不禁泪目潸然。"此情此景,这样的文字激起无数如我一样的文坛晚辈对一位长者的敬仰。

代吴欢传书

我与二月河先生还有一次特殊的翰墨之缘。

那是 2012 年立秋后的一次郑州之行，一次会议上偶遇戏剧家吴祖光、新凤霞的儿子吴欢先生。交谈中得知我是南阳人，他就兴奋地问："二月河也是南阳人吧？"我答："二月河老师虽非出生于南阳，却已成为地道的南阳符号。"并向他解释了二月河先生自述的"生于昔阳，曾居洛阳，成就于南阳"的"三阳开泰"的佳话。我乘兴又拨通了二月河先生的电话，他们二人在电话里称兄道弟、谈艺论文、互致问候。原来都是文化名人的他们十分熟悉，吴欢表示要给二月河写一幅字，要我带回去。

在座谈会的饭局之后，吴欢先生展纸挥毫写下"笔底春秋、善恶互见"的横幅，并附上"二月河仁兄有此气象"的题款。

我回到南阳后，即在当年仲秋之际，把这幅字送到二月河先生家中。二月河笑迎翰墨连声称谢，并对我说吴欢是全国政协委员、名门之后，身上有着丰富的文化基因，不是我们这些"草根"可比的。还说他俩是在全国"两会"上认识的。后来我把这段翰墨之缘，写成一篇散文《文化的彼此仰望》，发在《南阳晚报》上，还被评上 2014 年度河南省报纸副刊作品二等奖。这也可以说是二月河先生给我的一次"加持"吧。

而今先生已去，再想起这些过往的片段与情节，分外伤感。

也许，先生的离去，对于文坛来讲少了一位先生，而对于与之朝夕相处的南阳人来讲，却少了一种令家乡骄傲与踏实的文化图腾。这个曾经温暖启迪无数后人的文学前辈，他手提菜篮步履蹒跚的身影，何曾在南阳的街巷里隐去？

也许在文人墨客的眼里，二月河是先生、先贤，皇皇巨著"落霞三部曲"，名垂青史。对于普通的文学青年来讲，他也许就是仰止的高峰与可敬可亲的长者。而在更多南阳人心中，他就是那位穿着松口布鞋，敦厚直爽的邻家大叔。虽然在报纸电视里见过，更多的是街巷菜市场里也见过，他还是住在白河岸边那栋红砖小楼的院落里,院子里翠竹依然挺拔,青菜依旧葱绿,他依然不曾走远……

凌老师，我给您行大礼

周录恒

冬凌开解，白水放流，润泽天地万物，孚毓南阳才人，引领吾方文坛，声震九州，齐瞻古宛礼乐大化；

二月春花，大河奔腾，汇集康乾盛世，书成帝王系列，响彻一代荧屏，名扬四海，共仰中华文明之光。

凌老师，这是我的老师聂振弢先生，为您写的挽联。这样情真意切的挽联有几百副，您看到了吗？

凌老师，今天，几千人含泪向您鞠躬。我，选择跪拜。不行此大礼，不足以表达我的哀痛，我的敬仰！

1994 年春，我在南阳教育学院上学，您到大礼堂做报告，讲得满头大汗。您讲在部队开山、挖煤，大难不死；讲您从生活的"锅底"往上爬，羊吃草一样啃完二十四史；讲您创作时腿放进水桶防蚊虫叮咬，瞌睡了就用烟头烫手腕……面对要当老师的我们，您特别讲了自己小学、初中、高中各留级一次，被有的老师骂作"造粪机""大笨蛋"。您说："天生我材必有用，每一个人都有自己的良辰吉日。老师要善于发现、欣赏每一个学生的长处，尊重他们，引导他们，帮助他们树立信心和目标。不能光用分数去衡量，更不可对学生挖苦、讽刺。"讲完，同学们都围着您签名，我则一气呵成,写了篇《问河那得清如许》的广播稿,您还没出校园就播出来了。星期天,同学鞠晓拜访您,带回一套《康熙大帝》。她说,您到书店买了这套书,蹲在店外签的名,书店老板竟然没认出您,也不说打个折。那套书,我先睹为快,读得废寝忘食。读完,父亲和姐姐读,也是爱不释手。我给您写了封信,还把自己的一捆习作呈给您斧正。您很忙,却回了封长信,哪好哪不好,说得很细。

再见您,是参加南阳中小学生优秀作文颁奖会。我上电梯时遇见您,怯怯地说:"凌老师,我是录恒,您给我改过稿子。"您想起来了,忙说:"你写得不错,还写不?"我说:"刚上班,忙,写得少,指导学生发了几十篇,今天来领奖。"您留了个电话,让我联系您。发言时,您说了句很"偏激"的话:"我想,要是语文老师也腐败了,那咱们中国就完了!"见我们面面相觑,您解释说:"语文老师对学生的影响是相当大的。我上学时功课不好,但所有的语文老师对我都不错,所以才有今天的二月河。文道并重,以文化人,是语文老师的天职。"

到南阳工作后,因为两年一届的南阳小作家杯作文竞赛,见您的机会多了。您是评委会名誉主任,几乎每届颁奖会,您都会参加,有时还为拔尖儿作品写评语。您说:"再忙,孩子们的事不敢怠慢。"

怕打扰您,我很少给您打电话,平时都是通过媒体和朋友,默默地关注您。2002年,我在《河南教育》看到一篇《二月河的恩师情结》,写您发表了一篇怀念中学时代老师的文章,王润生老师看到后联系上了您,您激动地回复:"王老师:您好,来信收悉。先向您鞠一躬。我没有忘掉您,我是您的学生。我怎么会忘掉您? 您是我走进初中后第一位先生,为人善良、热情,课讲得很好,我的植物当时是我的功课中学得最好的一门。您烟瘾很大,手指都熏得焦黄……教我的还有郭磊老师,马老师(名字记不起)、李友岑、李振喜老师,还有刘元南老师,语文张老师和丁校长,我都忘不掉……老师,前些时我去一个学校做报告,见学生都不向老师敬礼了,心里很难过,我觉得这是一种人性的堕落。人之区别于动物,就在于他有良知。人是应当饮水思源的啊!"王老师得了脑血栓,您方方面面关怀,每年都要寄去2000元钱。看了这篇文章,我非常感动。那年教师节,我特意给您寄了一张贺卡。在我心里,您不仅是个大作家,还是一位有情有义、可亲可敬的好老师。

这些年,叫您"凌老师"的人应该越来越多。您担任郑大文学院院长,带了博士,还常常走进中小学,用您朴实幽默的话语,传道授业解惑。您还设立奖学金,并多次向希望工程捐款。

凌老师,我理解您的教师情结。我知道您童心未泯,真爱孩子。您走的那一天,正是第十届南阳小作家杯作文竞赛复赛的日子,几千名中小学生在南阳各县区奋笔疾书。我同学鞠晓的女儿,一直叫您"光头外公",她在文章里写道:"您院里小池塘的小乌龟还在,您怎么就走了呢?我还等着哪一天,您健健康康地回来,再亲切地对我说一声:'小淼淼,想光头外公了没有啊?'"

凌老师,天地君亲师,我给您行大礼了,您一路走好!

先生的朴素人生

武占文

　　今天是 2019 年 3 月 24 日,是二月河仙逝 100 天的忌日,楼房顶层,"鸭河工区行政服务中心"的墨宝默然矗立,这是他留给南阳人民高耸室外的唯一印记。回想过去的交往,二月河先生给人的印象是生活简单,梦想伟大,心之所向,平淡安稳,"静而圣,动而王,无为也而尊,朴素而天下莫能与之争美"。淡极始之花更艳,花到无艳始称绝,他贫而不谄,富而不骄,心净质无华,唯有业随身,朴素的生活和理念所形成的高贵,是他最美的人生底色,奇人变作泰斗是世人对他实力与品行的最好肯定,家庭的基因为他奠定了走好人生、奋进未来的根基。

　　二月河生于 1945 年深秋,恰逢抗日战争结束,国共双方斗争极为复杂、激烈和残酷的时候。这个出生于解放前、得名"凌解放"的孩子,由于母亲是职业革命者,出生后就被母亲托付给亲戚,没有母乳喂养,是亲戚们借用老乡的面粉熬成稀粥,才让他在战争旋涡里,在转战太行中艰难活下来,吃着玉米糁掺糊涂面条,吃着山药蛋高粱面窝头,他也长得孔武茁壮。他出生就习惯了兵荒马乱中的流浪,三岁时,便随同都是八路军的父母过黄河南下,几经辗转,先是到洛阳栾川县,后到南阳邓县等地,最终在南阳定居。父母在军队与国民党打仗,斗土匪,与敌特分子拼智斗勇,他

— 161 —

经历了一系列生死考验。少年后在南阳稳定生活下来，父母在忙工作，建国初期百废待兴，他就学会了自我照顾，后来又领带妹妹们，胡乱做点饭糊口，甚至到邻居家蹭饭。这样的日子，他逐渐学会看门护院，洗衣做饭，简单缝补。

二月河上学时学习并不好，表现得甚是一般，父母为让他奔出一条人生坦途，支持他入伍，然而解放军大学校门类齐全，各有洞天，他所参加的是挖掘太行山的工程兵，每天与风枪钻机为伍。后又按照当时的解放军总后勤部命令，赴塞北挖煤，过的生活可以说是出苦力，听噪声，喝灰尘，头顶灯，少见人，工效缓慢，苦若囚禁，营房、食堂、作业场三点一线，四季如是，可谓苦脏累险。拳头对石头的原始生活，工作环境磨炼了他的意志，修炼了一副好身板。他有个朴素的理念，多读书多学习总是好的。业余时战友们多游玩、闲聊或睡觉，他靠自学打发时间，寻找乐趣，古代经典作品、国内外的小说，甚至政论文章，都看得津津有味，如同一只饿极了的羊，到草地上撒欢猛吃。这种不求回报的刻苦读书，文学基础的坚实奠基，使得他日后描绘社会、歌颂人民、阐述历史、鞭挞丑恶的创作游刃有余。苦难的二月河身上如同一面镜子，他把吃苦作为人生的动力，获得智慧的源泉和挖掘宝藏的钥匙。

二月河从部队转业回到家乡南阳市委宣传部（即今天的卧龙区委宣传部），工作之余他喜欢上了《红楼梦》研究，他认为《红楼梦》是最能体现中国古典文化精髓的书，常读常新，常有收获。于是他牵头建立组织，开展活动，撰写论文，多渠道发表，在中国红楼梦学会原会长、《红楼梦学刊》原主编冯其庸先生的鼎力支持鼓励下，他从此走上了撰写清初帝王小说之路，而且一口气完成了《康熙大帝》、《雍正皇帝》和《乾隆皇帝》三部巨著。白天照常去宣传部上班，晚上是他的创作时间。寒冷的冬天靠煤火炉、热水袋、一杯热茶、一口烧酒，或是散步快走御寒；盛夏三伏，颈搭毛巾，手握蒲扇，赤裸膀臂，任其冒汗，掂来一桶水，双脚插里边，以此对付可恶的蚊子。而抵御困倦的方法更多，猛抽一口烟，让炙热的烟头烫在手腕上，烧得打激灵，或用图钉扎一下，在疼痛中清醒。还有吃辣椒、燃艾香、冷水激、掐皮肤等办法都轮番使过，激励自己每天完成一定的创作字数。

就这样熬过数不清的夜晚,历时 20 年,写出 520 万字的鸿篇巨制。

二月河为了挤出时间搞创作,还不能误了正常上班时间,他把生活水平调整到最低,只要吃饱饭就行,有时为了节约时间,啃干馍、饮白水、吃方便面、嚼饼干,实在馋了端着钢精锅去街上买些胡辣汤、羊肉汤、水煎包、油烙馍等,最省劲的办法是去门口的老陕西饭店吃一大海碗烩面。二月河是个勤俭过日子的人,他院里编织铁丝笼子,养上几只鸡接济生活,在下班的路上拐到菜市场买菜做饭,顺便把菜农们丢弃不要的烂损菜叶捡一兜,回家喂鸡子,甚至有时候弯下虚胖的身躯,钻到菜农的车子下边去,把顾客们拣剩扔弃的菜叶捡起来,他还会捡拾别人嫌弃不要的红薯、萝卜、丝瓜、土豆等,剁剁拌拌正好养鸡。他是一位豁达的人,从不因为捡菜叶而嫌丢人,"菜叶扔了也是扔了,捡起来养鸡,环卫工还省了打扫功夫"。他就是这样纯朴、明朗。在南阳市七一路同乐巷那一块,好多生意人都认识身穿大裤头、穿鞋不穿袜、说话一面笑、表象显邋遢的大文豪,见面寒暄几句,招招手成为好朋友。

二月河的作品一部部出版,迅速红遍全球华人界。成为名人后,平时有参加不完的各种会议、社会活动,来客应酬、接待文友,但有一点人们都知道,凡属商业活动他拒绝参加,公益活动随叫随到。无论是内乡县衙的衙署文化研讨会,鸭河工区打造长寿之乡,还是赊店古镇恢复说唱书市,南阳几所大专院校作科技兴宛报告,还是宛西制药厂举办张仲景医圣庆典,丹江大观苑举行楚汉文化启动仪式,邓州花洲书院母校采风恳谈会,他都不辞辛劳,欣然参加,以致途中犯病伤害了身体。他乐意为南阳卧龙岗武侯祠诸葛亮躬耕地代言,为张衡发明候风地动仪、浑天仪原理遭人质疑而正名。对待直接的、间接的市民百姓有求者,倾其所能,不让虚行,自掏腰包购书送人,为灾区和希望工程捐款达到两百万元之巨,而他不做生意,这些钱全是他熬夜爬格子、牺牲健康换来。这么些年来,在南阳人民心中,二月河没有任何负面消息,他是隔街招呼的邻家大伯,他是文化界人人称颂的凌老师、二先生;他是青年作家心中可敬的"皇叔"。

交通公路建设是历史上人类赖以生存的四大便民行业之一。时间久远,坎坷演变,生活密切,发展缓慢,新中国成立后发生了巨变,称作中国经

— 163 —

济社会发展的排头兵、先锋队，也完全可以。二月河在我所著四部长篇小说序言中写道："闻知占文同志以小说的形式反映与我们生活息息相关的交通公路行业，我为他的这种突发奇想和不懈努力派生出几分惊喜，更为这个行业从文学艺术的角度跃然纸上感到欣慰……现实中，人们在享受交通便利时，对交通建设的设计勘测、筑路架桥、公路管养，筑路人的甘苦辛酸、牺牲奉献、渴望要求等，大多一知半解，甚至根本不明。占文的小说站在时代的高度，追溯历史，展示现实，让我们进入交通人的天地，对这个文明而古老、平凡而伟大、光荣而艰辛、亮丽而惠民的交通公路职业有着更多的了解和尊重。其作立意高远，内容丰厚，情节曲折，叙述多变，贴近实际，语言通俗，地方特色浓郁，符合大众阅读习惯，读来引人入胜，好看。"序言不是很长，表现出二月河先生对交通公路发展的深入了解，对交通公路事业的重视与希望，对创作交通题裁小说作家的看重和支持。

二月河病重，牵挂着很多人的心，大家通过各种方式关心关注着他的病情。然而，为著书严重透支的身体，心血管糖尿病综合征的并发，再好的医院、再用心的医生也回天无力，他永远离开了这片他深深眷恋的南阳大地和南阳人民。在闻听先生病故的消息后，故土南阳顿时陷入悲痛之中，南阳的天都灰暗了许多，数万市民自发到殡仪馆吊唁，瞻仰遗容，泪如雨下，要为先生送别最后一程。那几天，南阳殡仪馆内花圈摆满院，挽幛迎风飘，鲜花摆灵前，人人黑袖标，抒发着一千万南阳人民的痛苦，体现着世界华人读者对他的牵挂。在二月河先生停灵期间，南阳百余个社会团体组织自发举办了追思会，烛光追思送别活动，网上撰联吟诵诗篇，报纸杂志撰文悼念。他的人格魅力永远活在喜爱他作品的亿万读者心中。

先生已驾鹤离去，隔空相望，我默默祝福先生在天国安好。勃勃生机的豫宛大地上的人们，对先生的感情，并不会随着时间的推移而淡漠，而是越来越深沉，越来越浓烈，永远把先生铭记。

我的幸运

李长波

12月15日，清晨的天气异常寒冷，灰蒙蒙的雾霾笼罩着整个城市的上空。打开朋友圈看到关于您的消息，实在不敢也不愿相信，总觉得是无聊的人又在发无聊的信息，直到十点多，领导打来电话，询问安排吊唁事宜，我才确信，先生真的走了。

一整天，看着朋友圈里铺天盖地悼念先生的文章，端详着和先生的合影，听着先生的谈话录音，我也想写点文字来缅怀先生，但还是放下了笔，只在朋友圈发了以下文字：

> 楚风汉韵此帝乡，
> 盘龙卧虎南都藏。
> 孔明功盖三分国，
> 范蠡名就作巨商。
> 落霞三部凌解放，
> 春秋五霸秦文相。
> 南阳作家多奇志，
> 秉笔直书写帝王。

而今天,应该是先生入土为安的日子,枯坐的我,想起了七年前与先生的那场谈话。

2011年盛夏的一个午后,我再一次走进了白河边先生的小院。走进稍显狭窄的小巷,右手边先生手书的敬告来访者的告示,昭示着主人平常应酬的忧烦。轻叩院门,候在院内的夫人把我领进室内,应该是进门后右转,穿着白色圆领短袖的先生已在室内起身,迎接我落座。先生翻看资料的时候,我得以环顾室内,房间整洁却简陋:东墙的旧沙发,桌子上的咸菜瓶,靠近门口的一张旧书桌……只有桌前悬挂的时任市委书记的书法作品彰显着主人的身份。

先生觉出我的拘谨,便如邻家大叔一样随和地拉起了家常,告诉我他前几年中过风,又有糖尿病,现在的身体状况不允许写长篇,平时主要是画画,写写散文和一些随笔,说着话即起身递过刚出版的《随性随缘》。然后说这几年自己是党代表和人大代表,兼着郑大文学院的院长,加上会有一些讲座,所以参加会议多,加上身体不行,所以长篇写不了了。

先生告诉我,为啥叫"落霞三部曲"呢?大家都见过晚霞,很漂亮,但很快它就落下山了,接下来就是漫长的黑夜。康熙、雍正和乾隆这三位皇帝,都是非常优秀的政治家,他们统治时期那段短暂的盛世就像晚霞一样,对中国来说当时是有机会赶上世界先进国家水平的,但又是他们的统治使得中国失去了这样的机会。在这三部作品中,先生对《乾隆皇帝》尤为厚爱。他谦虚地说:"《康熙大帝》是我的第一部小说,我没有写过小说,高中文化,刚开始也不会写小说,里面还有武侠,有爱情,所以人们爱看。真正费了功夫的是《乾隆皇帝》,我研究了大量清史,考证了大量资料,费了不少心。我开始是研究红学的,谁研究《红楼梦》,谁研究清史,肯定会喜欢《乾隆皇帝》。"先生一再说,30年、50年以后,研究清史、研究红学的一定会喜欢《乾隆皇帝》,嘱咐我回去要认真看……

想到此,真是愧疚之至,自己多年来无一建树,一事无成,终不敢面对先生。又想到先生当时对创办《南阳风物志》的鼓励和支持,他建议去掉"志"改用《南阳风物》为好,并当即写下几个字给我,后终因我自己的原因半途而废,愧对先生了!

先生当时还鼓励我这位寂寂无名的年轻作者要自信。记得当时先生说过，一个国家，一个团体，甚至一个人是否强大，可看两方面：一是心灵软化的程度，如果没有软性，看到弱小者被欺凌无动于衷，看到杀戮没有恻隐之心，那么这个人、这个民族的未来就值得考虑；二是看弹性，看会不会像弹簧一样，被压迫后再次弹起，这样的劲头，才是真正的内在力量。

都说南阳物华天宝，人杰地灵，智圣诸葛亮、科圣张衡、医圣张仲景、商圣范蠡，南阳出现许多人中之龙，时代精英。而值得当代南阳人骄傲和自豪的，应该是因为这片文学沃土上出现的声播海内外的"南阳作家群"，而先生无疑是其中影响最大的一位。和先生同居一城，是南阳人的福分。能和先生相遇，得先生指点，是多少人的奢望，却只是个别幸运者的机会。我幸而有这个机会，我为此而时时激动并以此作为鞭策。

这次谈话后的第二年，我到国家某部委办公厅学习工作，一次在研究室和部委的领导们加班起草材料的间隙，谈到家乡南阳，提到独玉、诸葛亮这些我所引以为豪的南阳名片，并没有太大反响，而提到二月河先生，大家在踊跃谈论《康熙大帝》《雍正皇帝》《乾隆皇帝》的同时，争先恐后地围拢过来抢看我手机上与先生的合影，至今想来，确实让我虚荣心大大地满足了一把。

二月河开凌解放，"落霞三部"存世长。如今，先生故去而经典永存。先生的指点和"好好过日子"的嘱托，我必将铭记于心，我要把这份幸运化为动力，不忘初心，不负期望，砥砺前行。

薄缘

残雪

　　我是一个农民工。那天，听到先生永久离开的消息，我正在工地干活。站在高高的塔台上，禁不住停下手中的活，迎着凛冽的北风，让泪水缓缓而下。悲痛，因为先生，因为心中的文学。

　　1995 年下学后，我找了一份零工。看见老板一得空闲，就捧着一本厚厚的小说，看得分外入迷，眉飞色舞，时不时给我们讲上一两段，也让我们为之痴迷。从此，我知道那本书的名字叫《康熙大帝》。那时，我才第一次听说先生的大名。

　　2000 年春季的一天，我在上班路上，在南阳市文化路与中州路交叉口处，看到一位有些虚胖的慈祥老人，正慢慢地走过斑马线。我已经从书本上、电视上、报纸上看到过，我知道，那个人就是先生。那天，我骑着车子正在闯红灯——即便不闯红灯，我停下来，又能对先生说些什么呢？现在想来，好生后悔，在挟裹着尘沙的风中，与先生说一两句，就算是打个招呼，一个简单的乡下人的招呼，一句简单明快的"吃了吗"，那该多好啊！先生一定不会不理我的。

　　那天，在单位干完活，我赶紧瞅个空闲，上图书批发市场买了一套书——肯定是盗版的，才一百多元。抱在怀里，很充实的感觉，一本本地读，美滋滋地读了半年多。好在，随后我知道对于读者看他的盗版书，先

—— 168 ——

生并不介意，这足以证明先生深深体会到我们小民的生存不易。一套正版的《康熙大帝》《雍正皇帝》《乾隆皇帝》，要五六百元呢，不敢想。

再后来，知道我的一位兄弟的哥哥，竟然和先生住一个大院，虽然我一直没说出口，但总想，有一天能看望一下先生。咱是大老粗，不请教文学之类的东西，咱就看一眼先生，能握一下手，能和先生说几句家常话就中。

在阅读《康熙大帝》中，我发现一个叫费扬古的武将，一开始被少年康熙迫于鳌拜的威逼而杀掉了，但后来这个人又出现了。有了这个疑问，我想，哪一天能有幸拜见先生，咱也问一问先生，见了面显得有话说，反正先生就离咱不远。这些年，我从来没有想到先生会离开我们。

最后一次和先生擦肩而过，是先生到我们单位里讲课，因为单位规定只有领导才能参加，我也就失去了唯一一次能当面聆听先生教诲的机会。唉，如今想来，我和先生的缘分就是这样的薄呀，浅呀。

和先生最近的接触就是昨天，2018 年 12 月 17 日下午，气温冷心尤冷的一天，我请假去看先生了。若是领导不准假，我旷工也要去，幸亏领导准了，我得以看到了先生。先生静静地躺在那里，一动也不动，很是安详。先生是不是太累了，想要休息一下。要不，就是先生厌倦了这个人世间。我很想拉一下先生的手，用劲握一下。我想象中的先生会一下子坐起来，和善地对我说："老残，你这个龟孙，咋现在才来哩？"

先生离开的那些日子，人们都在写悼文来怀念先生。12 月 19 日，是先生出殡的日子，我仍在工地上干活。偷懒一点时间，我抱着手机，我也写了以上平平淡淡的文字，就写那么多，泪流满面竟写不下去了，惹得工友们一脸惊诧："老残，你咋了，好端端的哭得不像样子。"我能想象得出，万人流泪、万人送别的场面，在工作岗位上默默为先生送别的，应该不止我一个人吧。我想，先生之所以为众多的读者所喜爱，是他从小说中透露出的恤民爱民之心吧。好好过日子，做事、知命、安分、守时，简简单单一句话，几个词语，读懂它的人应该不在少数吧。先生安息，先生一路走好！

日子一天天过去，风也平静下来了，又下了一场不大不小的雪，我飘来飘去的空虚的心，也渐渐归于平常，除此之外，我拿什么来缅怀先生呢？

依依惜别二月河

毕祖金

三生有幸,能与文学巨擘二月河先生,共同生活在美丽的城市——南阳;今冬不幸,这座城市万人落泪,依依惜别仙逝的二月河先生,朔风悲鸣,白水滞流……

噩耗自 2018 年 12 月 15 日早上传来,作为先生麾下一员、受惠良多的一位文学爱好者,我硬是调整不过来自己的情绪,压抑、恍惚,晚上难以成眠。

先生是卧龙区作协的名誉主席,我是卧龙区作协的一分子,在征得二月河先生亲属及有关善后部门同意后,16 日下午,卧龙区作协在主席的带领下,骨干会员二十余人,怀着对二月河先生的无比崇敬和怀念,怀着对老主席的无尽哀思和悼念,手执花圈和鲜花,心情沉痛地到南阳殡仪馆吊唁二月河先生。亲受过二月河先生教诲和激励的文学新人们,无不叩首哀悼,眼泪夺眶,久久徘徊在殡仪馆院内。

自从媒体公布 12 月 19 日将正式举行二月河先生追悼会的消息后,社会各界更是在悲痛中铭记这个日子,争相哀送二月河先生一程。19 日一大早,送一位亲戚去机场后,我驾车匆匆从机场往殡仪馆赶,谁知没到殡仪馆,道路已被车辆塞满,绵延几公里,现场交警们正在进行疏导,维持交通秩序。位于南阳城西郊区空旷高岗地带的殡仪馆,似乎也在寒冬中哭泣,院内早已是拥挤不堪,处处挽幛白花。我含着眼泪带着歉意挤进殡仪馆千秋殿的追悼会大厅时,二月河先生的追悼会刚刚开始。整个现场肃穆庄严,二月河先生遗体静静地安放在经过层层鲜花点缀的灵柩安放处,身上覆盖着鲜艳的中国共产党党旗。追悼会主持人声音低沉地念着中央、省、市政要及社会各界前来吊唁和参加追悼会的人员名单,寄托着对这位一代文学巨匠的沉痛哀思,现场人们压抑不住,哭泣声声。阵阵哀乐声中,大家手持鲜花,依次不舍地向二月河先生三鞠躬告别,情深深,别依依……

亲临追悼会现场的氛围,更使大家感受到二月河先生的社会影响、人格魅力和社会各界对文化的敬重!更令人感动的是,在追悼会结束后,仍有匆匆赶来的社会各界人士,真诚跪拜在二月河先生的遗像前,与他做最后的告别。已是隆冬,寒风凛冽,但大家久久不愿离去……

12月21日,是二月河先生"头七"的特殊日子,南阳文友们自发组织,于当日晚上在南阳解放广场纪念碑前广场上,举行"烛光缅怀二月河先生"活动。夜幕下的南阳解放广场沉寂幽静,每位文友自带一支蜡烛,点燃后摆成"心"字形状。暮色苍茫中,百十支蜡烛跳动着温馨的火苗,照亮了摆放着的先生画像,照亮了每位深情怀念他的文友的心扉,照亮了他曾深情眷恋的南阳夜空。各位文友屏住呼吸,虔诚地双手合十低头哀思,将各自的心愿与祝福,通过心灵的电波传送给远在天堂的二月河先生,共同祈愿他在天堂安好!

随后,各位文友深情地表述了与二月河先生交往的感受,曾恩受他教诲的激励之言,更有他的音容笑貌。特别是卧龙区作协主席鲁钊的深情感言和责任担当,南阳晚报社校审部主任张燕的哽咽追忆,南阳日报社文艺副刊部主任曾碧娟声泪俱下的诗朗诵,网络诗人丁小琪老师的真情抒发……每人发自肺腑的追思和怀念,不时引起全体参加人员的感情共鸣,大家无不哽咽声声,哀思切切!

直至深夜,大家才依依不舍地离开,仍不忘频频回眸,凝望那个寄托对二月河先生无限哀思的"烛光心愿",天地互通,摇曳闪烁。二月河先生终生眷恋的宛城大地,更是温情如初,新人辈出……

我寄人间雪满头

王晓娜

　　先生走了,意味着人间再也看不到他伏案疾书的身影,文艺聚会再也听不到他的谆谆教诲,这是文坛的损失,也是我们的无奈。明月高悬的夜晚,看一地皎洁月光,忽然生发莫大的孤寂。这是喜欢文字的人独有的孤寂,对月感怀。

　　那年,我从豫陕交界的西坪乘车赴方城一位文友之邀。此前我们在书信中畅谈文学,感觉她是冰雪聪颖的女孩。我们都身在农村,惺惺相惜。她邀我到小城一聚。因为素未谋面,我们都期待着一睹真颜。那时的亚细亚是小城的地标建筑,我在亚细亚等她的时候竟在门前的台阶上倚着圆柱睡着了。听到有人叫我,睁开眼,她就在我旁边。她怎样来的,何时来的,我不得而知。我羞涩地笑笑。她欢喜地说:"看到胖胖的你,倚柱而眠,我就想起了前不久在郑州公园倚石而眠的二月河。文人都是真性情,也许胖人瞌睡多。"她的话解除了我的尴尬。二月河先生是文学前辈,南阳大家。作为文学爱好者,能有某些方面与他相像,也是一种缘分和幸福。

　　在河北姨奶家小住时,正逢电视剧《康熙大帝》热播。大家一起追剧,我给他们谈起小说原作,谈起小说的作者,是俺家乡的二月河先生,语气里是满满的自豪和敬佩。姨奶和姨爷也是西坪人,姨爷当年在傅作义将军的手下供职,北平和平解放后,就留在了河北。他们对故土的思念寄托在孩子身上,两个孩子一个叫豫唐,一个叫豫川。想着家乡出了这么个响当当的人物,更加对河南这方水土充满厚爱和怀念。姨爷特意去书店买回二月河先生的著作来读。

再后来,我经本地一位文学前辈推荐,成功加入了市作协。拿到那个深蓝色封皮的作协证,迫不及待地打开,鲜红的圆形印章是南阳市作家协会的,方形印章是凌解放。才知道二月河先生是南阳市作协主席。是有缘,也是有幸,正好在 1998 年我加入作协,成了先生麾下的小卒。惭愧的是许多年里我疏于创作,只能以文学的爱好者自居,辜负了各位文学前辈的期望,也无端消耗掉了自己美丽的年华。夜深人静时,也暗暗自责,希望有朝一日能在各位文学前辈面前勇敢地道个歉。机缘总是一失再失。我在微信朋友圈看到先生病逝的消息,心里很难过。作为读者,我再也不能读到他的新作了;作为文友,再也看不到他亲切的身影了;作为晚辈,再也无缘听到他的教诲了。一想到此,泪水就蓄满了眼眶。先生,你辛勤了一生,劳碌了一生,也慈爱了一生。我们自会以您为荣,并以您为榜样,做人做事。

君埋泉下泥销骨,我寄人间雪满头。邀清风明月送我问候,愿青松翠柏伴您左右。先生,再喊一声,未语泪流。您走了,您的书还在;您走了,您的话还在;您走了,您的笑容还在;您走了,您的英名还在。这些都在啊,您却不在了。这些都在啊,您没有走,您与我们同在!

思念滔滔悼先生

牛永华

一

　　惊闻二月河仙逝,我先是诧异,继而哀伤。因在远赴他乡的旅途中,不能如期参加追悼会送先生最后一程,感到深深的愧疚不安。

　　很久都有一块沉重的石头压在心头,难以释怀。我与先生的交往虽然说不上渊源深厚,但在有限的交集中,先生给予我很大的帮助——他是我尊敬的师长,是我生命中的贵人!

　　那年与几位乡贤聚会,我知道乡贤三叔与二月河多年有交集,我正准备出版自己的《笑咏风华》,就想邀请先生作序。稍过一些时日,乡贤回乡整修老宅,专程找到我说:"已跟解放说好了,他答应为你的诗集作序,这次把你的书稿带过去……"

　　听了乡贤的话,我喜出望外。我深知先生作为"南阳作家群"的领军人物,兼着省市社会职务,应酬太多,能为拙著作序,这是多大的面子!

　　大概半个月后,乡贤把有二月河亲笔署名的序文给了我。我手捧序文,心情久久难以平静,内心充满感激,先生对晚辈的殷殷期许和对年轻作者的支持、抬爱和呵护之情跃然纸上:

"永华的诗在切切实实地打动着我……我便爽快地答应欣然为《笑咏风华》作序。这也算是对来自家乡年轻作家的提携和关爱。希望'草根'作家、乡土诗人牛永华先生……一如既往以一个作家的道德良知和社会责任感，为这个社会的公平正义做出自己的独特贡献！"

先生的《序》为诗集增色，我的文学导师——深圳经典文化研究院院长、深圳报业集团高级编辑祁念曾老师对我说："你是怎样请动凌解放的，他可是个大忙人，轻易不为别人作序的，这点我了解……"

在祁念曾老师的推荐下，《笑咏风华》作为正能量励志图书在《深圳特区报》推介，在读者中引起不小的反响。

二

《笑咏风华》出版后，嗅着那散发着书香气的书卷，再一次阅读二月河先生那字字珠玑的序文，我萌生一个念头：拜会面谢先生！

2016年春节过后，根据事先约定，我和乡贤一同去见二月河。

上午十时许，我们来到了卧龙区委大门值班室，按照惯例，工作人员在电话里得到同意，并登记后才准予放行。

其间有一个细节给我不小的震动，工作人员看我手里提了一只比较考究的手提箱，赶忙拦住说："所有的礼品一律不能往里拿——这是先生定的规矩！"语言斩钉截铁，不容置疑。当我说明是给先生送的书籍后，才被准予放行。

进了区委大院，穿过一条窄巷，便来到了二月河的寓所——这是一座普通的二层小楼。推开铁门，进入院内迎接我们的是一位上了年纪的阿姨。阿姨笑脸相迎，然而，当看到我手里的手提箱时严肃地说："箱里装的什么……规矩你们不知道……"我急忙解释说："门卫已经检查过了，这是刚出版的书。"一听说是书，阿姨笑着说："那就好，那就好，先生最喜欢看书了！"

又是"规矩"，我心里一直在犯嘀咕。

三

阿姨把我们带到客厅，只见一位老者正忙着整理桌上的书本。我仔细打量了一下，只见他中等身材，体态微胖，目光如炬，面庞微白中透着红润，有些稀疏的小平头透出几分干练和儒雅之气，整个人看起来十分精神，如果不是一旁紧靠墙根的桌上堆放的各类药物，倒真看不出这是位身患多种疾病的老者。这就是二月河先生。

二月河热情地招呼我们坐下，两位老者仿佛是久别重逢，平平常常的一声"大哥"一声"解放"尽显交情，从各自的身体状况，到年前年后各自的家庭生活情况……二月河特别提到他和二哥张晓阳（南阳天冠集团董事长、全国人大代表）新年过后即将参加全国"两会"的相关情况。

在我自我介绍后，当"永华"这个名字从他口中说出的时候，我感到十分的亲切和温暖——这种省去了姓而直呼其名的叫法，马上拉近了我们的距离。这里没有任何虚伪的客套和应酬，有的只是长辈对晚辈的关爱。

我们谈论的内容非常广泛。谈到创作，先生说，要想成为有成就的作家，必须有开放的视野，超前的思维，只有这样才能写出接地气、鼓士气、聚人气、扬正气，充满正能量的作品，先生鼓励我写出大题材、有分量的作品来。

二月河开凌解放，思念汹涌悼先生。

在以后的日子里，我一定要牢记先生教诲，不负重托，不辱使命，写出佳作，为南阳的文化事业做出自己应有的贡献。我想，这才是对先生最好的缅怀和报答！

落霞焕映

伟大时代,才有不朽作品

田爱红

时势造英雄,盛世诞文豪。

40年前,改革开放的号角吹响,不仅拉动中国经济发展的闸门,也撬动中国文人禁锢的思维。

在改革开放的指引和感召中,南阳这片先贤众多的土地上,有一条大河,解冻奔涌流淌,漫卷历史风云,一路风雨兼程,一朝惊鸣天下。

他,就是著名作家二月河。

伟大时代,成就皇皇巨著

"回顾过去,二月河是什么?多少次想过这个问题了。因有了几本书这样一个'存在',无论社会还是自己,都无法摘掉二月河的'作家帽子'。但二月河自己是知道的,正得益于改革开放,思想解放,这个影响是巨大的、深远的,凌解放方能成为二月河。"

谈及改革开放,二月河如是说。

二月河创作发轫于1978年,改革开放伊始,万木逢春,百业兴旺,二月河正值壮年,也愿有所作为。恰如岩浆在地底奔涌,厚积之后是写作的冲动,希望把多年"吞进肚的货"梳理一下。

第一卷《夺宫》草稿写就,编辑要求二月河一定写出康熙这一封建君主的阴险毒辣、残忍暴虐。但二月河认为,写康熙大帝,就要把这个"大"字写清。他坚持了自己的创作理念:凡是在国家统一、民族团结、科教文化、百姓生计上做出卓越贡献的,就给予歌颂,无论皇帝还是太监,高官还是平民。

书出版后争议四起,大帝形象却深入人心。康熙大帝的"大"格局,就是在思想解放后才能被理解认可的。

塑造崭新雍正形象,更是破除思想禁锢的结果。

过去雍正的"社会形象"令人不敢恭维:阴狠冷峻,睚眦必报,暴虐杀戮,抄家抄得文武大臣人人自危,逼死生身母亲,兄弟们或杀或黜或圈……二月河大量涉猎清人笔记和故宫档案史料,发现雍正13年间留下一千多万言政务批语、谕旨等,如此勤政实属罕见。

二月河经过缜密思索,得出一个石破天惊的结论:雍正是个少有的勤、正、善、公,体恤为民的好皇帝,他由此入手,大胆创作。

果然,书成之后,评论界给予高度评价:"《雍正皇帝》可以说是自《红楼梦》以来,最具思想与艺术光彩、最具可读性同时也最为耐读的中国长篇历史小说,称之为50年不遇甚至百年不遇的佳作并不夸张。"

厚重文脉,哺育深耕作家

十一届三中全会召开时,凌解放回到家乡南阳市委宣传部(今卧龙区委宣传部)工作,由研究红学,继而对清朝史产生兴趣。

凭着长期的积累和顽强的毅力,遵循历史小说"大事不虚,小事不拘"和"不求真有,但求会有"的原则,二月河从此投入康雍乾三部巨著的创作中。二月河常到旧地摊、废品站、书店仓库寻寻觅觅,一旦发现有关清代资料,不管正史野史、戏本小说、日记档案、经商理财、俚语方言、风俗故事等,统统收集到手,能买就买,能抄就抄。

创作生活异常艰巨。没钱买空调电扇,就在桌子下放个水桶,两腿放进去,既清凉驱暑又可防蚊虫叮咬。冬天冷得受不了,就狠劲搓搓手,或把开水倒在毛巾上捂手暖一暖。白天照常上班,夜里写到凌晨三点钟,实在瞌睡熬不住,就猛抽几口烟,然后用火红的烟头照着手腕烫去,以驱赶疲惫,清醒头脑,接着继续伏案写作。

二月河的手腕上,布满斑斑烟炙伤痕。二月河"烟炙腕""三睡三起""拼命创落霞"的故事,至今盛传不衰。于是我曾调侃:"羡慕名传井水处,宁死不当二月河。"

为什么凌解放唯有在南阳方能成为二月河?

南阳盆地是河洛文化、长江文化、秦巴文化和江淮文化的交汇地,"四圣"荟萃,二十四史中南阳人物有八百位之多。

二月河在南阳生活,南阳养育了二月河。二月河传承南阳文脉,渊渟岳峙,博大精深,与先贤往圣神接学续,世事洞明,淡泊致远,为文为人有着宗教般的虔诚与执着,二月河终于在南阳成就了自己。

赤子作家,增辉盛世文坛

"落霞三部曲"畅销多年,作品大多被改编成电视剧,收视率居高不下,海内外长播不衰,先后获"八五"期间全国优秀长篇小说奖、姚雪垠长篇历史小说奖、国家优秀图书奖、全国畅销书奖、北京文博会出版佳作奖等。尤其《雍正皇帝》被评论界誉为"百年不遇佳构""思想艺术精湛,可谓直追《红楼梦》",入选"20世纪中文小说一百强"和"建国60年百本最具影响力出版物作品"等。

后来,二月河寄兴趣于随笔散文,宝刀未老,有《二月河语》《密云不雨》《佛像前的沉吟》等数部文集出版。

盛名之下,二月河无论怎样深居简出和低调生活,从来都没有离开过人们的视野和话题的追逐。作为中原文化符号、河南作家领军人物,二月河更被南阳人民誉为文化名片、形象大使。

二月河对南阳充满深情,这些年来,他面对媒体,常坦率直言:"我爱南阳!南阳是我家,须臾不能离!"

因为二月河的领军,海内外叫响了"南阳作家群","文学风流数南阳"。作为"南阳名片",他利用自身影响宣传南阳。他先后在中央电视台举办的《百家讲坛》《走遍中国》《焦点访谈》《开讲了》等栏目,讲述南阳故事。

他富有爱心,先后为希望工程、下岗职工、贫困家庭、新农村建设、文化活动等捐款200万元,他捐资设立"二月河奖学金",累计资助师生数百名。

改革开放四十年,南阳的社会经济建设恰如二月黄河解冻,冰凌消融,迎来发展的春天。

四十年来,二月河与盆地文学,与南阳人民,肝胆相照同乐共进,留下愈传愈广的传奇。今天,先生也未曾远去,先生永在这块沃土上,凝视阔步前进的南阳,在中华民族的伟大复兴中,走向充满希望、充满生机的新天地。

二月河文化视野里的医圣张仲景

刘海燕

一

2013 年 10 月 22 日,南阳第十一届张仲景医药文化节和首届"医圣张仲景南阳论坛"召开。作为南阳的"文化名片",著名作家二月河在论坛上备受瞩目,他作了《中医药与传统文化——兼论文圣与医圣的比较》的主题报告。

二月河就医圣仲景与人文南阳的不解之缘、仲景文化与南阳经济的协调发展、文圣与医圣的比较等几个方面深入研究和哲学论述。

二

战国时期伟大的思想家、哲学家、文学家庄子在《庄子·秋水》中说:"非梧桐不止,非练实不食,非醴泉不饮。"

二月河在报告伊始,引用了庄子这一段话。他深情地说道:"凤凰择木而栖,贤才择主而侍,像姜子牙、诸葛亮,在没有遇到'梧桐树'前宁愿做一个平凡的钓者与耕夫。'没有梧桐树,引不来金凤凰',今天我们南阳举行张仲景医药文化节和医圣仲景南阳论坛，就是要'栽好梧桐树，引来金凤凰'，创造一切条件，引进全国中医药高端人才，访来更多的'仲景'和'卧龙'。"

这一段致辞，让现场的南阳人热泪盈眶，久久回味。

三

二月河讲述医圣仲景与人文南阳的不解之缘。

南阳地处中原，是一个人杰地灵的地方，历史上出了很多的杰出人物，如百里奚、范蠡、张仲景、张衡、诸葛亮等。这都是南阳在战国至汉代那段历史时期政治、军事、文化大繁荣大发展的结果。

南阳有复杂多样的历史文化。其北是黄河流域文化，向南是长江流域文化。南阳处于这两种文化地带之间，像哑铃中间的握杠，有着强大的文化杂交优势。正是因为南阳丰富多彩的人文环境和地理环境，才造就了很多伟大的、杰出的人物。

张仲景生活的时代，南阳是当时全国的经济重镇、科技文化中心，南阳造就了张仲景，张仲景在南阳成就了自己。可以说，如果没有南阳的文化氛围，就很难孕育出张仲景这样的伟大人物。

民族的复兴必然与民族文化的复兴相关联。以孔子为代表的儒学思想一直居于主流地位；作为民族之根，博大精深的中医学思想也不应被忽略。正如毛主席所说的："中国医药学是一个伟大的宝库，应当努力加以发掘。"张仲景及其医学带给人民的健康不仅仅属于南阳，而应属于中国，应造福于全世界、全人类。

四

二月河讲述仲景文化与南阳经济的协调发展。

他从现代科技发展日新月异讲起，现在是一个好时代，"是一个互联网全球化的时代，半夜起来就可以通过手机把创作的作品和成果向全世界发表"。翻阅整个二十四史,发现从没有一个历史时期,像现在这样在政治上为文化的发展提供如此宽松的条件。他深情地说:"现在,我们整个中华民族的文化事业正面临前所未有的机遇,这就意味着我们中医药文化的发展也正当时。特别是现代科技介入普通民众生活,创作和发明权利回到普通民众手中,群众自发组织的文化活动为文化的发展提供舒适的温床,西方文化进入中国这些条件,都促进了中医药文化的发展和繁荣。"

二月河说:"在历史新时代前所未有的机遇面前,南阳市委、市政府高瞻远瞩,确立仲景文化强市旗帜,做大仲景医药文化,做强仲景健康产业,承医圣仲景遗风,扬医圣故里之名,以仲景医药节和仲景论坛为中医药传承创新平台,举全市之力发展仲景医药文化事业,丰富南阳蓬勃向上的文化基因,这令文化和中医界备感欢欣鼓舞。"

五

二月河哲学论述文圣与医圣的思想。

二月河谦虚地说:"我不懂医学,我只是一个对历史有些了解的作家,但是我很崇拜张仲景。他是中医临床的鼻祖,有悲天悯人的情怀,为民众解除疾苦。孔子教人如何立身、齐家、治国、平天下,张仲景教人如何强身健体,所以有医门仲景与儒门孔子并称之说法。"

二月河认为,张仲景总结应用中药的理论规律和治病经验,是为了解除人民的疾苦。尤其是他本人为官,官至长沙太守,在大堂上,他一边处理事务,一边为百姓看病,体现了大医精诚的职业精神。

二月河用历史观进一步阐释:在封建社会,人分等级,命有贵贱,作为长沙太守,张仲景堪称"高干",但他心怀百姓疾苦,在为官之时行医,在行医之时为官。他外圆内方的做人准则,以人为本的做事风格,服务民生的行医之道,无不为今天的普通百姓、政府官员和行医者树立了榜样和楷模。可以说张仲景也给南阳留下无可比拟的医药和精神财富。

孔子学说提倡仁义礼智信,讲求恻隐之心,为统治阶级服务,也利于对每个人的安全保障服务。张仲景和孔子都是以人为本，二者的出发点和目的是一致的。这种一脉相承的中国传统文化所蕴含的人本思想，比西方文明要早上千年。作为中国人，我们要研究和发扬这种难能可贵的人本思想。

六

国医崇祖庭，先师南阳眠；望之如汪洋，仰之若高山；万民祀千秋，家国得平安；圣德昭日月，佑我万万年。

作为医圣故里的南阳人民，永不忘怀医圣仲景的无尽福荫。

在主题报告的尾声，二月河说："作为医圣故里的南阳人民，我们要挖掘、传承和弘扬博大精深的仲景医药文化和人文思想，为南阳人、中国人和全人类的健康福祉服务。"

文学泰斗二月河已远去，但他"我不懂医学，但是我很崇拜张仲景"的声音犹在。如何阅读医圣故里，如何解读中华医圣，在一千八百多年的历史时空中，历代医学家、政治家、史学家、思想家、哲学家和文学家的眼里都有一个不同的圣人形象。一百多年前，清代医家陈修园在《伤寒论浅注》中给出了终极答案："医门之仲景，即儒门之孔子也。"

历史又过了一百多年，著名作家二月河对张仲景的历史地位再次定格：医门之仲景，儒门之孔子。这是历史评价最大的公约数，张仲景这位"医圣"，完全与儒家学说创始人"文圣"孔子相提并论。医圣精神如日月之光华，旦而复旦，万古常明。

二月河与花洲书院

张峰

　　游人到花洲书院,会惊喜地看到"吾师吾母""二月河读书处"等石刻,会惊异地询问导游详情,欣喜地流连合影,了解二月河与花洲书院的深厚缘分。

　　花洲书院位于历史文化名城邓州市,为北宋政治家范仲淹知邓时创建,千古名篇《岳阳楼记》诞生于此。文中倡导的"先忧后乐"精神,穿越时空,滋养了一代又一代炎黄子孙。

　　花洲书院因人因文而名,明代称"花洲相迹",清代称"花洲霖雨"。沧桑九百余年,毁败严重,近年来修复和扩建,中西部书院建筑群为北方风格建筑,浑厚大气;东部百花洲建筑为江南园林风格,小巧玲珑,是南北建筑风格的完美结合,被称为"中国书院博览馆""江南园林大观园"。现为国家4A级景区、国家古建筑旅游目的地、河南省重点文物保护单位、省级文明风景旅游区、省廉政文化教育基地。

　　千年来,百花洲上弦歌不断,春风堂里人才辈出。花洲书院成了人才的摇篮,宋至清末,孕育出了文状元贾黯、贤相李贤、帝师彭始抟等贤相名臣。近代以来,改名邓州高等小学堂、邓县县立初级中学,1958年过渡为高级中学,栽培众多才俊,二月河就是其中的优秀代表。

　　二月河原名凌解放,1958年至1962年在邓县四中学习,1962年至

1963年在花洲书院内就读邓县一中。二月河为海内外读者熟知,其实更是花洲书院和邓州的文化传播者。

二月河著作等身,享誉海内外,对哺育他成长的花洲书院一往情深,晚年回忆那时求学的情况仍旧历历在目,非常温馨。他在《百花洲情缘》中深情写道:

邓县一中不是个等闲的学校。这个地方名字就叫得"独秀":春风阁、百花洲——是范仲淹讲学的地方。范老夫子的《岳阳楼记》也是在百花洲他的书院写成的,而他在写这篇文章时全凭资料与想象。他还没有去过洞庭湖,见到的只是岳阳楼的图样与相关资料。我想这可能和二月河创作历史小说有相通之处:饮一瓢浆而意拟三千弱水——也还是作者的直接感受,只是综合了彼时彼地的色受禅悟、此时此刻的色想而已。

南阳这地方出了两句名言,恐怕全国有初中以上文化的人都能脱口而出。一句是诸葛亮的"鞠躬尽瘁,死而后已";再一句便是范仲淹的"先天下之忧而忧,后天下之乐而乐"。我以为诸葛亮的那一句"精神可嘉,境界不大",不过是对蜀刘小王朝的死忠承诺罢了;而后一句涵盖的人文意义是超前的,它的人民性、公而忘私的主观意识,在今天看仍是先进的、积极的——而这一句出自范公之口,写在百花洲上、春风阁前,我的母校邓县一中。

2004年农历八月,花洲书院修复工程如火如荼。二月河终于回到了思念已久的母校,他走进春风堂,徜徉百花洲,抚今追昔感慨万千,如烟往事在脑海中翻卷,澎湃诗情在胸中激荡,随即挥动如椽大笔,草成散曲《为邓州花洲书院修复作句》:

蹊径老塘犹存,残城草树相抚。春风阁前明月清新,百花洲上斜阳迟暮。四十载烟尘如昨,八百年游子归路。指点少小新学生,知否,知否,此是范子情断处。

2005年4月6日,二月河再次回到修葺一新的书院,参加"花洲之春"文学笔会。他侃侃而谈,为发展献计献策,并解囊相助,为花洲书院捐款。还濡墨挥毫,题写"吾师吾母"巨幅墨宝,以志对母校的尊崇和眷恋之情。

《春天里去邓州》有记——同行的著名作家周同宾起始大惑不解:"文学界集会,二月河很少参加,即便是省城、京城的作家聚会,他也常缺席。说他狂,傲,架子大,他都不在乎。这次,豫西南一隅的邓州举办'花洲之春'文学座谈会,他倒欣欣然应邀前去了,甚至有点急切切的,仿佛冥冥中有一条绳硬把他往那里拽。"参观花洲书院时,二月河"紧紧跟随导游,洗耳恭听解说,酷似一个戴红领巾的小学生"。"中午吃饭,二月河特意让东道主请来他的三位老师。进餐厅,他说:'朋友们,委屈了,今天我要待老师。'硬把老师拉上主宾位置,官员和作家都替他陪客。席间,只和老师叙谈,问身体,问家庭,恂恂然执弟子礼甚恭,怡怡然如对长者的慈颜。听说某位老师已经故去,不禁唏嘘不已,黯然久之。每道菜上桌,必先用筷子的另一端——为老师夹进餐盘。向老师敬酒,满满斟了,双手捧杯,躬身奉上。""饭后,不顾疲劳,又张罗笔墨宣纸,为老师写字。写的是唐诗集句,有'蹉跎冠冕谁相念,寂寞烟霞公自知''已被秋风教忆脍,更携书剑到天涯'等多幅。他似乎要拿出自己的全部本事,献给师道的尊崇。"直到在春风堂前看见二月河所作散曲体诗《为邓州花洲书院修复作句》的石刻时,才忽地明白了,此处是二月河求学的地方。于是感悟:"二月河终于横空出世,与范仲淹,与花洲书院,总有点关系吧。多次改朝换代,书院几经兴衰,范公留下的一缕文脉应未中断吧。这首词,情真词切,有深沉的慨叹,悠远的寄托,挚切的希冀,和别人无法体味的今昔之感,也透露出几许隐秘的传承消息。"

二月河回到母校,勾起了无限情思,创作了散文《百花洲情缘》,刊发在《河南日报》、《人民日报》(海外版),《吾师吾母》被《读者》等报刊登载,为宣传邓州,宣传花洲书院,弘扬"忧乐思想",发挥了深远作用。

花洲书院2005年5月26日隆重开馆,二月河作了振聋发聩的演讲:

历史上中国的书院很多，像岳麓书院、嵩阳书院等，也就是"二程"、朱熹、王阳明之辈在学术上有所建树的名人在那里讲学或著述而已。而花洲书院的蕴义则大不同，因为它是思想家范仲淹所创办的学府。范公的"忧乐思想"，就是"天下为先""天下为公"，具有重要的历史意义和现实意义，是全人类的精神财富。邓州修复花洲书院，办了一件功在千秋的事。其意义不是邓州市、南阳市乃至河南省所能局限得了的。他高屋建瓴的分析，使人开阔了视野，获益良多。

开馆仪式结束后，二月河春风堂前满面春风，为花洲书院举办的"忧乐杯"征文大赛获奖作者颁奖，向他们表示衷心的祝贺。

2006年11月5日，为纪念《岳阳楼记》诞生960周年，河南省社科院在花洲书院隆重举办"河南省首届范仲淹文化节"。二月河不但应邀出席，而且先期以"百花洲迟学生"的名义撰写了热情洋溢的致辞，发表在当月3日的《南阳日报》上，其辞曰：

> 公元二〇〇〇年，美中贸易中心挽余题字，为因命笔书云："中华人文之因根不由时迁，不为世移，不从风流，不随物化。永以灿烂光华弘扬于世界民族之林。"范公仲淹"先天下之忧而忧，后天下之乐而乐"即此种人文思想之杰出体现。
>
> 人之哀莫大于心死。范公思想之内髓，在遵道营卫利他之精神；矢志倾身报国之意志；恢宏健康进取之博大气概。虽处弱赢之颓势，不计身家之利害，任天下社稷人民之福祉为其奋斗唯一目标。此则人类最具光明之思想，永不颠扑之真理。《岳阳楼记》为后世宗仰，垂九百年而愈加神采英焕，实维其人乃拔萃之人，其思乃超前之思想也。其公、其正、其明、其博爱、其进取、其仁怀，于吾辈构建今日之和谐明德社会实具重大深远意义。

二月河的致辞，言简意赅，把对范仲淹及其"忧乐思想"的认识，提到了一个崭新的高度。

2005年12月25日，为了弘扬范仲淹的忧乐精神，宣传推介花洲书院,由邓州市政协和河南省社科院联合发起,成立了河南省范仲淹文化研究会。二月河欣然应邀出席会议,并愉快接受邀请担任职务。

河南省范仲淹文化研究会《范学研究》2006 年 3 月创刊,二月河再次欣然应邀担任顾问,并为会刊亲撰《卷首语》:"《范学研究》今天与读者见面了,这是河南省范仲淹文化研究会为交流范学研究成果的一件大事、幸事。这些年有了点名气,各种社会职务纷至沓来。我自己都记不清身上挂着些什么光环。哪些东西有用,哪些是垃圾……早就麻木了。但是受聘河南省范仲淹文化研究会和《范学研究》杂志的名誉职务后,却有一份额外的喜悦和激动,一份难以言表的温馨……九百年前,范公在此写下了千古名篇《岳阳楼记》和许多诗文。而今,河南省范仲淹文化研究会和《范学研究》编辑部就设在这个曾经孕育了千古名篇的圣地,这实在是一个高明的选择。通过研究会把范公后人和范学研究者团结起来,凝聚起来;通过《范学研究》把研究成果汇集起来,宣传出去,真可算得上一件盛举……"

此后,在花洲书院举办的数届河南省范仲淹文化节、姚雪垠百年诞辰纪念活动,他都拨冗光临,为大会增光添彩。2009 年正月,他还特地为花洲书院创作了数幅精美的书画作品作为纪念。

花洲书院是二月河成才的摇篮,二月河是从这里走出的精英。他为花洲书院撰写的诗文,提升了花洲书院的文化内涵;他题写的"吾师吾母"、《为邓州花洲书院修复作句》石刻,成了别样的风景。

我为先生篆名章

李树恩

二月河先生于寒冬仙逝。闻得噩耗，我着实痛苦了很久。

先生是我特别喜欢特别敬仰的一位作家，多年前，我曾精心为先生篆刻一方名章。

我是二月河先生忠实的"河风（粉丝）"，极喜先生的皇皇巨著，作品认真读了数遍，由先生作品改编的电视连续剧也非常爱看，不仅播出时一集不落，还买了光盘回家"复习"，我前前后后"复习"了十余轮，得到了文学的熏陶，受到了做人的教益。

二月河先生的侄子，也是先生的追随者、学习者、研究者，一位有影响的青年作家，名叫鲁钊，当年在警营时是营里的新闻干事，也是我所欣赏爱护的兄弟。鲁钊休假回南阳探亲，在与二月河先生闲聊时，讲述了我爱读先生书，"疯狂"追先生剧的事儿，先生可能想到我是晋省老家人，格外青睐一点，就亲笔题词签名，赠送我一套《二月河文集》。先生如此盛情，使我深受感动，至今作为珍品藏在书房，常打开翻看。先生仁义，我长思怎么回报，寻思良久，就发挥所长，精心为先生篆刻一枚名章。

我痴迷篆刻数十年，军旅操枪弄炮、摸爬滚打之余，未曾忘掉潜心钻研刀笔功夫，出版篆刻集多部。拙作多次参加军内外展览和篆刻创作赛事，曾入展西泠印社国际篆刻选拔赛暨第七届篆刻艺术评展、全国第七届篆刻艺术展,获"陶唐杯"第九届书展奖等奖项。

抖搂出这些艺术小获,非为炫耀,更不敢自夸,而是自忖勿因艺术浅薄,辱没了先生形象。我知先生所用定为名家大腕治印,然鹅毛虽轻,情深意长,权以释我敬重之情吧。

我安心一隅,镇静琢磨,设计名章。

我所用质料为治印常物寿山石,质地上乘,玉光莹然,油润温和,为长方体,高两寸余,印面边长 3 厘米。我大胆创作,根据二月河先生原名凌解放,笔名释义为早春二月冰凌融化、奔腾畅流的黄河,汲取笔名之含义,并根据图版美观及字体笔画需要,尽量做到精巧构思,匠心布局,将"二月"及"河"分割为各占半局,"二"为方笔,"月"为圆笔,这样设计,互相呼应,柔中有刚,绵里藏针,协调统一。将"河"字直上直下,偏旁的三点水如瀑降天,倒悬而下,右偏旁"可"字粗笔凝滞,如石卧河,笑经春秋。整体看之,如站黄河岸边,如临壶口瀑布,震雷在耳,涛声惊天,恍观冰凌消融,大地解冻,早春二月奔腾喧嚣的黄河水激岸而下,冲出龙槽,挟泥裹沙,奔海而去,不知归路。

篆刻界朋友看了,认为寥寥三字,方寸之地,即体现了二月河先生的"大",大部著述,大气磅礴,体现了他自成一宗的大家风范。

我将此名章转呈二月河先生后,据说先生很是喜爱,并作为常用印品之一。

笔下写着帝王，心里装着南阳

凤九

　　前几天老爸还在看《雍正王朝》，也不知道看了多少遍。听闻二月河去世，爸妈一边叹气一边说：他才70多岁，七十三、八十四真是人生的坎儿……

　　他到底有多爱南阳？无论多辉煌，他都只愿守着南阳过普通日子。人生的大半辈子都搁在南阳，父母也安葬在南阳的烈士陵园里。他曾坦陈："写作是一件相当艰苦的活。我的毅力与勇气，都来自我的母亲。每当我寂寞，想寻求心灵的栖息地，除了老伴陪伴，再就是回忆我与父母待在一起的时光。"

　　二月河在他的散文集《密云不雨》中讲了自己的家族史。他本名凌解放，出生于山西省昔阳县，父母都是老革命干部，幼年因战乱随父母辗转河南各地，最终在南阳定居。小时候，父母忙没时间管他，他就养成了无拘无束的性格，调皮捣蛋不好好上学，就是爱看书，那会儿像《三国演义》《水浒传》这样的大部头，他都能很耐心地看完。然而，爷爷辈戴上的"富农"帽子给二月河的家庭造成了毁灭性打击。1965年，母亲病逝，1968年，红卫兵三次抄家后，23岁勉强高中毕业的二月河去山西当了一名工程兵。虽然他怀揣"将军梦"，可干的却是打坑道、修河堤、挖煤窑等粗活。这期间，他被水淹过，被炮崩过，被电打过，房屋倒塌被扣住过，还出过车祸……他得了严重的气管炎,养成了抽烟的习惯,为日后的哮喘埋下了病根。

1984年,他开始帝王小说的创作。那时候一家三口蜗居在20多平方米的小平房里,经济拮据,他为了搜集资料,成天泡在图书馆,几次被锁在里面。旧地摊、废品站、书店仓库是他经常光顾的地方,能买就买能抄就抄。夏天没钱买空调电扇,他就在桌子下放个水桶,腿脚泡进去,凉快还不被蚊子咬。差不多10年,每天写稿到半夜三点,早上七点半照常起床上班,实在太困了就拿烟头烫自己的手腕,因此留下了许多烟炙伤痕。"一天三睡三起,我的时间都是偷来的。"他"烟炙腕拼命创落霞"的故事广为流传,青年作者路漫漫说:"羡慕名传井水处,宁死不当二月河。"他用20多年完成了520万字的鸿篇巨制,也落下了一身病。哮喘严重的时候,写着写着会咯血;在创作《乾隆皇帝》的时候,他因过度劳累得了糖尿病和脑血栓,临行也因突发心衰。"他是累死的。"爸妈突然来了这么一句,我感觉真扎心。

面对争议老人家有一颗淡然的心,可即便是辛劳了一辈子,他走了之后也没有像金庸那样享受无尽哀荣,反而满满都是争议。或许真是"誉满天下则谤满天下"。他的帝王系列被视为经典的同时也备受争议,有人很尖锐地指出:"一个给皇帝树碑立传的人,永远都有歌功颂德的喜好"。他呕心沥血创作的《雍正皇帝》,为这个被黑了200多年的悲剧历史人物正了名。可这部作品跟他自己却成了背锅侠。

第四届茅盾文学奖评选的时候,评论家丁临一高度评价《雍正皇帝》,但另一些专家却认为这部书有不符合史实的描写,以及诗词不符合格律等等。因此,《雍正皇帝》落选。4年后第五届茅盾文学奖,《雍正皇帝》被中国作协选送,同样因为曾经的反对票,再次无缘奖项。然而,不管外界有多少争议,在二月河心里,《雍正皇帝》都是他最满意的作品。他给自己定了两条处世规则:一是拿起笔,老子天下第一;二是放下笔,夹起尾巴做人。看起来很矛盾,实则是淡然,他把一切都看得很淡。"这个时代我什么都见过了。虽然很多不如意,我却感到很幸运。很多东西需要我们进行深入的人文思索。也有很多是我们一个民族都在探索,究竟是何结果,那由历史来定夺。"这大概就是老人家能够一直淡定地住在南阳小院的原因。这座小院外面是窄巷、砖墙、爬山虎,里面是小楼、水池、藤萝架。几乎没有任何装修,家具家电都很陈旧,电冰箱时不时嗡嗡作响,暖水瓶的手柄磨得锃亮,喝水用搪瓷大茶缸,感觉像是回到了 20 世纪 80 年代。早上,在南阳街头,你会看到一个穿着随意、鞋上还有浮灰的大叔在路边摊子上喝羊肉汤;或者是在卖菜车前的人群里,挤进一位胖大叔蹲在车下捡菜叶子拿回家喂鸡。这位大叔就是写皇帝的二月河。

圆圆的脸盘上总是挂着笑容,大腹便便,有点儿像弥勒佛,自带喜感。他说话一口浓厚的南阳方言,带着乡土气,不失幽默感。熟悉他的朋友会调侃:二月河是一个"永远可以在身上看出上顿饭吃了什么的人"。而他给自己也弄了个自画像,是一首诗:罗衣载酒五花马,一度芳草一春华。天津桥头醉方醒,炼狱毒火断金枷。惊心寸折章台柳,落魄碎揉扬州花。畸零惟余劫后灰,青灯孤愤赊万家。现在,纵然世上的理再多,也无关紧要了,老人家已经听不到也看不到了,总算可以好好歇歇了。

先生的悲天悯人情怀

鲁东升

二月河先生在世人眼里,是历史小说的泰斗,是为民请命的人大代表,是提携后学的可亲长者,是胼手胝足的可敬行者,是城市的形象大使、文化名片……先生的社会身份公众形象多了去了,但在我心里,先生是一位心地特别柔软的人,一位悲天悯人的可爱慈者。

作为全国人大代表,作为深受群众欢迎的平民作家,他深知农民的苦与痛,所以生前他尤其关注群众。农村很穷,农业很苦,农民很可怜,需要国家的特别关照,他在全国"两会"上,审慎提交议案,建议免除农业税,得到许多代表委员的赞同和支持。时隔一年,政府工作报告宣布,中国明年(2006年)1月1日开始全部免收农业税! 自古以来,历朝历代都靠着农民的税赋维持运转,农业税也成为农民负担中最大的一块。先生直言,从战国时代开始,农民就一直被各种农业税费困扰,两千多年来,只有中国共产党取消了农业税。这位悲天悯人的作家,成为合格的农民代言人,成为农民朋友们铭记的呼吁减免农业税的"首呼人"。

曾经一段时间内,先生是全国版税最高的作家之一。那种主动增加作家稿费的做法,本质是出版社希望能打动作家,长期拥有版权,但先生根本不是一个看重利益和物质的人,他偕夫人找到责任编辑,要求把版税降下来。"你们够意思,我也得够意思。""觉得已经够多了,就降下来吧。"但责任编辑坚决不同意,"因为在我们心里,他的文字值这个数字。"就好比有人来推销东西,你要买,给100元,人家却只要80元,这实诚吧?

先生生活很是简朴,几十年来一直住在一座破旧的红砖小院里。不少人提出要给他换更好的住处,甚至曾经还有集团公司打算送他一套别墅,他不假思索就拒绝了:"我有住的地方,要这个干什么?"先生至老,没有自己的房产,一直与老伴住在这座小院里。

先生好说话,特别乐意抽出时间,与大家见见面。市里有文化活动,凡是他在家,就参加提提要求,鼓鼓劲。青年作家开会,他出来谈谈心,讲讲自己当年的事,让青年有个目标,有个奔头。各机关单位也邀请,让他讲讲历史,教育公务员们"好好过日子",为人民服务。

先生每天粗茶淡饭,衣衫破了缝缝补补,接着再穿。一双皮鞋,穿了十几年。一把破蒲扇,摇来摇去十余夏。房中的家具,用了几十年,修修继续用。在饭桌上创作,在饭桌上签字,在饭桌上会客,舍不得换件好一点的家具。但是,先生不声不响间,先后向希望工程、贫困家庭、下岗职工、学校图书馆、社会文化事业、新农村建设等捐款二百万元,还要求"三不":不指定捐款流向;不让受捐人知道是谁捐赠;不要做任何报道。

那些年,盗版行为猖獗,全社会都在打击盗版行为,先生却相当"宽容",他认为现在书价太贵了,就譬如自己的书,精装五百多元,平装三百多元,豪华版七八百元,相当于普通读者半月的工资,盗版书才几十元,"盗版书让贫困读者也能读得起","只要便宜点让更多人读也不错",先生面对汹涌的反驳置之不理,我行我素,有人拿着盗版书找他签名,他也不以为忤,乐意签名。

那年,应外地法院同人邀托,"想上门拜访二月河先生",我通过卧龙区委宣传部的朋友联系,先生听说我们是法院的,就满口应承了。先生说:"我的母亲就是共和国早期基层法院的领导,你们是法院的朋友,那得一见。"

在先生家的餐厅兼会客厅见面了,我们相谈甚欢。据先生回忆,他的母亲是一位性情刚烈的女性,印象里母亲与女红联系不上,她不是依门盼子灯下走针的女人,而是位英雄。母亲1944年参加党的革命工作,与日寇斗,与国民党军斗,与土匪斗,与犯罪分子斗,甚至与野兽斗。母亲本应握剪捏针的手,却用来擦枪——桌子上摆放着一堆的枪机零件,各种颜色油污了的破布条、棉纱和机油,母亲擦拭完一件一件再组合起来,魔术般又复原了一把闪着暗幽幽烤蓝的手枪——她是共和国成立后诞生的第一代警察,当过县公安局副局长,去世时任县法院副院长。

母亲早早地抛下了二月河,她的人生虽然短暂,但她那坚强的意志和克服困难的毅力,令二月河受益终身。二月河对政法战线上的同志,有着特别的感情,视他们为家人。

所以,二月河先生见了法院的同人,分外亲切,也格外健谈。我们谈时事,谈南阳文化,谈反腐工作,说个不停,耽误了先生分外宝贵的时间。

因为母亲的缘故,二月河对法院有着特殊的感情。先生恳切地说,法官是守护改革成果全民公平分享的坚强战士,法院工作一头连着党和国家政策法律的落实,一头连着社会民众合法权益的最终实现,可以说起到了很好的桥梁和纽带作用。作为全国人大代表,他也参加过法院组织的活动。二月河说,你们法院(卧龙区法院),主动加强与群众的沟通和联系,及时了解群众特别是弱势群体的心声,帮助他们解决了很多实际问题,坚持做到不断加大执法力度,积极主动地开展工作,代表们很认可,群众也很拥护和支持。

先生一次次地强调,社会上一些弱势人群,受到欺压侵害,打官司不容易,希望法院要加大对弱势群体权益的保护,要让全体老百姓看到公平的希望,沐浴法治的阳光。先生还说,古人尚有"当官不为民做主,不如回家卖红薯"的思想,今天的人民法官,更应有为人民主持正义的高贵境界。可以说,法院的工作做好了,社会公平正义的底线就有了最好的保障。

先生的话深深地触动了我,先生对底层群众的关注,对弱势群体的爱护,心忧天下的情怀,让我感动感佩,让我对法官工作有了全新的"感悟"。法官是公仆,更是人民的贴心人。这些年来,时时回味先生的话,心中生发出悲天悯人的情愫,时刻坚守着公平、正义和责任。

先生的风范承自母亲

丁秋丽

二月河先生在世时，最孝敬父亲，但令他伤心欲绝的是母亲。毕竟，他能在父亲膝下尽孝，陪伴着老人安享晚年，又尽心尽意地操办后事。他未能尽心的是母亲，"子欲养而亲不待"，在他尚未有能力孝顺母亲的时候，母亲就去世了。

二月河的母亲马翠兰早年参加革命，解放战争时期，她跟随部队转战南北，出生入死，练就了一身作战本领。

母亲逝世时年仅四十五岁，在二月河心中，那是最痛的时刻。那时他正在上中学，当听到母亲"有事"的消息，"我的头'嗡'地大了"。看到母亲的遗像，"我没哭，我蒙着，我晕着，对眼前的事与其说是痛苦，不如说是奇怪——母亲这样的人，我从来都没想过她会死，我是把她当英雄那样崇拜的，我欲哭无泪"。

母亲在二月河心中，是一个"有着大漠孤雁似的苍凉雄浑气质"的人。母亲能打枪善骑马，多年战斗在太行，后来跟随大部队过黄河，挺进伏牛山。共和国成立后，母亲成为了当时少有的女公安局长。在他心目中，母亲不是倚门盼子、灯下走针的传统女人，而是英雄，罕有的巾帼英雄。那年他与母亲一起居住在伏牛山中的栾川县，夜里一只狼闯进来伏在床底，伺机袭人，母亲察觉了，顺手掂枪朝床下"砰砰"射击，狼夺路而逃,母子平安。

二月河曾在多种场合深情回忆,母亲性情刚烈,坚韧要强,虽然平常不管他的学习,但发现他有逃学行为,抬手就打。母亲不让孩子占别人的便宜,不容许孩子随便吃别人的东西。一次,二月河捡了些从树上掉落的梨回家,母亲不由分说,拉起就是一场猛打。但母亲又是细腻温柔的。母亲爱做"拨鱼儿",加班到夜里,在炉子上放置小锅,水里提前丢进花椒茴香。母亲在火炉旁搅着黏糊糊的面,搅和好了,水也煮沸了。翻着水花,蒸腾香气,荡气回肠,母亲用筷子一点点抿进水里,煮上一会儿,再放进菠菜、豆腐,煮熟了,放上盐巴,滴几滴小磨香油,青白鲜目,香气扑鼻。第一碗总是儿子吃,第二碗也是儿子吃,母亲只吃一碗,剩下的都是二月河的。看着儿子吃得狼吞虎咽,吃得额前冒汗,肚皮胀圆,母亲坐在一旁,满足地笑了。

二月河的母亲不仅是聪慧美丽,多才多艺——"母亲不但字写得端正清丽,那文采也是颇生动焕映的",更多的是果敢刚毅,严肃谨慎。在二月河的印象里,母亲"威严不可犯"。在单位里"警察叔叔们"都怕她,年轻的警察们在一起玩耍说笑,当有人说一声:"马局长来了!"说笑的人立马一脸的庄重肃穆。当时公安局和监狱同院,犯人们在墙根晒暖,见到马局长来了,会迅速站成一排,抖动着腿哈腰低头无语肃立,听着她的脚步过去才长吁一口气,重新坐下"晒老鸹"。

有一次,监狱里脱逃了一个犯人,马局长勃然大怒,拍桌子摔杯子,呵斥那些威武的年轻警察。他们垂手听训,鼻尖上冒汗,脸涨得通红,不敢大声出气。任务部署好,他们马上行动,等到犯人抓捕归来,马局长稍假辞色,温言抚慰他们一句,他们一个个就像得了嘉奖一般。

心目中的母亲,伟大而刚烈,还是个工作狂,二月河永远记忆犹新。二月河创作时,赶逢盛夏酷暑,他就毛巾缠腕,防汗湿稿纸,桌下放桶井水,双腿放进去凉爽驱蚊。文友和记者们得知后,无不为他的耐苦坚毅震惊。二月河深情地说,"殊不知这两手是地地道道的家教真传,毫不走样地学习母亲当年工作的风范!"先生的母亲,当年就是这样手腕缠巾,脚浸凉水,端坐桌前,一丝不苟地撰写着各类报告材料。

每年的清明节、母亲的忌日、阴历十月初一,二月河都要来到卧龙岗,来到南阳烈士陵园,在母亲的墓前,静静地坐一会儿,陪陪母亲。

二月河曾写过多篇回忆母亲的文章,字里行间散发着对母亲的思念,一个儿子对母亲恸心断肠的系念,对母亲的真情流溢,令人为之掬泪,不忍卒读。

二月河在《母亲墓道前的沉吟》中深情地写道:"她去之后,我又经历很多风风雨雨,千山万水辗转流徙……当我鬓发渐苍,事业有成时,到'马翠兰之墓'前扼腕沉吟,我发觉母亲始终都在注目着我,跟随着我。"

现在,二月河先生已往"享域",陪伴母亲去了。我愿,先生已恢复孩童的身心,在美丽慈祥的母亲面前撒欢,享受快乐,享受温馨。

二月河先生与南阳卧龙岗的珍贵情缘

李远

一

　　卧龙岗并不巍峨奇峻,但在南阳人心目中,无疑就是雄壮的喜马拉雅,极巅的珠穆朗玛,那绝对是人文高峰。

——二月河

　　南阳卧龙岗是诸葛亮青年时代"躬耕于南阳"的旧址,历史上著名的"三顾茅庐"就发生于此。现为全国重点文物保护单位、国家 4A 级旅游景区,南阳人民的心灵家园和精神高地。

　　历史长廊中,诸葛亮不仅是一位伟大的政治家,还是一位杰出的文学家,千古名篇《出师表》流传至今,华章润泽南阳,而后历代文学名家辈出,文风长盛,乃至后来孕育出闻名全国的"南阳作家群",领军人物即为已故著名作家二月河。

　　2017 年 7 月,二月河先生在为我的文化散文集《访古寻踪卧龙岗》所做序言中,曾道出了自己与卧龙岗的深厚情缘:他也曾"得济"卧龙岗。

数十年前,二月河尚未出道,南阳唯有凌解放时,他常到岗上撒欢,其时不收门票,暂作道观。道士很和善,任由他爬古树,掏鸟窝,捉迷藏,粘知了,玩得不亦乐乎难辨归时。后来,他对古文字有了兴趣,常流连忘返于武侯祠,吟哦诗词歌赋,抄读楹联碑刻……时至今日,二月河尚感怀龙岗人文灵秀的泅润之恩。

在序言中,二月河亦高度评价卧龙岗:"卧龙岗并不巍峨奇峻,但在南阳人心目中,无疑就是雄壮的喜马拉雅,极巅的珠穆朗玛,那绝对是人文高峰。在我心中,龙岗是有灵气的,钟灵毓秀人文之灵。别地儿出几个秀才或进士,都值得炫耀自豪。南阳呢,从来不擅自我张扬,灵气所致,风云人物太多,仅一道高岗,就出了秦相百里奚和蜀相诸葛亮,可谓'一岗两丞相',皆人中之龙,名垂千古,就足以让他处难望项背遥不可及了。'鱼到南阳方得水,龙飞天汉便为霖',白居易的诗句,让南阳卧龙岗再不用赘言宣传。"

二

君子守中不务外,我内心里确实不想做什么官,我只想老老实实做个写书的人。

——二月河

卧龙岗至今保存着汉代以来历代碑刻四百余通,它们迎来了皎皎秋月,菲菲霜雪,送走了灼灼飞英,滚滚春雷,睹遍世事苍凉,风云变幻。漫漶模糊的碑文之下,潜藏着文明的记忆。一块块幽冷的石碑,其风格或清新隽永,意味深长,或大气磅礴,惊泣鬼神。镌刻文字饱含着历代文宗儒士对武侯忠义精神的颂歌和深情,满载着历朝贤达经世济民的抱负和寄托,传达着让人汲取不尽忠贞爱国的力量和意志。

二月河写作之余,常到卧龙岗散步沉吟,流连于碑刻楹联之间,凝望龙岗敬拜先贤。卧龙岗上楹联匾额高悬低挂,让二月河目不暇接,流连忘返,尤其是对顾嘉蘅撰写的千古名联"心在朝廷,原无论先主后主;名高天下,何必辨襄阳南阳"十分欣赏。为引导女儿善于学习注重领悟,不要成为分数的奴隶,二月河曾将这副楹联趣改为:巧于领悟,原无论三更五更;重在素质,何必辨多分少分。

卧龙岗有张秀山撰写的楹联:务外非君子,守中是丈夫。释义为不按中庸之道立身行事,就不能算君子;能维护并实行它,才是真正的男子汉、大丈夫。这是二月河平生最喜欢的座右铭,也是他做人处世的态度。他常说:"君子守中不务外,我内心里确实不想做什么官,我只想老老实实做个写书的人。"后来二月河还把这副对联运用到《雍正皇帝》"刁巡抚仗势摆威风 真国士潇洒出汴梁"一章中:"朕告诉你:不要瞎操别的闲心,先干好自己的事,才是正理。务外非君子,守中是丈夫。这就是朕送给你的两句话。"

"自来宇宙垂名,布衣有几? 能使山川生色,陋室何妨。"建筑一方简陋的空间,来盛放自己的一身孤独和自由的心灵,诸葛亮这种人生的淡定和从容,是一种超越了物欲的"宁静致远",是一种既独善其身又兼济天下的智慧。诸葛亮正是中国文人"陋室"精神的杰出代表。

二月河住简陋的小院,喜欢过平常人的生活。每天最开心的时间,就是在小院内晒晒太阳。院子里养着鸡,每天为了喂这些鸡他还会走到街上,看到有卖菜车时,就悄悄挤过去,捡拾人们丢下的青菜叶子。就在这样的陋室,他毕二十年之功,潜心创作皇皇巨著"落霞三部曲"。

二月河是继承和弘扬诸葛亮"淡泊明志"思想的当代"卧龙"。

三

诸葛亮之所以受人们尊崇,绝不是打了几场仗,而是他留给人们对事业忠诚、对国家负责的态度以及个人的清廉形象。

——二月河

二月河在尊重历史事实的基础上,多次为诸葛亮摇旗呐喊,发表自己独到见解,并撰写了诸如《把诸葛亮让给谁?》等影响深远的文章。

农历八月二十八日，是明代世宗皇帝钦定的南阳卧龙岗秋祭武侯日。每年的这一日，南阳都会在卧龙岗上举办诸葛亮文化旅游节，二月河每次受邀之后，总是无论再忙也欣然前往，用自己的虔诚之心，深深缅怀先贤。

名人钟情名胜，名家仰慕名相。2012年春，二月河为诸葛亮题词"最大男子，极伟丈夫"，给予诸葛亮一生至高无上的评价。后刻碑立于卧龙潭畔。

2013年4月20日，光明日报组织中国社科院等全国专家学者聚首南阳，畅谈"历史名人与南阳"。二月河应邀出席，他认为南阳是战国至秦汉时期的移民城市。秦设三十六郡，迁天下不轨之民于南阳。不轨之民就是指手工业者、小知识分子、破落贵族、不安分的自由民，实际上是一次早期的精英聚会，造就了南阳的文化优势。南阳处在长江流域文化板块和黄河流域文化板块的中间，南北文化在此交汇，形成复杂的文化特色。东汉时，南阳又成为刘秀的"老干部基地"，"王侯将相，第宅相望""驱车策驽马，游戏宛与洛"，足见南阳地位之高。因此，当时南阳在全国乃至在全世界都是顶尖的城市。南阳特殊的历史环境产生了张仲景、张衡等世界级名人，吸引诸葛亮来到这里也在情理之中。因为当时还没有科举制度，推荐与选拔相结合。如果没有南阳这种政治环境，没人推荐，没人选拔，怎么可能到中央做官。诸葛亮有志于安天下，有志于有所作为，必然选择南阳这样好的平台、好的环境。

2014年8月14日晚，为迎接《诸葛亮》特种邮票发行，大河集邮论坛举行"草庐夜话——品方寸诸葛　话卧龙出山"活动。二月河从文学角度解读三国人物诸葛亮。他动情地讲到了自己对卧龙岗的特殊感情，指出人们之所以敬仰诸葛亮，不仅仅因为他有才，更重要的是人们通过诸葛亮的一生，品悟到了他高尚的灵魂和节操。

2015年1月19日，《鉴史问廉》在中央电视台播出，卧龙岗岳飞书诸葛亮前后《出师表》碑刻，成为第三集的焦点。二月河在接受记者采访时说，南阳是官德文化、官署文物比较丰富的城市，南阳武侯祠给人们留下的核心东西就是诸葛亮的"鞠躬尽瘁，死而后已"精神。"诸葛亮之所以受人们尊崇,绝不是打了几场仗,而是他留给人们对事业忠诚、对国家负责的态度以及个人的清廉形象。"

2015年9月20日,全国第二十二届诸葛亮学术研讨会隆重举行。二月河出席盛会时说:"诸葛亮之所以受到全民族的一致点赞和爱戴,不是因为他的《草庐对》,也不是因为《三国演义》中他神乎其神的智慧,而在于他知其不可为而为之的政治信念和追求,以及鞠躬尽瘁死而后已的献身精神和人格魅力。"

2017年5月12日,二月河于武侯祠内讲授"历史与文化"。先生娓娓道来,讲述了自己与南阳这座古城的深情厚谊。他再次用"历史不是泥巴捏的,历史不属于有钱人"这句话,重申关于诸葛亮躬耕地之争的态度,并分享自己对于普及阅读、国民教育等文化发展相关问题的所思所想,引得现场不时爆发阵阵掌声。

四

> 南阳是二月河的源头,我对南阳、对南阳人有太深太厚的感情,永远不会离开南阳。
>
> ——二月河

二月河对"千古人龙"诸葛亮十分推崇。历史有着惊人的相似,而名人成才也有着惊人的相似,两个人虽祖籍不是南阳,却成长于南阳,皆与南阳有着很深的渊源,都在南阳走向成功。

一个是追寻楚风汉韵,以南阳人才辈出为楷模,淡泊名利,宁静致远,躬耕南阳,晴耕雨读,后受三顾之恩辅佐刘备三分天下,建立蜀汉基业,鞠躬尽瘁,死而后已,终成一代名相万古敬仰;一个是汲取龙岗灵气,为孔明少有大志所激励,春花秋月,冬寒夏暑,奋笔疾书,厚积薄发,终于创作出"帝王系列",名扬天下。

二月河先生病逝,本人敬撰挽联缅怀二月河老师:

淯水呜咽独山苍茫"南阳作家群"痛失文学巨匠；

南都文昌卧龙风流"帝王三部曲"终成旷古绝唱。

恍疑先生正"忙年"

时永兵

日落西山,帝王再无三部曲;水恨东逝,人间犹忆二月河。没了先生的南阳,似乎文化少了半壁;远走了先生的年,好像没了曾经的那种文化味。

多少年了,二月河先生给我们聊年俗,讲文化,致以新年的美好祝福,与我们一起乐呵,一起过年,我们熟视无睹,我们安心享受,成为常态。

"小孩小孩你别馋,过了腊八都是年。"那些年来,只要天空飘荡着诱人的年味,二月河先生就开始了比平素更紧张的"忙年"。

作为社旗县赊店古镇等历史名镇的文化顾问,他总要参加几次文化活动,以示重视尽责。为深度挖掘衙署文化和宣传扩大影响,内乡县衙聘请先生为县衙的形象大使,他爽快领受,尤其作为分内之事,凡有邀请,皆欣然前来捧场,来就讲话,格外支持。这些年来,年年春节前都要来走一走,看一看,说发展,说创新,说跨越。那年节前,内乡县衙举办楹联及官箴文化研讨会,二月河应邀参加,作为著名作家,更是众知共论造诣深厚的清史研究专家,他从两千多年郡县制政治文化角度,深刻阐述衙门文化对社会制度的保障意义,对社会阶层的平衡意义,对中华民族的贡献,让听众耳目一新。隔年,为推进宝天曼生态文化旅游区 5A 创建工作,先生前来参加,提出真知灼见。又年,内乡举办政府文艺成果奖颁奖盛典,先生高兴地参加,并精彩致辞,对内乡的文化艺术繁荣成果,赞不绝口,不吝美言,让人深受鼓舞和激励。再一年,河南电视台举办春节联欢晚会,内乡县衙是分会场,先生又专程来到县衙,解读"吃百姓之饭,穿百姓之衣"这副著名楹联,向全国人民和海外华人宣传推介内乡县衙、内乡文化。内乡人民对先生感恩备至,视其为最好的形象大使,最可亲的人。

作为"南阳形象大使"和"中原文化名片",省市区各级领导或委托或亲自到家看望慰问,致以新年问候美好祝愿,希望先生能多出好作品、多提宝贵意见,共同推动文化事业全面繁荣、文化产业快速发展。二月河说,南阳是最美的城市,这里山美水美人更美,正是依托了这块福地和文化热土,才有南阳文化事业的兴旺和"南阳作家群"的崛起,才在不经意间,绽开了二月河这盆花。是南阳的文化洇润人民关心,犹如一棵红薯蔓,肥足水美,就结了一大蔸红薯,形成了"南阳作家群",自己是其中较大的一个红薯而已。所以先生对南阳感情深厚,尽管有其他城市诚邀,但都被他一口拒绝了,缘于自己的根在南阳,非常愿意尽自己绵薄之力,一如既往地宣传推介南阳,为南阳的文化建设多做贡献。

年终岁尾,总结盘点。二月河总要接受各级媒体记者采访,作一番总结评价,成绩已然在身后,新年当是新境界、新进展、新贡献。一年来南阳本土作家不懈进取,创作了大量优秀作品,展示了不俗实力,在外的南阳籍作家也都成绩不菲,有目共睹,尤其我们南阳各级党委政府重视,推出各种举措,奖掖青年,激励向前,齐心力促文化大发展大繁荣,将鼓舞广大文艺工作者的创作热情,开辟南阳文艺事业新局面。希望作家深入改革大潮中,深入实际生活里,创作出不辜负时代的优秀作品,既安于一隅潜心提高,创新自我,也要高瞻远瞩眼光向外,像南水北调向外输送一江清流那样,也向外输出南阳文学和艺术,文化是南阳最美的城市符号,在国内外树立美好南阳形象,要为"人心思进、全民向善"做贡献。

河南电视台与南阳联办"孝道"讲座,二月河受邀讲孝文化:中国人最讲究什么? 无论春秋达意,抑或信史直述,只有两个字:"礼"与"孝"。清代是中国社会风景最茂时,叫作敬天法祖,这是最重要的精神内核。过年最讲孝道,要敬老尊亲。老吾老以及人之老,幼吾幼以及人之幼,是华夏民族最优良的传统。尊重老人就是尊重历史,就是尊重自己的过去,就是尊重我们民族的心理。现已进入老年社会,一对夫妻养活四个父母级的亲人,还要伺候八个爷奶辈的老人,这是不堪重负的压力。比较欣慰的是,全社会已经重视,开始着手从社会学的角度,从更广阔的角度、更高的层次来解决这个问题。

受成名之累,过年期间任务重要:签书。许多读者走亲访友带着先生的签字书觉得"高大上",先生签到手软并不烦,他真诚地说:普通读者跟我缘分不尽,还在读我的书,曲曲折折地寻我签名。这几乎成了我家的一道风景,也几乎成了南阳的人文风景。这么招读者喜爱,说明我的心血没有白抛洒。读者是上帝,为读者服务,累也没关系。当然,成天如此,对我的生活也造成了困扰和麻烦。但人家过年来找你,哪能拒绝?无奈中仍然不厌其烦地签着。

过年雅事送福字,送出人情和吉祥。二月河的朋友三江四海,有人来看望,或送来书法画作拜年时,他也大笔挥洒"福"字相赠,收到福字的朋友视为至宝,感到很幸福、很温暖、很幸运,因为他们知道,康熙有春节书"福"字送给至亲宠臣的传统,先生是"皇帝作家",那也是"御笔"哩,收藏价值不菲哩,更是先生的呵护和吉祥,是浓浓的人情味。

当然,忙里偷闲二月河也读书著文,案上放《十八家诗钞》,这是他很喜爱的书,有暇便读。他说里边有许多写南阳的诗,都很精彩。读一读,思一思,乐在其中。有感觉了,就躲在小楼,寻段幽静,写上一篇随笔。

二月河的"忙年",忙的为文化,显精神,是传承,愿弘扬,潜移默化的是民族传统文化发扬光大,亲力亲为是愿中原文化大发展大繁荣好梦成真。

树帜领军,一支笔写落霞曲;哀公驾鹤,二月河封飘雪声。今年的春节,没有了二月河,我们哀伤、心冷、颓废,这应违先生心愿,因为先生一直希望和要求大家"好好过日子",我们要努力、奋发、幸福,做到这样,就会感觉先生没有走远,就会看到南阳盆地处处,都有着先生的身影。二月河先生是我们南阳永志永远的、日益重要的、须臾不离的道德缩影和精神具象！

恍疑先生正"忙年"，先生与我们共在。

"落霞"光终在　二月河仍流

袁永强

一、惊闻噩耗

作为文学爱好者,一直对二月河先生充满敬意。最近几年多次有幸聆听先生讲座,受益匪浅,备感荣幸。

突然得到二月河先生于今天凌晨在北京去世的噩耗,我很不愿相信。我知道先生最近身体不太好,可是也不至于这么快就和我们分别。希望是网络误传。

后来《人民日报》《河南日报》的官网也证实了这个消息。我心里彻底绝望,如同看到《红楼梦》第九十五回"因讹成实元妃薨逝　以假混真宝玉疯癫"一样,悲泪难抑。

此时我再想到昨晚自己的怅然若失,难道是先生要走的预兆吗?

虽然我只是一棵文学小草,先生或许并不知道我,可是文学是相通的,也许先生昨晚已经告知了。

二、深受教诲

勤奋蛮拼的二月河。先生仅有高中文化,不是专业作家,可是靠自己勤奋好学、日积月累、坚持不懈,从研究《红楼梦》开始文学"硬着陆",修炼成为清史专家,终于写下经典巨著,一路走来,很不容易。

用先生的话说,写小说如同一个人在沙漠里穿行,寂寞艰难,辛苦万分,可是走出来就是成功。老师成名后依然笔耕不辍,创作了大量散文作品。先生是生命不息、写作不止,他用自己勤奋认真的写作态度诠释了一个作家的责任和担当。

他的康雍乾三部小说,宏大开阔的历史画面,深邃广博的社会内蕴,生动鲜明的人物形象,读后让人击节叫好。文笔之美,风格之快,人物之活,思维之密,永远是不朽的经典。

我尤其喜欢读《雍正王朝》,可以说是最精彩最励志的。在小说中可以感知先生博学多才、触类旁通、充满智慧的大家风范。

后来在中原大讲堂、《红楼梦》研讨会、青年作家培训班上听先生畅谈创作历程、明清历史、反腐故事、红楼遗事,还有对当下文学创作方向的指导,都让人深受鼓励。

在中纪委《聆听大家》专栏,先生关于廉政的发言,引经据典、语重心长,金科玉律般的良言慧语,洞察社会之深刻,剖析腐败之恶劣,教人为善之真诚,让人折服,深受教益。

先生很是操心和焦急南阳文学队伍培养,他说"南阳作家群"是个响亮的名片,可是如今青黄不接,后续队伍跟不上。他勉励大家不要急,要耐得寂寞,脚步沉稳,精耕细作,砥砺前行,功到自成。

他说"南阳作家群"终要过去,二月河也终要过去,希望在年轻的一代。希望大家好好努力,超越二月河,成为更多的三月河、四月河。

三、领军人物

善良慈爱的二月河。先生衣着随便,生活勤俭,和善待人,豁达大度,树立了一个大家新标杆:无偿为南阳作者和文学爱好者出书作序,资助出书困难的文艺团队,为希望工程捐款,抱病到全国各地为宣传推介南阳……他的善良比地宽厚,他的热情比火焰浓烈,谁有困难他都热心帮助,可谓良师益友。

谦虚低调的二月河。成名后的二月河永远是"夹着尾巴做人"。有企业家送他别墅,他拒绝了,一直住农家小院;有年轻女子主动要为他服侍终老,他坚决辞去"美意",和老伴不离不弃;有人夸他的小说超越了《红楼梦》,他很是冷静,视为看重;当他乘车,司机认出是他后坚决不要车钱,他就把书本送给司机作为弥补……这就是谦虚低调的二月河,水低成海,人低成王。他高调做事、低调做人的风格永远值得人们学习。

淡泊名利的二月河。二月河先生本色做人,对名利看得很轻。靠着作品的版税收入先生也算很有钱了,可是他不忘初心,生活简单,几乎和老百姓差不多。他平易近人,没有架子,对遇到的每个南阳人都很客气。当制作人改编他的小说为电视剧时,问他要多少费用,他笑呵呵说七八万吧,制作人最终给他 15 万元。后来一问才知道最少也要 100 万元,很多作家为他惋惜,说要得太少了。他又是笑着说,这 15 万元就不错了,就如同穷人家过年撞着只兔子,也是很高兴啊。因为淡泊所以快乐,因为有一颗平常心,先生更加伟大。

四、情系宛城

二月河先生为人正直、学养精深、德艺双馨,为我们树立了一座文学高峰。他关心社会、善良质朴、平易近人,用自己的实际行动谱写人间大爱。

尤其是他不忘初心,古道热肠,无私奉献,最近几年,虽然他身体不太好,但是为宣传南阳、社会公益、人才培养等奔波劳累、不遗余力,连续三年到宛城区作讲座,为宛城区发展倾注了一腔深情。

2015 年 7 月 14 日,先生不顾年事已高,应邀为宛城区干部作题为《用官德文化给贪官招魂》的专题辅导讲座。

"弘扬民族文化,传承华夏文明,发挥文化优势,用官德文化规范做官的动机,用官德文化把贪官失去的魂招回来……

"为官者要洁身自好,对得起政府发的工资,也就是要爱惜自己的'羽毛'。

"小时候,妈妈告诉我,做人要对得起自己,对得起父母,成家后要对得起家庭。妈妈的话一直影响着我,我今天用我自身的经历告诉大家,也就是用我的实际行动践行'三严三实'。

"我们现在开展'三严三实'专题教育,与之前的党的群众路线教育实践活动、反腐倡廉等重点工作都是一脉相承的,是在社会主义建设大潮中构建共产党人健康灵魂的一项重要举措。

"我们要学习焦裕禄、文天祥,为官不应该考虑发财,应该考虑为人民做更多的事情,造福人类。

"当然,这种境界的人不多,但我们要学做这种境界的人。"

先生博古通今深入浅出娓娓道来,句句皆金玉良言,震撼人心,为宛城区干部再树廉吏标杆,时刻告诫教育激励着党员干部一心为民,清正廉洁,勤政务实。

先生在宛城区畅谈范蠡思想推动文化强区,开启了专业化研究范蠡思想和文化的新征程,对范蠡"商道"文化走向全国乃至全球将产生积极的影响。

他抱病参加全国岗位学雷锋标兵、宛城区科技局局长陈增喜精神专题研讨会,深情地说,关于陈增喜的报道,我很受感动,很受启发。陈增喜同志是个有情有义的人,在一个岗位上奋斗几十年如一日,实实在在为民,不求名不求利,为南阳人民能吃饱饭、过上幸福日子,他付出了无数心血和汗水,以一连串扎实的科技轨迹,回答了当今时代给每个人提出的时代考题。在百舸争流的今天,发挥了一个知识分子的人生价值。

五、曲终人在

生未必欢，死未必哀，君子知命随分守时而已……

"写作是一件又苦又累，但是同时也是一件非常愉快的事情，每天晚上我写到三点，在写作过程当中，写到有意思的地方，自己也是可以会心一笑，可以从中得到应有的愉快。

"写作不是纯粹的苦，写作对于一个人来讲，是实现自己的愿望的一个过程，同时也是完成自己欣赏力度和欣赏能力的这么一个过程……"

二月河先生说的这几句话，朴实深刻，语重心长，读之让人落泪。

先生不愧是一条开阔广大、波涛汹涌、奔流不息的大河，包容一切，惠及苍生。先生又如璀璨绚烂的落霞，阳光普照，把文艺的光芒和热力洒向人间。先生的一生，是大写大气的一生。

"凡有柳井处，必读二月河。"先生为时代和后人留下皇皇巨著，他属于全中国、全世界。

二月河先生虽然走了，可是他永远活在人们心里。

落霞光终在，二月河仍流。

慎终追远，道路漫漫。让我们继承二月河先生的遗志，投身火热的工作和生活中去，我手写我心，讴歌新时代，弘扬真善美，为中华民族的伟大复兴贡献应有力量。

"食前方丈"二月河

李权

20世纪70年代初,北京东城区王府井大街有一家"湘蜀饭店",以地方特色菜出名。那年秋日的一天饭时,有位魁梧壮硕面相憨厚的军人,噔噔大步走了进来,掏出钱钞和全国通用粮票:"服务员同志,我点菜。"他要了一个鸡肉丝、腊肠之类的拼盘,一盘拌黄瓜,一盘素炒鸡蛋,一盘豆腐条,一钵鸡蛋西红柿汤,四个"垫菜"一份汤,还点了一壶米酒,主饭是一斤二两粮票的水饺,那盘子足有一尺来长,垛得高高满满的,再加上茶壶杯碗酱醋碟子,面前的方桌子上摆得严严实实的,真是"食前方丈",好生气派。服务员开始还以为是数人聚餐,没想到转身之间,却见这位解放军同志独自大吃大嚼,鲸吞虎噬,风卷残云,酣畅淋漓,盆净钵光,把那些个北京娇花弱柳样的小姑娘惊得目瞪口呆,继而都笑得花枝乱摇。那位军人不以为意,认真地说:"你们笑什么?要不是省钱,我还能再喝一钵汤呢!"假若服务员知道面对的就是日后"一朝成名天下闻"的"皇帝作家"二月河,更得杏眼圆睁柳眉攒起瞠目结舌了。原来,年轻力壮尚值二十四五岁的解放军某部干事凌解放(二月河),风尘仆仆从辽宁到北京出差,他在总后勤部机关很顺利地办完了事,心情爽快,就想大吃一顿,犒劳自己。

二月河不仅"特别能战斗,特别能吃苦",也"特别能吃饭"。以前为

— 218 —

尊者讳,似乎只能说"能干",说到"能吃"就如何如何。其实,"能吃"是二月河自己亲口承认并写下文字发表的"定论",在他心中,"能吃"是"能干"的物质基础,这并不是什么缺点或难言之隐,顿餐斗米,那是本事。

二月河感谢父母,父亲一直教导子女:

"孩子,只有吃进肚子里的东西,才真正是你的,别的一切都要扔掉。你要学薛仁贵,顿餐斗米,才会有力气做事。

"我们不要奢侈,其实我们也奢侈不起来。不管好歹,一定要吃饱,人的高下不在衣装上比。

"你将来可能会遇到各种场合,见到各种人物。不管是谁,再大的官,一道吃饭不要空着肚子忍。

"组织上给我工资做什么? 不是叫我发财的,也不是叫我穿得花花的,是要我保证有个好身体,好做工作——要有这个清醒认识。"

这些话幼时二月河不完全懂,但他觉得父母的话新鲜,实惠,得劲。不就是吃饭嘛,这任务好完成,他把父母的话牢记心中,无论在哪里,干什么,身体力行去做到。

父母对吃不加讲究,认为只要吃饱就中,但他们认为吃饭是件幸福的事。父母早年参加八路军,与日寇作战,风餐露宿,随时行动,他们经常转战深山野林,藏身古墓荒沟,居无定所,三两天吃不上饭是常事,吃上顿不知下顿在哪儿,脑袋拎在手里,随时会"光荣",今天吃一顿不知明天能否还能安然再吃上,故只要有饭,就大吃海喝,争取一次吃个够,最好能管上三两天。

二月河在《密云不雨》中写了一件母亲回忆吃饭的事:

1944 年,我刚参加工作头一年年三十,在区妇救会,我们几个女同志一起。上头分配来二斤肉,都高兴得不得了,商量着吃饺子。

刚把面和好,肉还没剁,正切葱,外头一阵狗咬(叫),接着听见三四声枪响。我回头赶紧一口吹熄了灯。

几个人黑地里紧收拾,面、菜、肉一包,噌噌地都跑出来上山。

我们到山上一个破庙里,接着过年,把庙门摘下来当面板,揉面、剁馅,也不敢点灯,怕下头敌人照见动静。

刚支起锅点着火,山底下又是几声枪响,接着听见下头敌人嚷嚷:"在上头!女八路在上头!在庙里——冲上去,抓活的呀!"

我们几个又是一个"紧收拾",抬腿就跑。跑到天快明,到北界都玉皇庙,才算安定住,支锅包饺子,吃完饭天已经大亮。虽然一夜紧张,我们总算吃上了饺子,大家心里很高兴,只是异样,饺子馅怎么剁得那么粗?第二天返回头一个小庙里看,剁馅的门板上厚厚一层牛粪,只剁馅那一小块凹下去了露出木头。

父母认为:能吃,吃好,才有基础干,才能保障干好。父母重视孩子的吃饭,作为大事,分外认真,即便孩子犯了错,要挨打,这时尚未开饭,那就没事,因为挨批评影响心情就影响吃饭效果,即便挨打,也得耐心等到放下饭碗后才祭家法。

幼时的二月河好吃,善吃,能吃,在众亲朋处是有名的。母亲曾不止一次笑说"解放是个吃僧",是个"吃谷堆嘴"。母亲是正话反说,贬中有着浓浓的对儿子的褒义嘉许。二月河比同龄人饭量要大些,母亲每次做饭,一做就是一大盆,二月河一个人比个大人还能吃。"半大小子,吃穷老子",而他并没有吃穷老子,还因能吃而得到父母夸奖。父母是职业革命者,名利看淡,所以,对二月河的学业要求不高,只希望儿子能健康长成大小伙子就中。那时家中情形经常这样:解放一碗刚了,接着又是一碗,母亲还要把自己碗里的饭菜再拨一些到儿子碗里。三餐之余,晚上母亲加班熬夜了,就叫二月河去买"火烧馍",母亲吃一个,解放吃两个。发工资了,手头宽绰,改善生活,到机关食堂去打肉菜,常常要端个大脸盆——二月河太能吃了。能吃与能干确有联系,十来岁的二月河,就能当成个劳力帮父母干活,父亲种树浇菜或母亲洗衣要用水,二月河一手一桶,提着两桶水行走自如,健步如飞。凌妈妈高兴地说:"看,解放真有劲,拎两桶水像拎棉花包。"

二月河特别爱吃母亲做的"头脑饺子",馅是这样的:炒两个鸡蛋剁碎,豆腐切得米粒一样大,加上碎葱、姜末、碎韭菜,拌上作料,再加上香油。母亲自擀皮儿自己包,绝对不要别人插手。母亲包的饺子像是机器做的,个个一模一样,都是拇指大小,一排排像士兵一样站在写字桌上。接着再炒"头脑",细葱姜用油煸一煸,加上豆腐、胡萝卜、几根粉条,加水,滚了再加糖,端下来放在一边,再重锅煮饺子。这个饭从来没在夏天做过,都是冬天,这一炒一煮,满屋都是雾一样的"白气",弥漫着扑鼻的香。屋子里通红的煤火,暖融融的,真有说不上来的温馨。星期天,值班的都在前院,这个东厢房里充满的是母子情味。母亲做的"头脑饺子",二月河每次都是"冒尖儿三大碗",现在回想起来,依然是氤氲不尽的香味。

还有母亲做的"拨鱼儿":铁锅坐在煤火炉上,把切成丁的豆腐、红萝卜和菠菜煮进去,母亲坐在火炉边,用筷子搅面糊,黏糊糊的,一直搅得非常匀,然后用筷子压着碗边,一点一点把面抿成小细条拨进翻花大滚的锅里,最后用筷子蘸一点香油,也就那么几滴,立刻满屋子鲜香四溢,这就是山西名吃"拨鱼儿",也叫"剔尖",那吃起来叫个美,二月河掂起碗就不忍放下,狼吞虎咽,肚儿溜圆。

二月河幼时"能吃",还吃出"事故"(不是故事)来。有一次母亲开会,将他托付给公安局的一位叔叔管照,叔叔带他到食堂吃饭。那次吃的是拉面,正合爱吃面的二月河胃口,平常在家都是萝卜白菜,李逵语"口里都淡出个鸟来",这次口味新鲜,还有肉卤、油炝肉末,那个香啊,他就放开了吃,一碗两碗三碗……那个年轻的警察叔叔没有带孩子的经验,想不到小孩子这么能吃,也动了好奇心,想看小家伙到底能吃多少,只要二月河要,就"再添一碗",不停地添,结果小解放就吃坏了——急性胃扩张,实话表述难听,就是"撑坏了",吃药化食,输水消炎,踏踏实实住了三天院。

二月河到部队,工作的性质迫使他更能吃了:先是推翻斗车,运石头,砌汾河堤岸,建设营区;接着是抱风枪钻眼,填满炸药装上雷管,爆破作业后,再往外运碎石,往内送沙子水泥,护顶砌墙;随后,到塞外下煤矿,每天推连煤带车共两吨重的载车,一个班共得出煤 100 吨,那不是一般的劳其筋骨,可以想象得出是多么高强度的劳动。二月河就得大吃海吃,吃不够数,干活时一消耗,力气就跟不上。以能吃为基础,二月河虎背熊腰,孔武有力，无论汾河滩上砌堤岸，还是开洞建国防工程，塞北钻地底挖煤，都圆满完成任务，深得领导嘉许。

1969年底，二月河从煤井上来，不再挖煤，调入机关工作。有一次吃馒头，他大快朵颐，惹得周围的人都停住了口，满脸惊奇地围观他。同事给他端来一大盘子馒头："你到底能吃多少，今天测验你一下。"结果是：二两半的大个馒头九个，外加三大碗蘑菇炖肉汤，他轻松地消灭掉，让久在机关了无生气的战友们看得目瞪口呆，政治处主任见状，赞之：豪吃客。

"顿餐斗米"的气概，养就二月河一副强健的身板，保障工作需要。曾经他一人包揽总后勤部在其部队召开的现场会的会议简报，白天开会，听报告，参与讨论，写报道材料，晚上整理会议简报，刻字（用铁笔在蜡纸上刻），油印报。一人写，一人刻，再用油印机自己印400份，第二天会前发到会议代表和领导手中，然后再参加会、听讨论……这样衣不解带连干七天七夜，只能偶尔歪在椅子上假寐一会儿。这样能熬，"能踢能咬"，相信没几个人做得到，没有吃之基础，强健之魄，绝对受不了。

写作"落霞三部曲"，那更是心神俱疲的高强度脑力劳动。许多时候脑力劳动比体力劳动更累人——体力劳动之后，躺下睡一大觉，体力就能恢复，而脑力劳动则未必。二月河自己说是穿越撒哈拉大沙漠，鲁钊认为那是攀登珠穆朗玛雪峰，需要足够的物质、营养等保障。二月河夫人每隔三五天，都要买只鸡，炖上土豆，让他大快朵颐；或是两斤牛肉，几碗米酒下肚，马上疲惫顿消，精神抖擞，运笔如飞。夫人为了二月河能保证营养，就节衣缩食，省钱让他吃好，想方设法为他改善生活，调剂伙食。二月河爱吃米，夫人就蒸米，配以熘肥肠、红烧肉；他想吃面，夫人就做捞面条，肉末配椒丝浇面，二月河狼吞虎咽，十口八口就是一大海碗，胃口大开，分外舒服。吃为二月河写作皇皇巨著奠定了基础。他白天要正常上班，只能利用空余时间创作，每天夜晚九点半写到凌晨三点，早上七点钟起床，还要送孩子上学，上班——这不是三天两天、三个两个星期，也不是三个月两个月，而是——整整二十年，吃不好准得累死。

二月河一脸佛像，特别爱笑，整天喜眯眯乐呵呵的，和谁都谈得来，什么事都想得开，任何时候都能做到得意淡然，失意泰然。大作横空出世、红透海内外后,生活中的他依旧不讲究穿戴,不修边幅,在吃喝上仍然不讲究,不矜持,不追求。有一年他应邀去某高校讲学,学校领导中午请他吃饭,大概是饭菜比较对口味,吃得多,也吃得舒心,真正是酣畅淋漓,衣服前襟上滴沾了不少油渍,看着很不雅观。下午做报告时,他灵机一动,把衣服前后对换了一下。听报告的师生摩肩接踵济济一堂,竟然谁也没有看出来,有人还以为是大作家穿着时髦服装呢。回去后他把这件事讲给家人听,家人笑得直不起腰,他还扬扬得意地说:"怎么样?我的聪明才智、我的随机应变无人可比吧?"正是:美酒入豪肠,微醺换服装。观者谓时髦,谁知是原样。

二月河吃得痛快,吃得精彩,他把"落霞三部曲"中有关皇帝显臣的"吃场"也写得分外精彩,朋友若有兴趣,可以在阅读二月河作品时加以注意。

此时,我们祈愿先生在天国,也能始终"保持状态",永远都是牙口倍好,胃肠倍棒,风卷残云,钵净盆光,大嚼特嚼,无忌无殇,吃嘛嘛香,吃得舒畅,笑口常开,如意吉祥。

笔端写尽帝王事　胸中盛满人间情

梁珊珊

2018 年的最后一个月,噩耗传来:文坛泰斗二月河于 15 日凌晨在北京逝世,传奇谢幕。

《文化十分》曾就"十九大精神大家谈"的话题采访过二月河。可是当记者再次拨通那个熟悉的手机号码,电话那头却再也不能传出老爷子那一口亲切朴实的河南话时,我们才终于确信了这个消息……

接地气的"二老师"

"帝王系列"被拍成各种热播影视剧后,二月河也红遍半边天,但这位"帝王作家"大部分时间却居住在河南南阳的一座农家小院中。

那是 20 世纪七八十年代的一座老院子,红砖,一百多平米,院内很幽静,绿油油的爬山虎爬满了墙根。

成名后,当地好几个老板提出要送二月河别墅,但都被二月河拒绝了。

他说,长达几十年的埋头写作,使他习惯了在幽静的环境中生活,反而不喜欢大城市喧闹的生活。所以,即便如今经济条件好了,他还是喜欢居住在安静的小院中,生活和当地普通老百姓的生活没什么两样。"几十年的习惯,很难改变。"

二月河祖籍山西昔阳,但他却对南阳感情深厚,从 13 岁跟随父母来
到南阳之后,除了当兵十年他就再未离开。他喜欢这里的人情味,他离不
开南阳。为此,他多次拒绝了省里的邀请和任命,这次要不是病情加重,
他断然不会到北京住院。

二月河喜欢散步,每天能走十里地,一路上,就跟卖菜的、修自行车
的、钉鞋的人打招呼,大伙儿叫他"二老师"或"凌爷爷"。

二月河说,作家哪能总在高楼里坐着,不接地气,怎么能写得出好作
品?

生活中,二月河不修边幅,穿衣服也没什么讲究,即便出席正式场合,
也很少穿西装。用他的话说,常常"穿着有点邋遢但却很适意的毛衣或衬
衣到街上散步"。好友秦俊回忆,前些年几乎没见过二月河穿皮鞋,都是
一水的布鞋。

对于物质生活不讲究,自然对于金钱也看得很淡泊。

至今还流传着关于某电视剧改编的一段故事。当时制片方找到二月
河来谈版权费,让他开个价,二月河说七八万吧,制片方笑了,拍了 15 万
在桌子上,签走了改编权。原来,制片方本以为要花上百万的费用,这 15
万就是当初设想的订金数额。

后来秦俊找二月河求证此事,二月河没有半点惋惜之意,笑笑说:"我
就觉得出个书嘛,哪知道还能改编成电视剧。这事跟过年逮兔子似的,天
外来财,我转手就捐给希望工程了。"

二月河重新解读"康雍乾"

二月河创作的"落霞三部曲",如今看来,依旧是历史小说中难以逾
越的高峰。

这些小说用的是章回体,中国最古老的小说架构。因为遍读诸子百
家、经史典籍,二月河的创作也深受中国古典文学的影响。

在思想内容上,二月河创作"帝王系列"之前,皇帝的形象还大多停

留在"封建君主、地主阶级的总代言人"上，根本不被作为正面人物来描写和颂扬。但二月河跳出了这个束缚，站在人类大历史中，重新去思考、解读人物。

编辑要求一定把康熙的阴险毒辣、残忍暴虐写足，但二月河坚持自己的创作理念：康熙雄才大略，为中国历史做出过大贡献。"我写康熙大帝，就要把这个'大'字写足。"

过去雍正在人们心目中阴狠冷峻，睚眦必报，抄家抄得文武大臣人人自危，逼死生身母亲，兄弟们也或杀或黜或圈……但二月河耐心细致地搜集阅读了《清史稿》、清人笔记和故宫档案史料等大量文献，得出一个石破天惊的结论：雍正是个少有的勤政为民的好皇帝！

在二月河的小说中，我们既能够看到一代帝王的残忍和残暴，也能看到他们在历史上不可替代的功劳和伟绩。

作家何建明说，二月河写皇帝，是把他们还原成了"实实在在的人"。他们身上既有人性中善的一面，又有恶的一面，还有身为帝王苦恼的一面。

从这些古代帝王的形象中，我们更能理解一个国家是怎样组成的，一个政权是怎样兴旺、衰弱、衰败的，一个时代又是怎样终结的。

进一步，通过这些历史经验和历史人物，我们还可以看到今天，看到未来，看到我们民族，也可以看到整个世界。

所以，尽管二月河写的是历史题材，但他还不失为一位现实主义作家。这是二月河特别强大的地方。

评论界对他的作品也给予了高度评价："《雍正皇帝》可以说是自《红楼梦》以来，最具思想与艺术光彩、最具可读性同时也最为耐读的中国长篇历史小说，称之为五十年不遇甚至百年不遇的佳作并不夸张。"

以小说家眼光说反腐

历史小说家之外，二月河还有一个身份广为人知：反腐作家。他有关反腐的金句让很多人津津乐道："腐败是'糖尿病'，会使国家、社会变得极其脆弱。""蛟龙愤怒,鱼鳖惊慌,春雷一击,震撼四野。"

有人说他是文学界"反腐第一人",因为在他的作品中,生动记述了宫廷的、朝野的腐败与反腐败的历史故事。

2014年做客中纪委的访谈,二月河提到,他也曾想通过当官有所作为,在走上文学道路后这种想法转变了。十多年前河南省委组织部找他谈话,说想让他当省文联主席。二月河跟他们讲,"我不能管事、不能管人,又不能管钱,你叫我来干什么?"

虽未从政,但二月河对社会现实的关照却从未放下。

他甚至出版过一部反腐文集《二月河说反腐》。

二月河说,腐败是一种反人类、私欲极度膨胀的社会问题。他指出二十四史里面,没有一个时代、一个时期曾经有过现在这样的反腐力度。如果有的话,也只是在某一层面或者一个阶层,甚至是在几人中间发生过。

如今斯人已逝,唯愿一路走好!

在爬满青藤的小院感受文化光照

乔峰

二月河先生去世,引起全国文坛震动,身居南阳的我们,更是悲痛不已,有关先生的点点记忆,不断在脑海中漂。

最早知道二月河,是小时候在广播中听到的。那时候赵维莉正在郑州人民广播电台演播评书,听了她讲的《三八线枪声》和《萍踪侠影》,然后就很自然地追着听了她演播的《康熙大帝》。这部小说情节生动,引人入胜,让人听了欲罢不能。彼时,作者"二月河"这个古典大气的名字便深深地刻在我脑海中。但那会儿并不知道他是南阳人。

2011年秋,我与媒体朋友共同策划了南阳首届城市文化高峰论坛,邀请知名作家、文化学者出席。在论坛上,我首次见到了先生本人,并聆听了他关于"文化和民族精神"的演讲:一个国家不能光迷信GDP,内涵丰富的人文精神,才是民族凝聚力和创造力的重要源泉。他说,现在"以人为本"的社会思想提供了文化发展的宽松环境,全民的参与滋润了文化的土壤。在这样的文化沃土上,我们有理由期待文化的灿烂夺目。

二月河讲述了二战后波兰废墟上盛开玫瑰花的故事,这朵玫瑰花就代表着人文精神。文化塑造民族之魂,文化塑造国家之魂,文化塑造城市之魂,文化塑造企业之魂,我们要推动经济、社会大繁荣,就要在人民心中栽培文化之花。

说实话,二月河先生的样貌很普通,走到大街上不会被别人注意,但是他就是我们景仰的文化学者。他厚积后发,携着"帝王三部曲"横空出世,震撼文坛。

有人说,凡是有华人的地方,就有二月河的书,一点都不夸张。由美国《世界日报》、法国《欧洲时报》等32家华文媒体共同发起的"中国当代文坛八大家"评选活动揭晓,余秋雨、琼瑶、金庸、二月河等八位作家共获殊荣。这些作家,或雅或俗,但都以其深厚的传统文化造诣,扎根在读者心中。

在那次论坛之后,因为工作关系,我到二月河先生的家里拜访。

在白河岸边,小巷很幽静,有许多藤蔓爬上墙头,院子很普通,依然保持着20世纪80年代院落的模样,没有刻意的修饰,更没有赋予小院新时代的特征,院中没有名贵花草,它们都很普通,长得也很随意,甚至还种着一些蔬菜,正如先生低调为人一样。但是,让人分明感觉到很强的文化气场。我想,谁有福气和先生为邻,或和先生同走那狭窄的巷道,即便不说话,一年半载,也能熏陶出诗书气质来。

先生的屋内空间更是逼仄,但是书香味浓厚。因为来时给先生带了一件小礼品,我把事情说完后辞行时,先生在屋内四处寻找,口中念叨说,送你什么礼物好呢? 送什么我都不会要的,可是先生拿出了他刚刚出版的新书《随性随缘》,并认真地签上"乔峰先生惠存"和先生的大名,这就让我不能推辞了,甚至感觉幸福来得太突然。

2013年的春天,第三次和二月河先生见面。万木葱茏,百花争艳,小院里依然静谧,只是春意益然,清新一片。

我把携带的《印象明伦》奉给先生审阅,并请先生为刊物题词。先生思忖着题什么好。我说,以前听过先生演讲,您关于"文化"和"玫瑰花"的论述我很喜欢。

先生欣然命笔,写下"文化是人民心中永不凋谢的玫瑰",然后落款并用章。我拿着先生的题词和《印象明伦》,高兴地和先生合影留念。

在先生的小院里,以各种绿色植物为背景,大家纷纷和先生合影,此时的二月河,全然一位和蔼的长者,没有丝毫的推辞和不悦。为了不过多打扰先生，我们早早离开了。

再次叨扰先生，是我的个人文集《深水炸弹的两种感觉》，我先做出一本样书，想让先生为我作序。我怕先生对我印象不深，特意请先生的弟子鲁钊引荐拜访。说起前两次拜见，先生说还有印象，欣然同意为我的文集作序，令我倍生感动。那是 2013 年的夏天，先生穿一件家常的白色短袖汗衫，亲切朴实。

2016 年，又是春天。南阳青年作家策划出版《南阳文化江湖》系列图书，我们携带样书，到先生家里请求指导。其时，先生身体状况不太好，同时访客较多，他把样书翻翻，肯定了我们的工作，但是他明确地说，他已经动不了笔了，眼睛也已昏花。我们非常理解先生，小心翼翼地向先生介绍了发起众筹出版《南阳文化江湖》系列图书的初衷，请先生给以指导与评价。先生听说这是文友们众筹出版，收录了近百位南阳青年作家的代表作之后，说，这可以代表南阳新生代文学力量，是南阳文化新气象，展现了南阳青年作家的文化担当，是民间文学的自觉和创新。

先生同意我们把他的评价用书面形式记录下来，作为序言。这令我们欣喜万分。第二天，我带着手稿到先生家。他仔细看了看，笑着说：嗯，是我的意思。然后郑重地在文稿上签上他的名字。

先生和我非亲非故，并无其他深交，但能得到他的如此善待，不厌其烦地提携关照，我已经没有办法用言语来表达自己的心情了。他不但是一位受全国读者喜欢、受海内外关注的作家，而且是一位难能可贵的人生导师。他言语不多，但他用他的行动体现高贵品格，他穿着普通，生活简陋，但他足以令许许多多所谓的"文人雅士""明星富豪"黯然失色。

走出小院，我的心情一片轻盈。

如今，先生不在了，他的小院空了。作为普通人，因为文化结缘，能够几次叩开那座小院的大门，和先生见面，这成为我人生最弥足珍贵的经历。先生走了，他的思想和他的人格的光辉，会永远留在这片大地。

跟二月河聊天

孙勇

跟二月河聊天,说"康雍乾"是很自然的事儿。因为清朝的这三位皇帝不但让二月河写"活"了,也因为这三位皇帝,二月河由一名军转干部成长为著名作家。

二月河说,我是在写小说,不是在抄写历史,根本就不存在争议,我只要掌握住大的史料原则,大的历史背景和事件不会错,一些细节性的事情就由我自己来定了。比如剪除功高盖主的逆臣鳌拜,比如康熙征讨葛尔丹,比如削三藩等,这些历史事实绝对真实可靠,但在处理人物内心活动的时候,史书里没有记录,只有我二月河出面解决了。当然,这里头就根据历史人物的发展变化融入些我个人的想法。再一点我不是搞学术研究的,我是在写小说,小说最大的特点之一就是可以虚构。

二月河说,我的小说一经推出就被学术界骂得狗血淋头,特别是小说被改编成电视剧在中央电视台播放后,骂我的唾沫星子满天飞。我之所以没有回应是因为我早就考虑到会有这么个结果。再一点是我从内心深处也还是感谢多一些,反感少一些,为什么?因为这起码说明我的书这些学术界的专家还是认真看了的。

我欣赏二月河的坦率。谈到激动处,我看到二月河脸红脖子粗的样子,就想起二月河的小同乡、我的同事木子描绘二月河时说过的一句话，"二月河就像俺村杀猪的屠夫"，便禁不住笑出了声。二月河问我笑啥，我赶紧转移话题，扯了扯二月河已经褪色的 T 恤衫，说别把钱都捐献给了希望工程，留俩子儿买件新衣裳吧，你现在是公众人物，得注意公众形象哩。二月河说这么多年都过去了也习惯了，说那年受邀到马来西亚作演讲，人家是大富豪，请咱到家里吃了顿饭，四菜一汤都很家常，那么富有的人，穿着也很平常，尤其是穿的拖鞋，比大街上民工穿的拖鞋好不到哪儿去，但人家做慈善工作却从不含糊。回国后我琢磨出一个理儿，眼前的财富都是经过艰苦创业努力奋斗挣回来的，不舍得浪费掉啊……我伸出大拇指赶紧把话题拉回来，说"康雍乾"给我的最大体会就是有《红楼梦》的影子，尤其是对人物的穿着及饮食方面的描写，很细腻，至今没有人在这方面提出过疑问。二月河的情绪立刻激动起来，说你看电视剧里头住客栈的人退房时，都是从怀里掏出一锭银子往桌子上一拍就走了，或拿出几个金瓜子往柜台上一摆，谁见过店老板找零钱的？其实作者包括导演在内的当事人根本就不懂得银子怎么用、金子是怎么个花法。二月河说我从不糊弄读者，为了这个细节，我翻阅了不同朝代货币流通的大量资料，这些在我的文字中都有体现，包括金庸老先生也没有我写得细心……

提到金庸先生，我想起了二月河在多个场合说过的一句话，就问，听说你说过"金庸是天才，二月河是人才"，人家金庸写了一系列的武侠小说现在还在写，听说你完成"康雍乾"就搁笔了，这怎么能跟人家金庸比。二月河说完成了"康雍乾"后脑子也不好使了，身体跟不上啊，要是让我再年轻 20 岁……今后也只能写点随笔了。

二月河是一位心性极高、性格铿锵的作家。心性极高在于他敢爆冷门、追求独特、善于创新的思想，性格铿锵在于他敢作敢为、孤注一掷、有始有终的精神。明知山有虎偏向虎山行。二月河在创作之初，深知自己年届不惑，"路途正长，来日苦短"（二月河语），但却抱定了创作目标，并以惊人的毅力，撇开环境的影响，竟一笔一画地写出了 500 多万字。"落霞三部曲"一经推出，便被读者所认可，便被世界华人所迷恋，便被外国朋友所倾情，就是很好的证明。实际上无须证明，事实就摆在眼前。然而二月河并不否定"这是一条铺满鲜花的路、充满浪漫梦幻的路,著作典型流香后世",但他更知道"读者是太难注意到作者脚底的血泡了"。

二月河与树结缘

杜思高

　　春回大地万物复苏，阳光明媚生机勃发，神州大地到处都有务林人植树的忙碌身影。近来读《直面"皇叔"二月河》一书，仿若零距离目睹了这位"皇帝作家"的举手投足，一颦一笑。不由得想起关于二月河与树结缘的两个真实故事。

　　年少时的二月河身体健硕结实，十来岁时，就能帮父母干活。每当父亲种树浇菜或母亲洗衣时，二月河一手提一桶水，目不斜视，健步如飞。他母亲高兴地说："看，解放真有劲儿，提两桶水就像拎棉花包似的。"

　　二月河的父亲凌尔文是位老革命，战争年代出生入死，辗转南北。后来根据组织安排，凌尔文到南阳从事革命工作。繁忙的工作并没有阻碍他对自然的热爱，对美的追求。利用工作之余的休闲时间，凌尔文在自家门前空地上建起了花园。春天，父亲把二月河带到郊外，寻找野艾，移回来栽在园子里，长大了嫁接菊花。他们扦插培植各种树苗。果树苗有桃树、杏树、梨树、无花果，花木有月季、桂花、芍药、指甲花以及常青的小松树、柏树等。凌尔文的嫁接技术很好，枝接、劈接、芽接相当熟练，尤其擅长嫁接桂花。他把桂树皮削掉半边，把母本贴上，用草绳绑紧，再用塑料袋子包上湿沙土严严实实裹在嫁接部位，以促进愈合。第二年春天，在嫁接的部位把母本桂花原枝剪断。这种办法虽然很土，但很实用，接一棵活一棵。母亲则不失时机地开导儿子，说："桂花是丛生，要想成材，必须剪断侧枝和其他分杈，否则就长不成大树。人要学习，转换自己、发展自己。"父亲的爱好和母亲的话，影响了二月河一生，耳濡目染中，他不自觉地喜欢上了树木。

1999年春天，已经享誉海内外的二月河在悠然散步时，顺便来到一墙之隔的南阳市林业局。当时正是银杏树受追捧之际。银杏树又称公孙树、白果树，俗话说"桃三杏四梨五年，要吃白果一百年"。银杏树生长缓慢，结果更是难，常种在庙堂，以喻长生不老。现代人通过嫁接，过去上百年结果的银杏树三五年即可挂果。银杏树全身是宝，具有观赏、经济、药用等价值。凌氏父子也很喜爱银杏树。这天，二月河来到南阳林业局寻求银杏树苗，要送给80多岁的老父亲栽。在楼道里，我们相遇了。那时我还是个文学爱好者，听过二月河讲的课。他还给我题词"知学问博大，戒妄自菲薄"，但他未必能记得我这个后生。我急忙迎上去，把二月河领到局长贺国勤同志的办公室。二月河为人极豪爽，直奔主题，二人相谈甚欢。

第二天上午，贺局长让我把三株近2米高的银杏嫁接苗送到了"凌府"。此时，初春的阳光金灿灿的，如水般泼向大地，让人心生兴奋。"凌府"是一栋二层小楼，红砖墙，勾白缝，有一方小院。院内种着蒜苗、白菜，在早春里青葱碧绿。一株葡萄有擀面杖粗，藤蔓纵横，在院子上空交织，等待着绽叶吐翠。二月河像迎接宝贝一样接过银杏苗，小心地放在院子一角，说："好，谢谢国勤，我下午就送过去种。"我给他讲了种植要领，他连连点头。

2005年3月20日，在北京开完"两会"后，二月河不顾身体疲惫，直奔独山植树。独山是南阳的义务植树基地，西坡岗丘起伏，沙砾遍地，土地坚硬。二月河那双挖过煤、搬过石头的大手熟练地拿起铁锹，填土、踩实，接着拿起一株桂花，放进树坑，再用锹铲土埋好。他边埋土边与南阳林业局的同志交流，探讨桂花种植的经验。他手脚麻利，很快栽好了一株桂花，接着又提来一桶水，浇入桂花根部。我按动快门，把这些镜头拍了下来。后来二月河又植了两棵冬青树。他说："人们总以为栽树简单，实

235

际上栽树也是一项技术活,栽深了树不旺,栽浅了树不稳。"这是当年他从父亲那儿学来的知识,问我对不对。我心中肃然起敬,这就是"拿起笔来老子天下第一,放下笔来夹着尾巴做人"的二月河。没想到成名后,做"粗活"仍是如此细心。二月河在现场接受南阳电视台记者采访时说:"十年树木,百年树人。但树木也是有生命的,你善待它,它才会好好长。大家都关爱森林,关心林业,林业才能昌盛发达,我们的生态环境才会好!"

2015 年春天,南阳市政府在北京香山脚下的植物园内建了一座月季园,用来展示南阳丰富的月季资源和悠久的月季文化。贺国勤同志此时已是南阳市政协副主席。他拨通电话,请二月河给南阳月季园题名。此时,二月河正在外地讲学,电话里传来他爽朗的声音:"好的,等我回南阳。"二月河从外地回南阳的次日,在飘着墨香的书房里,铺纸蘸墨,掂笔挥毫,"南阳园"三字跃然纸上。

如今,在北京香山脚下,醒目的"南阳园"三个红字大气磅礴地镶嵌在南阳月季园浅灰色的大理石门柱上,如卧龙腾飞,灿霞一片,昭示着南阳人民改革开放的雄伟抱负和灿烂辉煌的美好未来。

本色二月河

刘尚

平民本色：说家常话，办实诚事，低调做人

"好好过日子"，是二月河曾书写的五个字，平平淡淡，朴朴素素，平和得很。我认为，"好好过日子"内涵丰富，道尽世间冷暖。政风层面，做高官者要想"好好过日子"，就得管住自己的嘴，说老百姓听得懂的话，多跟百姓说贴心话，不能胡说八道，没边没沿；管住自己的手，干干净净拿自己的薪水，不能把手伸到别人的、大老板的口袋里，莫伸手，伸手必被捉；管住自己的腿，多往田间地头走一走，歌舞升平，花红酒绿，乃是非之地，不去为好，去多了你的好日子就可要到头了。家庭层面，男女主人是骨干，男的该干什么，女的该干什么，男有担当，女有温贤，男的冲锋在前，女的守好家园。这么做这么干，"好好过日子""幸福和睦"则会长伴家庭。为何有的家庭，整日鸡飞狗跳，家无宁日，根子是规则没有遵循，做人没有底线。不管是为官还是为民，从"好好过日子"的朴素愿望出发，牢牢守住这一底线，长远看会少栽很多跟头。

军人本色：实话实说，一针见血，干净利索

二月河在部队历任战士、宣传干事、连副指导员，军人品格在他身上是有深深烙印的。"拿起笔老子天下第一，放下笔夹起尾巴做人。"一句话说得立地顶天，气壮山河，又谦虚谨慎，真诚厚道。《二月河说反腐》中可以看出他的军人品格：爱憎分明，疾恶如仇，对腐败深恶痛绝。"我们党的反腐力度，读遍二十四史，没有像现在这么强的。这种力度绝对是不见史册的，但反过来说，腐败程度也是严重的。没有见过杀鸡给猴看，猴子不怕，甚至杀猴给猴子看，猴子也不怕。"他用十六个字表达他对当下反腐进程的看法：蛟龙愤怒，鱼鳖惊慌，春雷一击，震撼四野。"把权力关进笼子，钥匙放在民众手中""腐败症与糖尿病""苍蝇掌了权会最大化谋私""腐败亡政一鉴"……每个话题都透着他对反腐工作的深刻解读和坚定信心，军人说话的快人快语，那种豪爽劲、形象性、幽默感跃然纸上。

作家本色：甘于寂寞，潜心创作，厚积薄发

我常想，什么是作家？作家是有作品的人，作品是经得住时间、读者检验的，是传得开、留得住的，作家坐得住冷板凳，文品人品双馨。二月河早年的创作条件是很艰苦的，靠钢笔、稿纸写作，字字皆辛苦。我很难想象，长篇历史小说十几卷，几百万字，他熬过了多少个春夏秋冬。二月河是拿作品说话的，以读者认可来证明的。当今社会，有人出一本书，就称作家甚至著名作家，浅薄得很。有的刚出一本书，紧接着剽窃他人作品的投诉就来了，弄得满城风雨、沸沸扬扬，这是何等人品文品。二月河当作家多年，负面新闻较少，与其自律、实力紧密相关。多干活，务正业，出精品，走正路。莫说"落霞三部曲"，还有《密云不雨》《二月河语》《佛像前的沉吟》等，哪一部不是厚重之作。有时候到书店逛逛，不少书名字起得很花哨，夺人眼球，可内容一般，用南阳土话说，典型的

"驴屎蛋"。

一个好作家,一是品行,二是才华,三是风骨。二月河做到了,他是我们永远学习和追随的榜样。

二月河逸事

郑冬

读者群大都知道"皇帝作家"二月河,他平素如何,则鲜为人知了。

二月河行事自由率真,快言快语,拙如孩童,朴若村夫,憨直不拐弯,却于顽憨中透着机敏智慧,幽默风趣。

巧解"草木之人"。著名作家乔典运是"继鲁迅先生之后对国民精神劣根性进行最有力鞭笞的作家之一"。乔低调含蓄,谦虚待人,发言时谦称己为"草木之人",二月河巧解:老乔可真的是"草木之人","草"是"灵芝草","木"是"金丝楠木"。会场掌声一片。

代表彼院祝贺此院。二月河是南阳文学院院长。作为地市级文学院,成立典礼议程中有领导宣读省内外文联、作协、文学院的贺信贺电,二月河讲话了,语气悠然却一本正经地说道:"我还有个身份是郑州大学文学院院长,那么,现在我代表郑大文学院向南阳文学院成立表示热烈祝贺!"现场笑声一片。

自谓臭棋。二月河爱下围棋,在部队时曾把阎锡山别墅卫生间的小瓷片抠下作围棋与战友对决,一时间"屎棋与磁片齐飞,欢笑同争论共落"。他与第一代围棋国手、中国棋院原院长陈祖德是好友。一次在南阳围棋协会的活动中,二月河幽默地给自己"定段":我是中国作家中围棋下得比较出彩的,同时又是下围棋中写历史小说最好的:一句话,我可能是"中国最牛"的"臭棋篓子"。围棋手们哄然大乐。

追求感动读者。中华人民共和国成立以来感动中原人物评选活动，二月河光荣入选。其作品获全国优秀长篇小说奖等，入选《亚洲周刊》所评的"二十世纪中文小说一百强"，他是"香港中学生最爱作家"，获评美国书刊音像制品协会授予的"最受读者欢迎的中国作家"。二月河诚恳地说："我不敢感动中原，作为一个作家，我追求的是感动读者。"

狗叫论文坛。二月河文坛成名，作品畅销天下，在国内外频获大奖。一些人就坐不住了，评论他宣扬腐朽没落的封建王朝，甘作清王朝的奴才，乱编胡造历史等，简直是十恶不赦。二月河置之不理，因为读者心中有一杆秤，这秤能称天称地称作品，其书三十多年来一直畅销就是明证。一次记者请他评价文学多元化现象，他直言：允许大狗叫，同样允许小狗叫，各种狗都叫，看谁叫得妙。汪汪汪……

妙论烟酒。二月河年轻时烟酒不忌，夫人让他戒烟，他振振有词："烟熏的肉放几年都不坏，说明烟灭病菌的能力特强。酒精的功能你知道吧？杀菌消毒，效果好着哩。"夫人哭笑不得。后来由于身体原因，二月河不多喝酒了，烟仍一直未戒。

自谓蛤蟆。二月河应邀回母校参加活动，周同宾说："那时候你是长小尾巴的小蝌蚪，现在，成青蛙王子了。"二月河调皮地回答："一个癞皮大蛤蟆。"

自我肯定。南阳青年作家鲁钊出版了散文随笔集《直面"皇叔"二月河》，发行全国，被数十家大学图书馆列藏。有商政艺文界的朋友反馈，在香港见到有该书售卖。在二月河家中闲聊，鲁钊开启"自我表扬模式"，扬扬得意：我那本书在香港上架了。二月河说：我也有朋友来消息，在台湾也能见到，那说明了什么问题？鲁钊分外傲娇：说明我写得好呀。二月河瞪圆了眼睛，一本正经地说：说明什么？只能说明我名气大呀。一言既出，二月河自己也忍不住大笑。

听先生讲座

杜光松

　　想起 2014 年夏天,我在叶县聆听二月河老师所做"党的群众路线教育实践活动"专题报告,仍宛如昨日,记忆犹新。

　　那时,我借调在南阳市委组织部,负责编发《平顶山党建手机报》。我所在的市委党的群众路线教育实践活动第一督导组,组长是南阳市政协副主席贺国勤,负责督导舞钢、叶县。为了让被督导的市县扎实开展教育实践活动,贺国勤凭借和二月河的私人关系,专门邀请二月河开讲座。二月河老师患有糖尿病,中风后还有后遗症,天气又特别热,但他仍然在家人的陪同下,前来做报告。《平顶山党建手机报》当时这样报道:6月11日至 12 日,党的十八大代表、全国人大代表、著名作家二月河应市委第一督导组邀请,不顾年高,冒着酷暑,分别到舞钢市、叶县做"党的群众路线教育实践活动"专题报告。二月河老师以深刻的见解、独到的视角、风趣的语言,阐述了反腐倡廉、走群众路线的重要性和紧迫性以及方法对策,使广大党员干部群众受到一次良好教育。

　　天气虽然炎热,但前来听报告的党员干部群众络绎不绝,偌大的叶县礼堂座无虚席,连过道都站满了人。二月河老师坐在讲台上,侃侃而谈,纵横捭阖,一连几个钟头没有休息,听众都被他广博的学识、深刻的见解、风趣的语言、独到的思维所折服。

二月河老师不修边幅，就像农村邻家大叔，没有一点名人大家的架子。他在报告中说，有领导干部找他题词。他略一思索，挥笔写下五个大字："好好过日子"。那位领导似乎感觉不满意，然而经一番讲解，顿感意味隽永。二月河老师说，这五个字也送给在场的各位党员干部，相信大家能体味到其中的含义。

尤其是他对反腐的论述，时时激起听众强烈的共鸣，观众席不时传来阵阵热烈掌声。

"我读遍了二十四史，我们现在的反腐力度最大，可以用蛟龙愤怒、鱼鳖惊慌、春雷震撼、四野震动来形容。

"腐败不会导致速亡，但会导致必亡。比如宋代经济繁荣、文化昌盛，是世界历史上文化程度最高的朝代之一，也是政治腐败、社会生活腐朽的朝代之一。宋代'公务员工资'是清代的 10 倍、汉代的 6 倍，但除了包拯这样极少的清官，更多的是蔡京、高俅这样的大贪官。因此，一个国家如果不能下狠心治理腐败问题，不管你有多高的 GDP，多大的文化体量，必然会轰然倒塌。

"秉刀斧手段，持菩萨心肠。秉刀斧手段，那就是该查的查，该处理的处理。但我们实际上是治病救人，还需要警示，提醒更多的人不要走这种路，不要在这个问题上玩火。

"如果权力关在笼子里，钥匙还在官员手里，那等于没用。笼子的钥匙要放在舆论监督和人民的手中，让反腐败更为公开更为透明。要让官员对人民的事业有敬畏感，对自己的工作有担当。"

三个多小时的演讲，始终充满着愉悦的氛围。

二月河老师坐在那里，一动未动，连喝口水都顾不上。领导想让他休息一下，他拒绝了。

报告散场后，仲夏的夕阳仍然火球一样炽热，二月河老师穿着宽大的 T 恤，步履缓慢，满脸含笑，在一大群领导的簇拥下准备乘车返回南阳。即将上车之际，我急忙从旁边跑过去，将老家文联编辑的几本《尧神》杂志送给二月河老师。他颔首微笑，让家人接了过去，并说回去后好好看看。其谦逊、朴实、和蔼，令人感动。

当时,领导说秋天准备再次邀请二月河老师来鹰城,到时可以再次近距离聆听教诲。我也琢磨着,想让二月河老师给《尧神》杂志题词的,然后写一篇专访。然而,自从叶县一别,我再也没有见到二月河老师。

后来从报刊和电视上的新闻得知,他从叶县回南阳不久,中纪委网站栏目组专程前去采访。当年 7 月 22 日,专访稿《二月河:现在的反腐力度读遍二十四史都找不到》在中央纪委网站首期《聆听大家》栏目推出,当天的《人民日报》同步刊发了访谈稿。一时间,二月河关于反腐败的精彩论述传遍神州大地。

现在,我被抽调到市委巡察办工作,再次品读二月河老师关于反腐败的精彩论述,更觉别有意蕴。

不待春潮凌解放,人间已无二月河。二月河老师虽然走了,但"落霞三部曲"永存,他论剑反腐的精辟论述永存。

追忆

江河在宇

缘于巧合,我在南阳理工学院上学时,曾有幸聆听二月河老师的讲学。

那天我原本应朋友邀约,结伴去尧山。看到欢迎二月河老师的海报,就改变行程,径直奔向了学术报告厅。此时的学术报告厅里人头攒动,已座无虚席了。我挤到靠后的角落,侧身立定,心情既兴奋又忐忑。

片刻过后,二月河老师健步走进来。报告厅里顿时掌声雷动,雀跃欢呼。至此,我才一睹老师尊容。老师圆头大脸,乌黑寸发,身材壮硕,衣着随和,一开口浓重的河南腔南阳话,不折不扣普普通通邻家大叔的模样……这是老师给我的第一印象。

老师豪爽直言,金声玉振,首先向大家表示歉意,说声对不住,我有个不好的习惯,烟不离手,一直没戒,望大家原谅,希望大家不要沾染。话音还没落地,他就掏出香烟放在讲桌上。老师短短几句开场白,一下子就拉近了我们之间的距离;再加上老师双眼眯成线,形象和蔼,不用描述,就已经熟悉了。

老师说,他上学时很笨,是个名副其实的差生,学习一塌糊涂,字也写得歪七扭八缺胳膊少腿,唯一嗜好就是喜欢读书,自知考学无望,才参军入伍。在部队,扛过枪,站过岗,下过煤窑,挖过矿,打过坑道,被水淹过,被炮崩过、被电打过，这丝毫不影响他对书籍的渴求，旁门别类、古典杂家，他逮着一本就能读得入迷。在军旅攀高无果，老师转业回了南阳；工作期间，又断了仕途之念，八小时之外潜心涉猎清史。他说感谢冯其庸老师，没有冯老的伯乐慧眼，就没有他二月河的《康熙大帝》，就没有他二月河响遍南北红遍当下的大名。这段交往佳话，后来被二月河老师详细地记在《吾师虽离去　恩绪永缅怀》一文中，而且二月河老师还特意提到冯老给他邮寄的对联：浊浪排空君莫怕，老夫见惯海潮生。这与其说是冯老拂去雾霾、声援力鼎、给二月河老师以定海神针般的光芒，不如说更像他们之间的惺惺相惜高山流水般的和鸣。

二月河老师言语朴实，无辞藻修饰，他说讲学座谈，有点冠冕堂皇了，说土一点，就是拍拍话，聊聊天，这样，最好，有底气！他很平淡地谈起当年酷暑时写作，家里没有空调，热得像蒸笼，他就肩膀上搭个湿毛巾，双脚放在水桶中，夜以继日，笔耕不辍。有人认为康熙称不上大帝，他那时年轻气盛，认为俄罗斯有彼得大帝，康熙八岁登基，智擒鳌拜，平定葛尔丹，收复台湾，文治武功，有清以来无人能及，足以比肩彼得，称为大帝，也不为过。老师说这话时真的是不假思索，用现在的话来讲，年轻，敢说，更敢做，而非脖子一梗出风头。这恰恰也符合文学的发展特征，文学即人学，这是文学的觉醒，更是人学的觉醒。

老师的话语，如清泉滋润学子的心田，如春风慰藉我们的灵魂，这让我想起柳青《创业史》里的句子："人生的道路虽然漫长，但紧要处常常只有几步，特别是当人年轻的时候。"满怀紧迫感责任感，文艺的觉醒和作家自我意识的觉醒互为促进，使得老师对历史的深刻洞察和艺术性的真实高度统一。

"文章合为时而著，歌诗合为事而作。"每一个有良知的作家，都不会"两耳不闻窗外事，一心只读圣贤书"。

在老师远去的日子里，我数次打开视频观看老师在中央电视台的公开课——《开讲啦》。"腐败本身就是一种没有文化的野蛮行为，是一种掠夺别人的成果，偷窃别人的成果，来据为己有的这么一种社会恶行，这种恶行背后所隐藏的是没有文化。"这是老师饱览卷帙浩繁的史书后的忧患意识,寓居宛城小巷而心系苍生疾苦;这也是老师渊渟岳峙下的家国情怀,栖身白水之畔而谨记赤子之本尽匹夫之责;这更是老师期待国民对文化自信振聋发聩的呐喊与呼唤,以皇皇巨著针砭时弊的济世汤剂。

我所在的省城,有一条南阳路,我在此困顿为稻粱谋,距离我住的地方不到千米,有一方石刻,掩隐在绿竹下,石上有老师的题字,"弘润华夏",凹文朱红,稚拙有劲道。我每次经过石刻,都会忍不住扭头望两眼,心里有一种无法言喻的自豪,有一种前所未有的自信,有一种来自老家南阳说不上来的亲近、亲切、亲热……这便是生活的美好,因为我仿佛又一次倾听到老师的声音。我也曾在酒酣耳热之后显摆,肆无忌惮地诘问同饮者看没看到楼下那块石刻,知不知道二月河老师原名凌解放;我也曾在推杯换盏之际炫耀,放浪形骸地询问在座的读没读过《雍正皇帝》,有没有二月河老师的亲笔签名……这也是生活的美好,使我见过老师一面。

给二月河老师的一封信

范会新

尊敬的二月河老师：

您好！请收下这份迟来的问候。作为文学上的晚辈,能与您生活在同一座城市而感到骄傲,却因一直没有机会拜访您而遗憾至今……

自 1982 年开始,您为了创作清帝系列小说,如书痴般一头扎进书堆里,历时数年时间在北京及南阳的图书馆里大量阅读文、史、哲书籍,熬灯苦读,高密度和大纵深地涉猎清史,包括宫廷礼仪、皇帝衣貌档案、食膳档案、起居注等,不管正史野史、戏本小说、日记档案、经商理财、俚语方言、风俗故事,了解当时知识分子的生活现状和精神追求,对清初政治、经济、文化有了全方位的掌握,对清代社会民情风俗进行大量专门系列的搜集,为日后鸿篇大作打下了基础。

在审读历史上,您睁大眼睛,以独到的认识面对历史,知道取舍,应做什么,有的放矢,矢志不渝。您用一生的时间研究历史,书写历史,用"烟炙腕""拼命创落霞"的精神,用一颗赤子之心的宏大格局,拨开历史迷雾,还原真实,把康熙大帝这个"大"字写清。

1987 年秋,《康熙大帝》得以出版,震惊文坛。随后,您接连创作了《雍正皇帝》(3 卷)、《乾隆皇帝》(6 卷),总共 520 余万字。十几年时间,数千个日日夜夜,您没有睡过一个安稳觉,披星戴月。您秉烛夜读,奋笔疾书。为中国，为世界，为我们每一个华夏子孙留下了不朽的巨作。

您传承南阳文脉，渊渟岳峙，博大精深，与先贤往圣神接学续，世事洞明，淡泊致远，为文为人有着宗教般的虔诚与执着。

您的作品让我们铭记自己的根，让我们镜鉴自己的得失。历史见证了发展、兴起和衰败。正确认识历史，引以为鉴，未来的路才能走得更广。相反，错误地看待历史，企图将过去的错误抹去，只能自欺欺人，害人害己。俯视当下，追忆历史，我们的国家经历了太多的苦难，我们的人民是从苦难中成长起来的，家破人亡，饿殍遍地的场景，经常充斥在历史的长河中。我们只有做到不推诿不掩饰，只有直面历史才能重新站起。

您的人生那样波澜壮阔，却始终坚守初心。那年，省委组织部领导数次找您谈话，准备调您到省文联当常务副主席，主持工作，您老老实实地回答：二月河不是当官的料，只能写小说。

您教育孩子们，要像饥饿的羊跑到草地上那样贪婪地读书。您为希望工程、下岗职工捐款。"穷则独善其身，达则兼济天下。"您时刻在奉献自己的善意。

特别是近几年，您的身体每况愈下，糖尿病带来的眼疾，让您看东西都不太清楚。但仍然坚持讲座，给学生们上课，还带几个博士，赴各地讲学，培养文学后辈和新生力量。

从您身上我们看到了中国文人的良知和应有的风骨，明白了读书的意义。读书是为了让我们成为一个"人"，一个站立的、大写的、丰满的人，一个自由的人。知识是一种力量，只有把求知作为根植于内心的信仰，才不会被时代的洪流裹挟着走。

您用实际行动告诉我们文化的力量是"居天下之广居，立天下之正位，行天下之大道。得志，与民由之；不得志，独行其道。富贵不能淫，贫贱不能移，威武不能屈"。这才是中国文化里的大丈夫，如果没有一种价值观能让中国人安身立命，才是真生失掉希望的开始。而您为文化所做的一切，远非我辈能够望其项背。

在做人方面，您更令人高山仰止。您一生名望天下，却深居简出。您为人谦和而低调，博学而内敛，坦荡而率真。"拿起笔，老子天下第一；放下笔,夹起尾巴做人。"这是您给自己定下的两条处事原则,并用一生的时间身体力行。几十年的埋头写作,使您习惯了在幽静的环境中生活,即便如今经济条件好了,您仍然居住在逼仄小巷的家属院里,巷窄、屋旧、墙矮、楼小,但有大树,有藤萝架。屋内没有任何装修,所用之物都是 20 世纪 90 年代的老物。

每天早上,南阳街头,几乎都能看见您穿着一双沾满浮灰的旧鞋挤在卖菜的车前,低头捡菜叶子回家喂鸡。和当地普通老百姓的生活没什么两样。圆头大耳,满脸笑容,颇有几分像弥勒佛,乍一看似乎是个粗人。但在和您的聊天中,总能感受到一股浓浓的书卷气,那种浸润在书海中的厚重气息扑面而来。您的话充满乡土气息,幽默的语言总能逗得身边聊天的人哈哈大笑。熟悉您的朋友都会调侃:二月河是一个"永远可以在身上看出上顿饭吃了什么的人"。您去参加讲座,衣襟上留着上一顿饭的油渍,却毫不在意,衣服翻个面套在身上就上了讲台。先生似乎是经历过大的阵仗,看惯了春风秋月,随心所欲地生活。实则是棱角分明的性格中拥有一颗旷达淡泊、宽容平和的心态。

您的一生仰无愧于天,俯无愧于地,行无愧于人,止无愧于心。先生,如果这个世界这个人生的种种不平和粗暴不曾吓着你,此去的路上也只有清风明月细浪拍岸了。

您走了,离我们不是渐行渐远,而是有一天终要重逢,您的精神和作品将会一直流传。您的名字,清楚地留在新的史记里。

二月河老师,一路走好!

泪落却忆笑声飞

鲁钊

我泪落如雨,不可遏制。

12月15日清晨,我外出办事,看到朋友发来的微信,心内恓惶,颤抖着手拨出号码,给妹妹联系,说叔叔正离京往家赶。证实消息,胸内瞬间空荡荡的,禁不住号啕恸哭。

叔叔的遗体还未回到他须臾不离的南阳,我停止办事,先赶到他那巷仄屋旧创作生活的小院,这是他情深难离的南阳的象征。古藤缠绕愁乱的心绪,盘爬庭院外墙,张望盼归。辛夷忧郁秃尽了叶,丛竹无语,黯然挺立,都氤氲成无尽的凄楚。我洒泪执帚,把落叶清理,希望叔叔回到小院时,感觉仍是以往的整洁和温馨。

我久久呆立,院中景物依旧,情景熟悉,仍不敢相信,我那攻石开山蹚泥涉水建国防工程的叔叔,深入地底挖煤每天数十吨不在话下的叔叔,我叫没人答应了。那大口吃肉大碗喝酒豪气干云义薄云天的叔叔,小院中时时接受我访谈满足我要求的叔叔,不再理我了。

决堤泪水里,唯能忆叔叔对我的点滴,聊解悲恸。可回想满是叔叔对我的好,对我的宠,是我在他身边常惹的阵阵爽朗的笑声。

是的,是鲁钊泼皮耍赖、常逗长惹引来叔叔的爽朗笑声。我在文学圈内外,以"胡说八道胡言乱语"而知名,有人认为"忤逆",我却因特殊的感情,是子侄,是文友,是采写人,是研究者,是忘年交,就"胡天海地""肆无忌惮"调侃叔叔。

我当面说:"叔叔,我已超越了你。我比你年轻,比你帅,比你气质好(港台报纸称其"大作家土老帽")自不必说,一千条理由,只三个例证你得承认真不如我:第一,我只与你比40岁之前。你42岁才创作,而我年尚不惑已出版几本书,还获得'冰心散文奖',我以己长比你之短,岂不已经超越?"他笑说:"超越了我。""第二,我出版的散文随笔集《直面"皇叔"二月河》销往省内外,还被报刊作为人文佳作推荐给读者,你能否为我也写一本?""皇叔"笑说:"我可没这个能耐给你鲁钊写书。""第三,你当年的部长对你的态度,比不上我的部长对我好。"这有点绕口令,其实不难解释,二月河转业后就在我上班的宣传部,当年的部长嫌弃他上班带孩子,用公家稿纸写小说,不情愿他创作。而今天我的部长大力支持,政治上关心,工作上关顾,生活上关怀,经常勉励深入生活深刻感悟,好好读书好好创作,争取成为三月河、四月河,赶超二月河。二月河再次老实回答"这点也超越了我",并回敬调侃"我最崇拜鲁钊",说完哈哈大笑,我也喜洋洋美滋滋"笑纳"美意,甚是傲娇。

那次去叔叔家中签书,我一本正经地胡说八道:"叔叔,听说近来文坛上又出一人物,与你齐名,连名字也与你相仿,江湖疯传,十分厉害。"他抬起头很疑惑:"叫啥名字?"我装模作样地激他:"咋,还找人家较量去?""到底叫啥,快说,废话多。"叔叔有点急眼。我卖弄关子缓缓说:"那人大名鼎鼎,就叫'二月可'。""滚蛋,你小子还给我挖坑!"却被我逗得乐不可支。原来,叔叔签字时常随意所至,一笔画下,把"二月河"签成"二月可"。从此,鲁钊善于"挖坑"的名声就传开了。

那年,二月河去参加作家秦俊的研讨会,下台阶时,不小心错步摔了一跤,加上某些人乱发消息,他心中非常不舒服。我对他说:"叔叔,我给你出个谜语,若猜不着,给我写幅字。"成功激发了他的好奇争胜心:"你说说,啥谜语?""二月河跌倒——打一水利景观名词。""皇叔"果然没猜出,我得意扬扬地说出谜底:"瀑布(跌水)嘛。""好家伙,拿我开涮。"叔叔大笑如弥勒,心中不快烟消云散。

后来,我又制作了"春江水暖鸭先知,打一当代作家(二月河)""凌解放——打一中原城市(开封)"。"二月河晋京——打一大型水利工程(南水北调:南阳水调至京津)"等趣谜,这些趣谜,都挑逗得叔叔眉开眼笑。

卧龙区作协举办活动,我邀请叔叔参加,会前带他到当年所在、我今天的办公室参观,他指出当年所坐的地方,正是我今天办公桌的位置,岁月如歌,子侄个个成长起来,他很是欣慰。我却周吴郑王地批判:"叔叔,我要批评你了,鲁钊我为啥不成功? 就得怨你。""怨我?"他疑惑地瞪大眼睛看我,我装着生气的模样:"就怨你,大树底下不长苗,你把'地气'拔光了,灵气带跑了,我还咋能成功呢?"叔叔闻言捧腹大笑:"原来'坑'在这里。鲁钊,你不读书学习,整天吊儿郎当,混日子,哪能怨我? 要创作出优秀作品,一定要不急不躁、不等不靠、不做不休、不矜不伐做下去;要贵在创新,贵在自我;要与众不同,方能成功。"我惹叔叔大笑,他却对我说了如此多,寄予厚望哩,我是顽石不化,混沌愚昧,不求进步,辜负了叔叔。

那年我出版了《直面"皇叔"二月河》,发行全国,有多位朋友看到在香港有售卖。在叔叔家中闲聊,我满心得意班门弄斧:"叔叔,朋友们说我的书在香港上架了。"叔叔漫不经心:"我也得到消息,在台湾也有见到。"我十分激动:"那说明了一个问题,我写得好呀。"叔叔瞪圆了眼睛,格外较真地说:"说明什么? 只能说明我名气大呀。"一言既出,自己也忍俊不禁,叔侄俩面对面张口大笑,笑声飘出小院,激越晴空。

叔叔长眠,我再跟他开玩笑,愿叔叔泉下含笑:叔叔啊,你诞在圣人生日的前一天,你与圣人同寿,肯定圣人喜欢《二月河语》,约你《禅心禅语》,品茗说《旧事儿》,正如《把诸葛亮让给谁》,《人间世》难留,我们《佛像前的沉吟》,出让二月河,那就《密云不语》吧。

一条大河波浪宽,幸在侧畔惹笑声。这许多年来,我带给叔叔麻烦、烦琐,也带给叔叔快乐、笑声,我以顽憨、调皮,甚或狡黠,与负重前行、丰厚智慧的叔叔斗嘴,让他轻松地笑,会意地笑,舒心地笑,酣畅地笑,如二月春风"其喜洋洋者矣",而我"乐其乐也"。泪眼思来,心中些许抚慰。

南阳冬来彻心寒,大河再不凌解放。悲泪落,却忆满是笑声飞。叔叔,我仍然要"胡说乱写",让喜爱叔叔的"河风"们开心大笑。

大河已然化天河,举目可见,不曾离开。泪眼恍惚中,叔叔笑态可掬,喜如弥勒,我泪落千行,却笑靥盛开,与叔叔相对欢笑。

是的,就这样,叔叔永在,仍在我身边,在今后的岁月,我们笑逐颜开,一路欢笑。

三个背影

涅阳三水

早在 2010 年的时候,在淅川大观苑举办的第二届"汉风"活动上,我就和二月河老师有过一面之缘。

那是一个下午,当时的他,在大观苑里正低着头徐徐向前,我轻喊一声:"凌老师。"

他抬起头来,看着我,笑了笑说:"这里风景多好,也有很多优秀作者,好好接触,好好学习!"

说完后,他又低头向前:"我前面转转去。"

二月河老师转身离开,我竟然没能再说出来一句话,仅仅这么喊了一声"凌老师"。

望着二月河老师的背影,我在心里反复重复着他那句话,心里竟是暖暖的。他并不知道我是谁,但是也能给予谆谆教诲,实在是一位让人无可抗拒的长者、师者啊!

第二次见到二月河老师,是在 2016 年市里召开的优秀青年作者会议上。

那天,我到达的时间,和二月河老师几乎同步。刚进会场,二月河老师也进来了,我一扭头看到,就脱口说道:"凌老师来了!"

"来了来了!"二月河老师一边回应,一边扭头笑着看我,"来这里了,更要加油啊!"

和之前相比,他的身体又发福了些,依旧是笑容满面。说完之后,他便朝着主席台的位置去了。

不知怎么的,看着老师的背影,他稍嫌蹒跚的背影,我的鼻子有些发酸。

与二月河老师的第三次照面,是在去年春天,我去市里办事,途径一个巷口,突然看到了他。

我在路口,对着在那里漫步的二月河老师喊了一声:"凌老师!"

恍恍间,感觉着二月河老师听到了这一声喊。他茫然地抬起头来,不知道看的是哪里。但我看到,他努力地把手抬起来挥了挥。在他旁边,有一位中年男子陪着,拉住了他,把他的手压下去,扶了他一把,然后踟蹰而去。

二月河老师的身体这么糟糕了吗?我心下诧异得紧,不敢再扰。前一天的报纸上,还看到老师的文章啊,今天的二月河老师,活力已经被岁月抽走了吗?

望着二月河老师那僵直的脊背,我抹了一把眼角的泪珠儿,心怀戚戚,转身离开。

如今,二月河老师驾鹤西去。在一堆又一堆的文字面前,我感觉自己多么苍白无力,无论如何排解,都无法弥补对老师的那份敬仰与怀念。

我唯一能够做的,就是一遍一遍地体味老师留给我的三个背影,以及那些简短的对话。

一个人和一座城

陈磊

南阳有许多名人,离我们最近的,就是二月河。在外地人心中,他是一个大作家。在南阳人的心中,他更像是一位亲切的老邻居。未必每个南阳人都看过他的书,但几十年来,南阳人早已习惯了听二月河说话。

市里面有什么文化活动,领导喜欢邀请他露个脸,说说看法。

南阳报社的记者,有事没事,也喜欢请他出来讲两句话,做个评论。

召开干部学习会议,请二月河去讲一讲历史。

学校里送毕业生,请先生给鼓鼓劲儿。

南阳作协开会,一众南阳作家喜欢请先生出来谈谈心。

全国人大开会,南阳人也推选二月河当代表,二月河不负众望,与高层领导人精彩对话,陈情民声。

二月河不管再忙,只要对南阳人有益的事,他都欣然允诺。

二月河说,我把南阳看成自己的第二故乡,我对南阳有"三不":人不走,情不变,不放弃。二月河心里想着南阳人,南阳人心里装着二月河。

南阳叫得响的,都能看到二月河

在南阳,凡是和文化相关的,都可以和二月河联系起来。

你去府衙,府衙的门口,有一个石碑,是二月河为重修府衙而写。

你去卧龙岗,二月河最爱这里的碑联:务外非君子,守中是丈夫。

二月河说,当兵入军营,正是"文革"热闹时,我不"务外",偷偷看"废书"。创作时,我执着"守中",不唯上不唯权,认准就义无反顾走下去。

待人接物行事处事,我仍追求中庸之道,老老实实,始终如一,夹着尾巴做人,不敢造次。"时至今日,二月河尚感怀卧龙岗。"

就是这份对南阳卧龙岗的情义,二月河多次撰文,从学理上论述,诸葛亮的躬耕地非南阳莫属。

你爬独山,二月河说过这座山:"既没拔地而起的高耸,也没层峦叠嶂的险峻,更没有莽莽苍苍的豪放。因是它太孤独,太单调,太不起眼。"但话锋一转,二月河说:"虽然没有一览众山小,但独山出美玉,独山玉内涵无限,独山因此而青史留名。"

你去白河边上散步,二月河说过:"白河的美,不逊于杭州的西湖,扬州的瘦西湖。"如果你真的一年四季,都有过在白河岸边漫步,此言极是。

你去医圣祠,二月河说张仲景:"医门之仲景,即儒门之孔子。"

你去赊店古镇、内乡县衙,都能看到二月河留下的踪影和字句。二月河说,我为南阳名胜代言。

月季花会将到来,二月河说:"月季这花真是招人爱。无论她的色、香、味还是她的形、韵、神,哪一样都不输于牡丹……我们就不用羡慕人家洛阳的牡丹,更不要嫉妒开封的菊花——花都是好花,谁的最好,咱们骑驴看唱本走着瞧!"二月河对南阳月季充满自信。

二月河喜欢南阳,他说南阳的社会里有亲情,美国、日本、新加坡等国邀请他去生活、讲学,他都拒绝了,他觉得在南阳挺好。几十年来,他在这座城市的点点滴滴,也成了这座城市的文化记忆。即使南阳人再也见不到二月河,但在南阳城的许多角落,都可以寻到他的踪迹。

为后进作序,不厌其烦

二月河在年轻时,曾经拜谒一位名家,希望在创作中得到这位前辈的指导,却被前辈泼了冷水。

但二月河成名后,没有如此端起架子。三十年来,他为无数作家写过序言,其中南阳作家更是难以计数。凡是青年作家来找他,他从不推托,书看完再作序或题词。

在笔者手中,有多本南阳作家的书,都是由二月河作序。

在南阳作家李远的《仿古寻踪卧龙岗》的序言里,二月河畅谈卧龙岗对自己人生的重要影响,并给予青年作家以充分的肯定和鼓励。

青年作家李怀安的书中,二月河为其题词:爱人乃语文教学训练中心内核。

在南阳作家陈景涛的《别廷芳传》序中,二月河说:"一个人做事要负责——不是靠他的人,而是靠他的事,'古今中外,概莫能外'就是了。"

在南阳收藏家谢先莹《中国书画鉴赏与收藏》的书里,二月河说:"先莹同志出生于翰墨世家,自幼受家风熏陶,钟情书画,爱好文学,孜孜以求,终成一家……他不仅是一个有心人,而且是一个用心人,把多年的研究心得和体会上升为理论,撰写了不少书画方面的理论著作。"

从二月河留下的序言里,你能读出二月河对南阳和南阳人的热爱,他不仅熟悉这里的典故,熟悉这里的人,更对后进作家寄予厚望。

寄语高考违规学子:有胆识,我佩服

2006 年,南阳考生蒋多多曾经闹出了轰动全国的"高考上书"事件。在当年的高考中,这名毕业于南阳本地高中的学子,答题时,痛陈教育时弊,引发了教育部门和全国媒体的广泛关注。蒋多多一度成了 2006 年高考的新闻人物,遭受了各方压力和批评。

当时有记者采访了二月河,二月河却对这个小女生,给予了温暖的鼓励:

"蒋多多是恢复高考制度以后,第一个以这种方式向高考制度质疑的青年。她认知事情有自己的思想、观点和独立思维。……她的这种胆气、胆量和胆识,我很佩服。一般人在面临这种问题时,都要思前虑后,社会、家庭等方面的压力都不容忽视。即使是媒体关注,也改变不了她(文综科目)零分的事实,她想通过此事摆脱困境不可能。今后,她还得面对现实,为自己的目标和生活拼搏。"

"刚才我提到她具备新青年、新思想、新行为的特性,这种创新意识是时代的需要,和时代并不悖逆,因此不必担心她将来的出路。她这种'处里莽'(南阳方言),方式有些猛,但或许本身就是一种好事。"

二月河对于这样一个叛逆的高中毕业生,给予了中肯的评价和温暖的鼓励,也折射出二月河对后进的理解。这多多少少,也和二月河曾经艰辛的成名之路,饱受过冷眼和嘲笑有关。

与青年交流,吐露心声

二月河在全国各地做过很多讲座。南阳的各级院校,近水楼台先得月,轮番邀请他去做讲演。凡是学校邀请,只要身体允许,他都去。

笔者有幸在高三时,聆听二月河先生讲演。犹记得讲演一直持续了近三个钟头,一口南阳话的二月河,从自己从军的经历,讲到自己的读书、创作和作品出版。

"人生好比一口大锅,当你走到了锅底时,只要你肯努力,无论朝哪个方向,都是向上的。"

这句话曾经给予迷茫的笔者莫大的鼓励,也同样激励了无数青年。

二月河在讲座中谈到自己作品写成后,四处投稿出版的经历。他说,有一次去询问出版社自己书稿的审核情况,编辑部工作人员指了指屋子里的几个大书柜,几大书柜满满的都是全国各地的书稿,他也不知道自己的书稿在哪里,顿时觉得无望,"没人出书,我头发都掉光了"。他也从此认识到,没有名气,写出来的东西再好,也没人看,更不用说出版。他于是选择先攻红学,混出点名堂,再说出书的事。

二月河曾经多次应邀到河南师范大学讲演,笔者曾目睹当时的盛况,现场被围得水泄不通,场内台阶上坐的是人,报告厅外面也挤满了人,整整三个多小时,现场的学生意犹未尽。这样的场景,多少年来,被一次又一次重复。

曾经有人问台湾诗人痖弦,您如何评价二月河?

痖弦打趣地回答说,我回南阳时,二月河给我摘过他家院里的石榴,还说"吃完我家的石榴,还说我坏话不像话"。痖弦说,二月河的东西有大众化的品质,所以能够流行,能够得到电视观众的青睐。

小城故事多,名人辈出的南阳,二月河是闪烁其中的一个。关于南阳,他说过很多话,写过很多文,他让南阳城变得有形象,有温度,有深度,有感情。

他在南阳写下的"落霞三部曲",会被一代又一代的读者阅读;他的精神世界,会被后来的读者,一次又一次打开。这,也是对一位作家最高的致敬。

　　　　罗衣载酒五花马,一度芳草一春华。

　　　　天津桥头醉方醒,炼狱毒火断金枷。

　　　　惊心寸折章台柳,落魄碎揉扬州花。

　　　　畸零惟余劫后灰,青灯孤愤赊万家。

这首诗是二月河对自己一生的概括,有少年潇洒,有情场失意,有家国悲剧,有此生归宿。

冬日的南阳,时而阳光明媚,时而雾霾弥漫,南阳街头的行人,来来往往。这世间的所有事,从来都是如此川流不息,转瞬即逝。

但多少年后,一定还会有人记起,在这座小城中,有个人,曾经说过:"拿起笔老子天下第一。"然后他又笑了笑,补充道:"放下笔夹着尾巴做人。"

人去文长久

王晓健

戊戌年冬天的南阳，似乎比以往更冷一些。然而比这阴冷的天气更让人心寒的是，一个突然传来的噩耗——

深受海内外华人读者喜爱和南阳人民热爱的著名作家二月河先生不幸因病去世！

从此，华语文坛憾缺一极，文学宛军痛失将星！

先生从小喜欢特立独行、率性而为，不愿墨守成规，这既是天性使然，也于先生后天成长环境有关。先生之父母均为南下干部，工作十分忙碌，经常频繁调动，少时的他常常被一个人留在家里，或是寄宿在亲友、同学家里。彼时，他调皮顽劣、喜闹恶静，常常和小伙伴一起摸鱼、抓蟹，玩得不亦乐乎。

先生年轻时初涉"红学"，并小有成就，曾以红学会年轻代表身份出席了在上海召开的年会。在研究"红学"中，他萌发了创作"帝王系列"的强烈冲动。先生以惊人的毅力创作完成了"落霞三部曲"，受到海内外广大读者的喜爱。作品陆续被改编成电视剧后，多次在中央电视台热播，掀起收看热潮。

特别是《雍正皇帝》，先生勇于跳出以往人们对于雍正皇帝看法的局限，广泛搜集史料，为雍正皇帝正名。先生用如椽巨笔和超人的勇气为我们刻画出一个鲜活的人物形象,他性格鲜明,克己奉公;他勤政节俭,治国有方。在康熙除鳌拜、平三藩,稳定政局的基础上,全力发展经济,强力铲除腐败,开源节流,不断充实国库,改善民生,缔造了一个风清气正的大清王朝,为乾隆后来的执政奠定了物质基础。

当然,先生这种超常的观点也引来了众多非议,甚至到今天这些非议还依然存在。个人认为文艺作品提倡"百花齐放,百家争鸣",对待历史人物历史事件允许有不同的观点,既是要文学工作者善于发掘历史人物和历史事件的不同寻常之处,也是希望广大读者、观众要有一颗宽容之心,一颗理解之心,善意地看待文学作品中的一些新观点、新看法,更不可借此对作者进行人身攻击。

作为蜚声海内外的文学大家,二月河先生始终不忘抚养他成长,培育他成才的古城南阳。一直不遗余力对外推介家乡,为南阳的发展鼓与呼。

先生谈起南水北调的贡献,断言只有在中国共产党领导下的中国,这么宏伟巨大的工程才能成功。他利用各种时机,宣传南阳人民为此所做的奉献牺牲。阎崇年先生谈起这些,非常感动,他表示只有大丈夫、大英雄,才会如此有担当,是真性情!

先生作为"全国人大代表""党代表"赴京出席会议,勇替基层出头,向高层建言,呼吁为农民减负,执言给作家减税,促进文化繁荣发展,弘扬优秀传统文化。

让人永远难忘的还有那次经典的"南北二侠"说道论剑。

2005年12月16日,金庸、二月河推掉繁忙的事务,欣然会合在中国改革开放的窗口。"在历史的天空下——'南北二侠'金庸、二月河深圳对话"成功举办,那年适逢金庸武侠小说创作五十周年,二月河刚度花甲寿辰。81岁的金庸和60岁的二月河,历经沧桑,体察人情,两个老顽童,开心论侠道,成文坛盛事,传文坛佳话。

十九大会场,二月河纵论反腐倡廉语惊四座。他说:"我认为共产党的反腐做的比说的还要好!一般我们都是说得好听,做得不行,共产党是又说又做。"他认为,现在全国整个干部队伍正在形成"不敢腐、不想腐"的态势。

先生是一个"平凡人",一个不事张扬、低调谦逊的长者,不讲究穿戴、不修边幅、不拘小节的南阳人。一件衬衫缝缝补补,十几年舍不得扔。五角钱的大蒲扇,摇来摇去十余夏。先生却在不声不响中捐款达二百万元之巨,且不让报道。

　　相信在很多南阳人心里,二月河先生的形象一定是这样的:身材壮硕,圆头大耳,满脸挂笑,留着平头,操一口浓重的南阳方言,颇有几分像弥勒佛。让很多老百姓至今还在津津乐道的是,在先生成名以后,甚至是久负盛名后,你还能在菜市场上见到他捡拾菜叶,和小商小贩打招呼拍闲话的场景。

　　而今,街角那株月季还在,先生却已驾鹤西游。

　　斯人虽已去,但精神永留存。

　　如何传承和发展二月河精神,如何更好更全面地发掘利用二月河留下的文学宝库,是"南阳作家群"和广大文学爱好者面临的一个问题,也是南阳作为二月河家乡所拥有的得天独厚的条件和机遇。令人欣慰的是南阳作家文友们,及时发起成立了"二月河研究学会",作为一个专门机构对此开展研究探讨。

　　作为一名文学晚辈,在先生健在时因种种原因终未能得以与先生近距离接触,实为一大憾事。依个人愚钝之见,冒昧将先生之精神总结为以下五点:一是善于钻研,依先生嗜书如命,形容自己年轻时读书"就像一只饥饿的羊放到丰美的草原上"。也许当初他并没有意识要当什么作家,纯粹是为了丰富自己,或者说是为了解决自己的精神饥饿问题。二是做事执着,从 1982 年到 2002 年,时间跨度二十年,二月河将"伯乐"冯其庸先生的鼓励铭记于心,像秘密研究"尖端武器"一样,专注于构建帝王系列小说,矢志不渝。三是耐得住寂寞,无论是夏日的酷暑难耐,蚊虫叮咬,还是漫漫冬夜无边的寂寞,二月河都初心不改,坚守斗室,陶醉于忘我的境界里。四是淡泊名利,付出无数艰辛写就皇皇巨著后,二月河可谓是名利双收,人生到达了巅峰。可先生却淡看名利,依然粗衣淡饭,待人接物一如既往,丝毫没有一个名人的架子。五是不惜余力提携文学晚辈,二月河在自己成为文坛大腕后,依然热心帮年轻作者审稿荐稿,写序作跋,很多青年作家都是在他的真诚关心下成长起来的。

　　先生为广大文学爱好者打开了文学之门，是众多年轻作者心中永远的先生。先生是一个高不可攀的境界，留给南阳的是一笔宝贵的精神财富！

一面之缘

刘洋

又是一年清明，让我时时悲痛的是二月河先生。我和先生虽只有一面之缘，但先生对我的鼓励是我永远难忘的。

2011年初夏，在我大学即将毕业之际，二月河先生应邀来武汉大学老图书馆参加珞珈讲坛，作为主讲嘉宾作《历史与艺术的双重整合》的主题演讲。

初夏的武汉，天朗气清，不冷也不热。因听二月河先生的讲座，天还没黑我就早早来到樱顶老图书馆占了个座位。一直等到夜幕降临，讲座才开始。

当二月河先生走上讲台时，全场响起热烈的掌声，在欢呼的人群中，我感觉多数都是深爱文学的。

我万分激动。我看过二月河先生的"帝王系列小说"，也看过由这些小说改编而成的电视剧。当这些作品的创造者站在我眼前的时候，心情确实是激动不已。虽然钱锺书早就在他的《围城》中说过，吃了好吃的鸡蛋却不必去认识生蛋的鸡，但是作为一个热爱文学的学子我却是兴奋异常的。

二月河先生先是讲了一个例子，列夫·托尔斯泰的作品很了不起，但某个著名作家就不喜欢。由此他谈到了读者和作品的缘分。一部作品如果你喜欢,那是你的缘分。你不喜欢的作品并不是说明你不对,也不是作品不对,仅仅是你和作品没有缘分而已。

讲完这些,二月河先生就开始讲他对于康熙皇帝的认识。康熙是一个伟大的学者,甚至对于农学都有自己的研究,他自己还在宫中种粮食。

他还讲了许多,如小说不是历史,不要把小说当历史来看,也不要用历史学家的严谨来要求小说家。

他给自己的定位是一个小说家,一位读书人,而不是别的什么高人。

一个多小时的时间很快就过去了,到了提问环节,他接受许多人的提问。现在回想起来,我的记忆有些模糊,但是有一点我却记得非常清楚,二月河先生回答问题的时候是非常谦虚的,特别是有些针对帝王系列小说的尖锐问题,他回答得分外老实,到位。

提问环节过了,主持人宣布论坛结束。然而我却不愿意离开,坐在那里希望多看先生一会儿。

这时我才发现一股巨大的人流向前涌去。文学青年们纷纷涌上台去,争着和二月河先生合影,争着要二月河先生签名。

我去参加讲座的时候,没有想到还有签名这个环节,也没有准备好先生的大作以备签名。

但是我手上有一个笔记本,也拿了一支笔,于是我也欢呼雀跃地向台前走去。等别人签得差不多了,我才靠近先生。

我发现多数人,就是拿张纸上去,让先生简单签个名,就是"二月河"三个字,感觉意义不大。

我不想仅仅要一个签名,我马上大学毕业了,我希望能有一句话、一句格言之类,就像孔子跟老子学习,临别时老子给孔子说了几句非常富有哲理的话。

于是,在轮到给我签名的时候,我斗胆请先生给我除了签名之外,写上一句话。

二月河先生先是稍微思索了一下,然后欣然为我写下:文学改变人生——二月河。

"文学改变人生",普普通通六个字,却蕴含了深刻的道理,为我指明了人生的道路和方向。

现在二月河先生离开我们远去了,但他以优秀的天才的作品,以高尚的人格魅力和人格风范,永远活在文学青年、活在广大读者的心中。

本色做人

刘平家

　　誉满天下的二月河仍然是本色做人、率真处事。

　　以前,很多早晨,我在南阳街头散步,或在梅溪路,或在商场天桥上,常能碰见二月河亦在散步。碰见之后,彼此之间随便打个招呼,互道一声"你好",或者只是相互点点头,就各走各的。次数多了,就注意起他的穿着来:春秋常是一件浅蓝色褂子,外套一件蓝黑色旧中山装,光头,下身是黑色裤子。上身那两件,常是内衣比外衣长一两寸,属于典型的"要想阔,里外错"的打扮。夏天他常穿着普通的白色圆领汗衫和黑裤子、黑布鞋。

　　因为不修边幅,还闹出了笑话儿。有一年春节,二月河应邀到县委书记家做客,去时穿着旧式对襟黑棉袄,头戴一顶"老头乐"。县委书记所住家属院的门卫把二月河当成了上访的农民,不让他进院。二月河不急也不恼,"嘿嘿"笑着在门外转悠。县委书记等到大晌午,还不见客人来,就下楼来找,才把他领进门。

　　二月河最爱穿布鞋,一年四季从不穿袜子。上北京开大会,身上穿得讲究一些,也穿上了皮鞋,但是光脚穿皮鞋,在众多代表中独一份。但不管穿什么,他身上透出的都是大家风范、淡然洒脱和朴实幽默。一位记者在一篇文章中写道:"仁厚和蔼的二月河被称为南阳的'镇市之宝',白衬衣,光脚皮鞋,随性可见一斑。眼睛微眯,小而有力,一口河南话夹杂着山

— 269 —

西话,谈吐间充满了机敏和智慧。那是一种仁厚又和蔼的长者所能给人的亲切、踏实的感觉。"

二月河有时也牛,那就是对那些看不惯的人和事,他懒得去搭理,有时还不留情面地一顿猛批。不过他见平民百姓从来不牛,见军人从来不牛。一进入这样的群体,他便如鱼得水,惬意快乐,十足的一副好脾气。有时在街头散步,饿了,他就随便在街头找家牛肉汤锅,坐在众人中间,掏出20元钱,盛一大碗热汤,烫上半斤牛肉,拿一大块饼子,大口大口地吃起来,直吃得满头大汗,惬意而归。

二月河对待文学后辈,总是体谅有加,悉心关爱,在百忙之中,为许多文学青年指点、写序。多年来,我亲聆先生讲课十数次,受益匪浅。有一个细节,我至今记忆犹新——某次文学会议间隙,一大群文友围着先生合影,由于人太多,我又有点儿胆怯,总是挤不到先生跟前。谁知先生看到这一情景,瞅准一个时机,向我招手说:"你快来!"我赶紧挤过去,跟先生合了影,留下了一幅珍贵的照片。

二月河出名后,版税、稿费多了,他经常捐出一些给下岗工人、残疾人、困难户。一次,年关临近,他去市总工会捐款,一捐就是几万元,电视上播放这段新闻时,一位农村老汉看到了,惊讶地说:"乖乖,二月河穿恁土,跟我差不多,我还当他穿多好呢!"前些年,有一次,出版社与他联系,让他领取稿费,他却让与南阳市总工会联系,将他应得的20万元稿费全部捐出,用于资助困难群众。南阳市文艺界举办慈善拍卖会,二月河每年都要捐献一幅画。

因为先生亲笔签名的小说集,已成馈赠礼品,各地前来索要签名的络绎不绝,他就要求,凡成批量前来签书的,都请先到南阳市希望工程捐款,凭捐款条再来签名。如此长期坚持下来,也是个不小的数字。到目前为止,他为慈善事业的捐款数目早已超过二百万元,这在全国作家中还很少见。

二月河成功之后仍保持清醒的头脑和平淡的心态,与普通人融为一体,本色做人。正是因为本色做人,他才能真真切切体会到民间疾苦,同情弱势群体,以火热的心肠和实实在在的行动帮困助贫,受到了人们的普遍敬重。

南阳的二月河

姚全军

欲说二月河，不能不先说南阳。

南阳是中华文明主要发祥地之一，中国南北气候的分界线，淮河之滨，长江黄河分水岭，丝绸之路中转站。南阳还是圣贤的摇篮，物华天宝，人杰地灵，英才辈出，灿若星汉。李白对南阳的印象是——"此地多英豪，邈然不可攀。"

来自山西的二月河与来自山东的诸葛亮一样，都是在南阳成长起来的一代大家，都把南阳当作故乡，都对南阳有一份极为特殊的感情认同，又都成为南阳文化长河里最绚烂的浪花——既为南阳历史璀璨的星空中再点亮一颗星，也为南阳人现代化之路又开辟一程。

我以为，二月河与诸葛亮之所以对南阳情有独钟，这是因为南阳的文化。

南阳文化是中原文化有机构成里的重要组成部分。

南阳文化之古地利之好，"龙""人"可作佐证：

西峡恐龙。考古学告诉我们，恐龙曾经是地球的霸主，因为气候原因灭绝了。却没有人知道，恐龙为了生存在灭绝前大迁徙，满世界能找到的最后一个聚居处是南阳，留下了多不胜数的恐龙蛋化石。

南召猿人。杏花山考古发现 60 万年前，远古人类在南阳怡然生活，证实南阳是中原人类文明的发祥地。

文字文明史载,与周王朝政权同时存在的楚国,其400年的都城丹阳(已淹没在南水北调中线工程的水源地丹江湖下)在南阳,楚文化是今天南方文化的祖脉,楚风汉韵由南阳向外流淌融合。

南阳之名,是"成周之南、江汉之阳"。成周指的是在周成王时代,周公的治理范围,之南就是周公治理范围的南边。什么是江汉之阳呢?江汉就是丹江汉水流域,之阳就是丹汉流域北岸的广袤地区。这里总称南阳。

在《诗经》里面,涉及周南的诗歌共有11首,包括《关雎》《桃夭》等名篇,南阳文化之盛况,由此可见一斑。还有,考证屈原亦是南阳人,至少也是和范仲淹一样吧,仕宦南阳。

由此可以知晓,出现"南阳作家群"现象,绝对不是偶然。南阳养育了二月河这样的大家,也是一种必然。

让我对二月河先生产生崇敬之情的,是先生对南阳的爱。

今天,人们普遍看重的是利益。人与人交往,也往往喜欢论价值以区分。郭德纲很形象地说,穷在闹市耍十八钢钩钩不着亲人骨肉,富在深山舞刀枪棍棒打不散无义宾朋。对人尚且如此,更不用说对一个地方了,对故乡尚没有多少情感,更不用说对寄居的城市了。

然而,二月河不一样。他爱南阳,把南阳当成了家乡,他爱这个家乡,想为南阳说点话,想为南阳做点事,想让南阳更好,他爱这个地方。

无论二月河到哪里,总要维护南阳,推介南阳,赞美南阳,他是南阳人民最爱的形象大使。

先生是南阳市生态文明促进会的顾问,聆听先生的多次讲话,先生执着为南阳传统文化正名,为南阳绿色发展献策,为生态文明代言,为中原崛起鼓呼,书写真情,传播大爱,以一个平凡的南阳人用文字引领一个"南阳作家群",著历史,绘人心,讲真话,行仗义,拓空间,携后进,把南阳精神写进时代,载入永恒。

二月河,就是亲乡土的表率。

南阳,也是一个值得爱的地方。

拥有先生时不觉珍贵,失去先生后悲从心生。

二月河远去了,南阳还在,爱更隽永。

帝乡三山三水为二月河哀悼,南都百花万人送凌解放远行。

文坛泰斗驾鹤去,三部落霞成绝唱,淯水垂泪;作家领军化蝶飞,世上再无二月河,独山默哀。

二月河礼赞

程俊

先贤说:字如其人,文如其人。那么二月河就是一个心中有丘壑的人,是一个内涵很丰富、思想很深刻的人。

知道他,了解他,理解他,懂得他,就是通过他的"落霞三部曲"。

还记得当初看了长篇小说《康熙大帝》,又看了陈道明主演的电视剧《康熙王朝》,心潮激荡,似有千万言想与人诉说:康熙很了不起! 后来才明白:那是一种民族自豪感,那是一种想在乱世中建功立业的冲动。而这些,就是同样了不起的二月河给我的与众不同的体验! 而这些,也是其他作家所不能给予的一种感受!

后来看《雍正皇帝》觉得非常震撼。它改变了我对雍正皇帝的固有印象。他不再是那个寡恩薄义、冷酷无情、尖酸刻薄的铁面君王。雍正皇帝变成了一个务实勤政、胸怀天下、心忧百姓、力戒贪腐的实干君王! 先入为主的主观感受竟然一朝得以转变,二月河功不可没。

二月河的小说及改编的电视剧《雍正王朝》,让全社会随之改变了对雍正皇帝的偏见,有了新的认知。通过小说对民风有所影响,对民心有所指引,作为历史小说家,二月河厥功甚伟,影响力无人能及! 二月河是为人民在创作!

二月河的小说描绘了康乾时期的社会百态,三教九流,无所不有,他尽量还原当时人民的生活状况,这是一种高度负责任的做法,更是实事求是的态度。二月河竭尽所能引导大家感知当时人民的生活,了解他们的思想,理解他们的做法。那个时代的人有他们的行为准则,我们如果用现代人的思维,用现代人的思想去苛求古代人,那简直就是缘木求鱼,刻舟求剑!之所以他的作品受到读者欢迎,尤其是海外华人的青睐,就是因为让人读到了博大的、真实的、经典的中国文化。

我认为二月河先生就在他的小说里喻事喻理。他为我们还原了一些历史场景、历史事件。他用如椽巨笔讲述得生动形象,深入浅出。那些伟大的君主不再高高在上,不再是冷冰冰的牌位和画像。二月河让他们走出历史,把他们拉下神坛,赋予了他们七情六欲。把史实故事变得如此通俗易懂,并且深入人心,由此掀起了帝王小说风潮,后来风靡天下的清宫戏,都是从先生这里发轫。

先生已经逝去,不再理会尘俗的闲言碎语,可还是有些人往先生身上泼污水。种种哗众取宠的丑态,令人作呕。靠谩骂先生博取关注,实在让人激愤。说什么先生是在宣扬封建腐朽思想,是为专制皇权招魂,为封建帝王歌功颂德,赞美一味愚忠……

实践是检验真理的唯一标准。二月河先生的作品广为流传,几十年来畅销,充分说明他的小说满足了大众文化消费需求。

先生很看重三句话,我也觉得简直把人生的重要道理都涵盖了,特录之与大家共享。其一,天下乌鸦一般黑。其二,天下没有免费的午餐。其三,天下没有不散的筵席。他就是这么一个睿智的人!

先生曾说:"生未必欢,死未必哀,君子随分守时而已。"

把人民放在心里的人,人民也把他放在心里!我相信,只要见到母亲河,你必然会想到二月河!

愿先生安息!

平民作家

张成贵

　　我与二月河的父亲,在同一条街住斜对门,和二月河相识近二十年了,见面也在百次以上——他经常在节假日去看望父亲,所以经常相遇。可是相遇虽多,却从来没有说过一句话,直到现在,二月河也不认识我。

　　那年我的一本诗歌集长征出版社要出版,老伴说,你找二月河写个序吧。我也认为是个好主意,可是几次见面也没有张开嘴,是高山仰止,还是自惭形秽,还是不屑附庸风雅,我自己也说不清楚。虽然没和二月河交谈过,但他给我的印象极深。每次见到二月河,他都是穿着一身半新不旧的休闲装,衣服和款式都谈不上上档次,猛一看就好像 20 世纪 80 年代的一个老乡长,一个地地道道的普普通通的平民百姓。

　　我多次看到他去附近菜市场买菜。他不讨价还价,抓一把菜,小贩称了,掏钱就走,从不计较斤两或钱多钱少。老伴说,二月河那么有名,怎么也来这小摊小贩处,去买些普通菜呢? 我说,他把自己看作一个普通人,也就像普通人一样买点普通菜罢了。

　　一次,在市政府门前有个小女孩跪在道边,前面铺张纸,上写如何家中不幸,如何失学,请求救助云云。正好与二月河一起走过,我看到二月河停下来,看了小女孩面前的字,就从兜里掏出 30 元钱,塞在小女孩手里,然后无声无息地离去了。别人不知那人是谁,我却知道,我真真切切地认识他，几十年他就这样行事为人。

近又读《二月河语》中的《永远不能白撞》，说的是有两座大城市，制定交通法规，对违规的行人，汽车撞了白撞。"谁也没有教唆行人去故意违规，但现实生活中情况非常复杂，就违规的人来看也是千人千面。"二月河在文章的最后说："人命关天，永远是任何文明国家的法度最高原则，我们还没有听说车命关天的话头……如今又该加一句，撞了白撞，不撞白不撞，白撞谁不撞？坐在汽车里制定这规矩的先生们，我想你们也是长着一个人头，里头应该是脑汁子而不是尿或水，是用来想事的吧？"这使我看到了一个实实在在的二月河。

我多次反复琢磨，群众为什么喜欢二月河？就因为他把自己完全当作一个平民百姓，把自己融于百姓之中，想他们所想，急他们所急，为弱者执言，替难者解忧；谁不把群众当回事，他就不把你当回事。人民的好干部焦裕禄，把常委会开到兰考车站，在凛冽的寒风中面对数百名衣不遮体、携儿带女外出逃荒的群众，他的心滴着血；为了全县父老的温饱，他带领人民与风沙盐碱搏斗，与死神抗争，人民才世世代代纪念他。人民的好警察任长霞疾恶如仇，但对人民群众却心细如发，她接待群众上访，说到伤心处，群众哭，她也哭，对群众反映的问题她立即去查办、去组织落实，她心里装着群众，一切为了群众，当她不幸以身殉职时，十几万群众自发为她送行。

群众心里有一杆秤，群众心里有一座碑，谁和群众心心相印，息息相通，群众就会把他的名字刻在自己心中的丰碑上。二月河尊重平民，热爱南阳人民，南阳人民会永远记着他、纪念他。

二月河就是一个把丰碑刻在群众心里的平民作家。

印象二月河

孙青松

中等身材,体格富态,方面大耳,慈眉善目,和蔼可亲,不修边幅,一派长者风度——这是我对二月河先生的形象刻画。

二月河先生原名凌解放,自幼辗转晋豫两省,大河上下。"太阳渡"的一河黄金,烙印了他美丽的梦幻;二月黄河奔腾的浮冰,豪放了他的性格,壮阔了他的胸怀。十三岁的凌解放,随南下的父母,入户古城南阳。流淌着楚风汉韵的沧浪清水,滋养了这位来自黄河之畔的北方少年。

"故天将降大任于是人也,必先苦其心志,劳其筋骨,饿其体肤,空乏其身,行拂乱其所为,所以动心忍性,曾益其所不能。"孟子的这段哲语,在凌解放身上神奇地应验了。"老三届"的失学之痛,工程兵挖坑道、采煤矿的高强度劳动,没有让他这位"书虫"懈怠读书。斗室里,他独自摇着一叶"红学"方舟,在清史的长河里桨声欸乃。

厚积薄发。近40岁的凌解放,终于以"二月河"这个笔名,开始了他历史小说的创作历程,开启了他一个人悲壮的文学"沙漠"之旅。"太阳渡"的二月黄河,那气势磅礴、一泻千里的壮观冰流,在凌解放的文学江河里奔流着、汹涌着……

古有苏秦锥刺骨,今有二月河烟炙腕。"落霞三部曲"——《康熙大帝》《雍正皇帝》《乾隆皇帝》——洋洋五百余万言,鸿篇巨制,横空出世,令世人刮目相看。改编成电视剧后,在央视黄金时段热播,家喻户晓,街谈巷议。"十年寒窗无人问,一举成名天下知。"默默无闻的二月河,顷刻间火了……大学教授、文学院院长、作协主席、文联主席、中国作协主席团成员……这些桂冠接踵而至;"南阳作家群"的领军者、南阳形象大使和文化名片、全国五一劳动奖章获得者、享受国务院政府特殊津贴专家、最受海外华人欢迎的中国作家……这些荣誉光环叠加而来;蝉联数届全国党代表、全国人大代表,多次受到党和国家领导人的亲切接见……这些好消息不断传来。

历经磨难,大器晚成,走红的二月河不忘初心,依旧淡泊名利、淡定从容、敦厚朴实,犹如平头百姓。在市场里,市民不时会碰到提着菜篮子的凌解放;在白河边,游人偶尔能幸会手摇旧蒲扇遛弯儿的二月河。无论在家读书,还是参加全国党代会、人代会,他都穿着朴素。

"南阳是我家,须臾不能离开,南阳是我永远的归宿。"二月河先生的这些话语,洋溢着对南阳的热爱和感激之情,温暖着每一个南阳人。

功成名就之后的二月河,还自觉担当起培养南阳文学新人的责任。参加南阳作家学术研讨会,给文学新人授课辅导,给出书的后生作序寄语……对后学扶持有加,对文学新人的期待之情溢于言表。

在全国人代会上,他呼吁作家出书免税,降低书价,让穷人读得起书;平时对困难学生,他捐书捐物捐款,且不准媒体报道,做好事不留名。

二月河离我是那么远,又是这样近。20世纪90年代初,我上班伊始。此时,《康熙大帝》和《雍正皇帝》已经问世,二月河先生业已名高天下。那时我还没有开始文学创作。偶然一个机会,在南阳聆听二月河先生的文学讲座,先生温润如玉,讲话语调谦和,不疾不徐,娓娓道来,听众如痴如醉,掌声迭起。"拿起笔来,老子天下第一;放下笔去,夹住尾巴做人。"二月河先生讲座中的这句话,对我启示甚大,受益至今。敢为天下先的创作勇气,低调做人的处世态度,先生处理得何等好啊!那时,二月河先生是文学巨匠,德高望重,高山仰止,名不见经传的我,觉得离他是那么的遥远。

2006年,我开始文学创作,陆续在《躬耕》杂志、《南阳日报》、《南阳晚报》发表小文，虽未窥门径，但因为痴迷，也渐渐受到前辈老师的关注，入了"南阳作家群"。缘于文学，我有幸与二月河先生相识。2009年，内乡文联和作协错爱看重，委托我创办《湍河文学》季刊，开辟"菊乡文学"园地。我期望能请二月河先生题写刊名，惴惴不安地提议，不想先生竟十分爽快地答应了。不久，我就拿到了先生的真迹"湍河文学"——"湍"字用墨淋漓，开合有度；"河"字直贯而下，大气磅礴；"文学"二字虽简约愈显笔力，虚实有致，粗细协调。整体自然流畅，拙如孩童，亦庄亦谐，实为先生题词中的精品。我如愿以偿，心中分外欣喜。《湍河文学》绵延至今，已整整十年矣，为培养作者，促进县域文学繁荣，做出了应有的贡献，其中也有先生的功劳啊。

2016年秋，在内乡县衙馆长办公室，我有幸与二月河先生畅谈两个小时。从历史到当下，从政治到经济，从文学到哲学，从小说到散文……先生深入浅出，旁征博引，娓娓道来，学养深厚，思维敏捷，令我折服。我提及时下"文学边缘化"的问题，二月河从容地说："这个问题看起来不正常，细想起来也正常。中国过去太穷，百姓日子苦。改革开放后中央'以经济建设为中心'，很快改变了落后面貌。现在，中央又提出奔小康，仍然是为了国富民强。在发展经济、提高人们物质生活水平过程中，'文学边缘化'现象难以避免。实现小康之后，人们会追求精神生活的丰富，到那时文学就不会再边缘化了。"我又提出："基层有些文学青年，痴迷文学，厌烦单位的正常工作。您怎么看待这个问题?"二月河先生坦诚地说："文学是调味品，不是主食，咱得分清。爱好文学不错，但青年人首先应当干好本职工作，再利用业余时间去搞文学创作，要保证工作文学两不误。"先生一席话，如醍醐灌顶，让我获益匪浅，找到了业余创作的正确道路，也坚定了走文学之路的信心。这次与先生的"县衙谈话"成了我人生中一段美好的记忆。

不承想，2018年12月15日，噩耗传来：二月河先生在京病逝。闻讯，我惊愕，悲恸！12月19日，我与马鸿莹、韩国民等内乡文友赴南阳殡仪馆参加先生的遗体告别仪式。当天前来哀悼者络绎不绝，哭泣声此起彼伏，伤感悲凉的气氛笼罩着告别现场。"先生，一路走好"的横幅，令人五味杂陈,酸楚难言。"寿终德望在,身去音容存"——灵堂两侧的竖联,道出了送行者的心声。

作家李远的一副挽联,让我感动——

> 淯水呜咽独山苍茫"南阳作家群"痛失文学巨匠;
> 南都文昌卧龙风流"帝王三部曲"终成旷古绝唱。

我不揣浅陋,也草就一副诗联,寄托对先生的哀思——

> 生于昔阳发迹南阳故里家乡皆闻达;
> 黄河哺育淯水滋养二河晚照尽落霞。

凌老师,你驾鹤西去了,可在荧屏里,你的音容依然鲜活着;二月河,你悄然东逝了,但在文学海洋中,你的才情依旧澎湃着……

文學風流

二月河：再塑历史精神的一种象征

孙晓磊

有论者称"凡有柳井处，必读二月河"。世间事有果必有因，任何人的成功都不是偶然的，二月河先生亦诠释着"智慧源于勤奋，伟大出自平凡"的必然。今天的二月河，正是昨天凌解放不懈努力的结果，当然，二月河先生的成功还有时代精神塑造和地域文化滋养的缘由。

如果说历史是民族根基、文化是民族灵魂，那么山西昔阳凌家大院的建筑之于二月河先生，则是孕育他生于斯之血脉相传的地域符号的基因所在，这当然也体现了他能够被赋予并追根溯源出来的故土情结。他及他生命历程的精神追求也由此出发，跟随征战的"职业革命者"的父母跨越黄河，走过洛阳，一路南下至中原历史文化名城——南阳。

南阳在全国肯定不是最有名气的地方，但一直以来，都不容置疑是一个灵山秀水、人才辈出的地方。是南阳秀丽山川的文化滋养成就了二月河。尽管他生于昔阳，但幼小的他对于昔阳已无多少记忆，少年的洛阳之居（1948年三岁到栾川），也仅有寥寥的童趣印象。最终，一个与昔阳、洛阳、南阳"三阳"有着不解之缘的人的一番大作为、大气象，就毫无悬念地历史地定格在南阳。可以说，由昔阳起始到洛阳过客再到南阳发达，不能不说他是沾着昔阳的地气来到洛阳，从洛阳而后南阳才凝聚成他的才气加运气加力气，最终成就了名扬天下的二月河。

南阳确实是一片沃土,它似乎特别有利于人才的缔造,是一个在全国都并不多见的能够传千年文脉、承楚风汉韵的好地方。特别是两汉时期的冶铁业和官盐经营使南阳帝乡厚积成为东汉史上名副其实的风水宝地,这一片生长人才的摇篮,产生了百里奚、范蠡、张衡、张仲景,也吸引着三国时期的诸葛亮。当年,出生于山东的诸葛亮,在他生命力最为强盛、增长智慧最为紧要的关键时刻,选择隐居于南阳卧龙岗,学习天文地理之经典,演练经天纬地之谋略,在此等候明主,应该说这个抉择绝非偶然,而是经过深思熟虑的。因为南阳距当时的全国政治中心——魏都许昌朝发夕至,在这里,他可以得天子信息之灵、行交通中枢之便,进可入主中原,退可居守川陕,且南阳作为帝乡陪都,地位适中,人才辈出,商贾云集,文化发达,政治影响力和经济富裕度都是无可比拟的,他后来的成功不能不说是与他在南阳这个得天独厚的优越地理环境中的文化熏陶相关联。于是,我们可以说,南阳成了二月河小说创作的精神家园,也是他振翅高飞和安然落脚的福地。南阳,也只有南阳这个枕秦岭而襟荆襄、通江河而贯东西的南北过渡带上的文化交融、繁复、厚重凝聚而成的楚风汉韵,才能够托负得起从黄土高坡的山西昔阳奔腾而下,沿黄河之畔洛阳一路走来的二月河先生。

二月河先生是偏才,他偏重于文科,少小的学习不用功没有阻挡他偏才的发挥和智慧的增长。人实际上通才很少,术业有专攻,知识多少与创造力大小和智慧高低是两回事,偏才未必智商不高,认真读书、刻苦学习只不过是认知进步、获取知识的基本途径罢了。事实上,世上的事你若刻意为之则可能南辕北辙,若顺其自然则或许成就大业,二月河先生的成功恰好证明了这一点。

他当兵毅然走出了新天地。军营的生活和新的环境使他有了更为明确的人生目标。虽然他参军的工程兵"打坑道、挖煤层"异常艰苦,但他不怕苦、不怕累,凭着苦干和爽快、厚重的性格为他最初的独立生活赢得大家的尊重和爱戴,从而在军营中站稳了脚跟,继而入党、提干。如果说,二月河先生的少年透出散淡、率性的天真性格,相对于后来事业的成功是偶然,那么,参军的转变则是好学上进、百炼成钢的必然开端。

生存的悖论永远如此,它常在你不经意处改变着你的命运。本来,希望"能当个武将,立功名于世,成事业于汗青",与儒家的"大丈夫当建功立业"理念一脉相承,但谁能料到,军旅出身的他最终成了大作家。

生活的辩证法总是表现出东方不亮西方亮的特征。假若二月河根正苗红,在政治上可堪造就,仕途上一帆风顺,那可能或许会多一个无足轻重的官吏,而少一个不可替代的二月河,但假设历史从来都没有任何意义。

1978年转业的二月河先生回到了南阳,现在回过头来看,究竟出生地的昔阳给予了他怎样的禀赋天性,在十三朝古都洛阳他又感知了多少传统文化,在南阳他承继了什么样的精神资源,凝聚了怎样的文脉地气来为他的成功奠基,才最终锻造了他的文化人格而终成不凡业绩。

实际上,二月河先生是在1984年才真正踏上文学创作之路的,其间历经十余年,在文学创作上披荆斩棘,勇往直前,创作完成了以清代社会历史为背景的"帝王系列"小说,皇皇13卷,浩浩500余万言,全面再现了清代康雍乾盛世的政治生活,描绘了纷繁复杂的社会场景,塑造出了一批鲜明的人物形象,其文化观照的视角既具备"史诗"的品格,又呈现出"平民化"的特质,作品记录历史,映照现实,具有鲜明的民族风格、时代特征和较高的审美价值,思想性和艺术性都达到了相当的高度,代表了当代我国历史题材长篇小说的水平,他也因之功成名就而享誉海内外,并理所当然地成为"南阳作家群"的领军人物和南阳的一张文化名片。

二月河先生长篇历史小说的最大特点是,寻求历史与现实的文化契合点,以此诱发阐释、引起共鸣。由于他先有了红学积累和研究清史的基本功,所以,他能够在驾驭"帝王系列"的作品中,使历史题材的写作更主要地呈现出现实观照性。在这里,他的传统文化积淀,对他写作本身和他观照清朝那段历史给予价值上的修正,使他的学养、见识成为先于他文学创作的基础而能够正确地坚持对历史解构的标准,他的写作,做到尊重历史并不囿于历史的局限,重塑了康熙、雍正、乾隆新的历史形象,背负起了发扬中华传统文化精神的责任,从历史根源中找出现实新的期待,实现在艺术享受中承载人文精神理念的新希望。

文学离不开人性的张扬、人物的刻画、人格的锻造,就具体的文本来说,其思想性和艺术性永远体现着作者才、识、学和时代精神。二月河先生也正是如此,他的作品不仅体现一种大气、狂放,也具恬淡和舒缓,由于他作品透出的人性关怀以及表现出的那种充分理解传统文化和谨慎地审视西方文化资源的内涵。因此,我们也可以说,作为笔名的"二月河",更像是一种文化的符号,代表所处时代、昭示地域文化、表明知识分子的身份,是一种至大至微地掌控历史评说的开合张扬,是一种自由豪迈激情澎湃的汪洋恣肆,是一种内敛著书立说、慎思道德律令的仪态。因而,这种符号伴随着他作品的广泛而深远的传播和影响,传递着他所处这个时代的那种奔腾不息、继往开来的精神实质和得以自由写作的创新意味,而且他的桀骜不驯性格,也注定他要以摧枯拉朽之势,风生水起般地荡涤和颠覆既定的历史人物形象。

在这一点上,二月河先生的《雍正皇帝》表现得更为突出。这部小说反映的是中国历史文明发展进步中承上启下的一个片段,正像 DNA(脱氧核糖核酸)在密码上记印下人类遗传信息的痕迹,其意义不仅在于薪火相传,更在于以改变历史人物面目来诠释和观照现实,这种在人类精神和文化层面上彰显人的区别的形象创造,具有鲜明的艺术风格和时代特征,他这种对于清代社会众生相的真实写照,全面深刻地揭示了封建社会由顶峰走向衰亡的内在原因。更为重要的是,以一种反专制的精神,重笔浓墨地阐释了雍正皇帝的内在本质,预示了逆世界潮流而动的封建社会行将走向衰亡的历史趋势。

早已看透世态人情的他,当然理解"人无风趣官必贵,案有诗书家必寒"的世象,也深知"鱼与熊掌不可兼得"的道理,所以,他潇洒而顺其自然、旷达而少有困惑。所以,倘要硬给他的性情找一个与人文关怀相匹配的标签,那他"心里牵挂弱势人群的心理渴望与需求企盼是不变的",就是最真实的评价,这种评价贴切、中肯而不做作。

所以说,只要有如此胸襟,有他作为作家的正义良知的存在,纵然他写的是历史小说,也照样透着强烈的现实观照性,也能使我们看到他心系草根的拳拳之意、殷殷之情,给我们思想启迪和匡正历史之鉴。因而,他的为人和为文使我们不由自主地领略和深切地感触到：他生花妙笔的历史是透着老庄道法自然的空灵智慧的出世历史，是承载孔孟儒道的敬天济民的入世历史，是参透了佛教、世道，参悟了玄机奥妙的救赎生灵的旷世历史。也因之，他更能够在中式传统文化中提炼精华、塑造品格并在凸现独特言说方式中进行文本创造，由此我们依稀可以辩出其"帝王系列"成功之大道所在。

也正是他文本始终贯穿了强烈民本思想，才使得他作品的人文精神与社情民意相交融、历史价值与现实观照相映衬。因而《雍正皇帝》把"九王夺嫡"的硝烟驱散之后，立即把焦点转向民众，作者不惜笔墨，用去大量篇幅描述雍正的勤政廉政，关注国计民生，其宽严相济、刚毅并用的施政风格，促进经济发展社会稳定，民众得享福祉，其入情入理的叙述引人共鸣。

丰富而深刻的思想内涵，无疑是一部作品打动人、影响人、感染人和使之得以传世的最重要原因之一，"帝王系列"在开掘历史的深度和增强思想的厚度中，无不体现在历史唯物主义的英雄史观上。二月河先生不为后现代主义界定的时代变迁和营造的时髦语境所动，用辩证和历史唯物主义观点来阐释和处理群众和帝王的关系，有唯实求真之态，无矫揉作秀之势。他深知文本要感动人心、引起共鸣只能依靠事理、人情的张扬和触动人性的敏感点，也清楚作品与现实关系的个中甘味和奥妙，更理解表达与实际的互动机理，所以，他在作品的艺术处理上，视角始终是站在人民群众推动历史这个基点的基础上，来正确地反映英雄人物在创造历史中的重要作用。他对题材的把握既非历史虚无主义，又拒绝照搬历史，是以自己的言说方式对历史表述出独到的见解。整体来看，二月河先生的"帝王系列"按历史的基本框架谋篇布局，铺陈情节，决定取舍，用人性的本质和人文的精神去对照、关注人物，正视历史，注重细节的描写，体现出历史趋势的真实走向和艺术再造的现实超越。

尤难能可贵的是，享有盛名的二月河先生在继"帝王系列"之后又相继出版了《二月河语》《密云不雨》《佛像前的沉吟》《随性随缘》等，这些作品都充满洞悉乾坤的睿智，显示出二月河先生曾经沧海、精练老辣的文字功力。并且在海外报刊上开辟了诸多专栏,成为世界华语圈中最受欢迎的作家之一。

　　总之,二月河先生在文学领域特别是"帝王系列"长篇历史小说创作中,凭着雄厚的文化实力和匠心独运的文本创造,使康雍乾因被赋予斑斓多彩的人文内涵而从神性还原为人的姿态而站立在天地之间,他作品中栩栩如生的人物形象,由思想、情感、艺术手法组成的意境的充分创设,使得其文化素养和气质综合地内化为他作品的属性而得以充分表现,这种文气的贯通,文脉的勾连,文情的奔放,使其作品洋溢着文笔意趣,他因此在正确理解和成功把握历史人物的同时,也注定成就了文学自我的辉煌。

感知人间冷暖　拷问人性根底

——谈二月河小说人物的"出世"与"入世"

黄迎霞

二月河先生的皇皇巨著,写尽了历史的沧桑和人生遭际的跌宕起伏,读之令人不禁感叹人物命运的多舛,先生笔下的人物皆入世,又出世,并且"出世"与"入世"的分寸拿捏得极为得当。

一、笔下人物皆入世

二月河先生近 40 岁开始创作,带着中年人的心态,描摹人物命运,感喟人生悲凉,庚续中国传统小说的章回体规式,涉及天文、地理、历法、水文、政治、经济、文学等领域,是一部百科全书式的帝王小说。人物群像生动鲜活,从容舒展中饱溢书卷翰墨之气,嬉笑怒骂皆成华章,一种从生活深层涌流出来的皇家情趣和意蕴扑面而来,真可以算是世情小说的典范。

封建社会皇帝自诩是上天的儿子,高高在上,他的一日三餐、生老病死是怎样的,老百姓只能凭想象。乾隆六下江南,民间编了无数段子来调侃、猜测,带着强烈的窥探欲。先生深知这种心理,他在研究大量清史的基础上,把"帝王故事"与传统文化结合起来,笔下流淌的是"接地气"的天子、后妃、朝臣,塑造了一系列大家耳熟能详的人物形象。

先生笔下的康熙,不仅有庙堂的大气和帝王的胸怀,还有民间常人的思维,以及江湖的侠气,透露出浓浓的烟火气息。比如康熙与伍次友、苏麻喇姑之间情谊,就比以往作品里那种主子与奴才间的恩典显得更珍贵。穷秀才伍次友胸藏韬略,斗智斗勇,不逊百万雄兵,而痴情女苏麻喇姑一生对他情思缱绻,最后孤独而终,更让人涕泪俱下,嘘唏不已。

《康熙大帝》里"释冤狱铁丐感皇恩"、《雍正皇帝》里"黑嬷嬷制服甘凤池"的情节描写,更是独到传神。不论是"铁丐"吴六一,还是端木家的"黑嬷嬷",都是长相奇异、身世离奇、身怀绝技的高人,包括皇帝巡游抓贪官、清官私访平冤案等情节,虚构成分较多,本着"大事不虚,小事不拘"的原则,既符合历史逻辑,也契合中国人的审美偏好,有武侠传奇小说的玄幻,让人爱不释手,一读再读。

其实,伍次友和书中的另一人物邬思道,都是虚拟人物,历史上并没有这两个人。看他们的姓氏就知道,二月河先生写作时故意把他们的姓氏写成"伍""邬",意思就是"无",是要表明这两个人都是虚构的,这和《红楼梦》里的起名方式有异曲同工之妙,是为了给小说增加可读性。这样,风尘逸士、草莽豪杰、风流才子,大家喜欢的文化元素都全了。

二、笔下人物又出世

邬思道,这位学穷天下的大方家,每每高谈阔论、分析时局,都有着几分诸葛亮草庐对的味道,但用他自己的话来说,是"阴谋为体",言外之意,不是"阳谋",是见不得光的,所以最后他也只能明哲保身了。这表明,任何形式的斗争,最终都是血淋淋的。

小说为了突出雍正皇帝的正面形象,虚构了邬思道这个人物。在《九子夺嫡》中,王爷们都是暗地里较劲儿,为争王位剑拔弩张,而让邬先生把四爷雍正的计划全盘说出口,是想将雍正的阴谋心计分离到邬先生身上,掩盖雍正用心狠毒的一面。同时,从语言的表现力上来说,这样安排也胜过让四爷自己心里琢磨,更生动自然。

邬思道这个人物的厉害之处是可以深谙圣意。虽然方苞、张廷玉等人都有着揣摩圣心的本事,但他们和康熙、雍正朝夕相处,当然毫不出奇。

但是,邬思道就不一样了,在书中,他连康熙的面都没见过,每每只看奏折官报,便能推测上意,往往还一语中的,点醒众人,似乎是康熙内心世界的映照。雍正一临朝,邬思道就归隐江湖,采取"出世"之法,可能会有读者难以接受,可从小说人物个性和思维走势考虑,他的命运必须如此。当人物性格太满时,一定得把他拉下马,一是布局谋篇的需要,也就是情节得符合大起大落的要求,再就是考虑"物尽其用""鸟尽弓藏"的道理,"盛极而衰"的意思人人都懂。

再说伍次友和苏麻喇姑的相恋是注定没有光明的未来,相忘于江湖可能就是最好的结局。

苏麻喇姑是小说中的一抹亮色,二月河先生在她身上寄托了全部的女性理想。苏麻喇姑从一开始和伍次友相恋,到最后的出家,暗合了女性从对美好生活的渴望、期盼到心灰意冷的过程,积极"入世",无奈"出世",心理刻画十分生动。

三、"入世"与"出世",形象拿捏有度

一部耐看的作品离不开人物、情节、环境等多方面的塑造,而人物又是小说中的核心因素,好看的小说离不开作者对人物的精心描摹。二月河先生从众多人物入手,把人物作为棋子分布在故事当中,十三爷胤祥就是一个突出的例子。

在《康熙大帝》中,宝日龙梅这位蒙古公主怀孕时就说,生下的这个孩子如果是男孩,就是十三爷。《雍正皇帝》中康熙说胤祥"乃吾宗千里驹"。实际上,胤祥虽生于深宫帝王家,却从小受尽了人间磨难。其母宝日龙梅婚前与河伯陈潢有过一段恋情,嫁给康熙后仍爱因治河死去的陈潢,康熙为关照公主这段感情,特设皇姑屯,让龙梅落居于此。这段历史,年长的后妃和康熙年长的皇子们是知道或隐约知道的。因此胤祥的身份比不得别的阿哥,他的身世经历也决定了他的个性:虽居深宫却饱受人间冷暖,虽为皇子却不受众人之爱,他孤高而无依,不能与各位年长阿哥有平等交往,连有权势的太监也敢给他穿小鞋,凌辱他。在这样的环境中,

胤祥不断挣扎,学文习武,结交各类朋友。太子和四阿哥对胤祥的照拂,使他产生了对太子和四阿哥的贴近和依存之情,这就形成了小说中所见到的"十三爷"的形象。胤祥性格形成和他命运展开顺理成章,因而令人印象深刻。

读历史小说和阅读现实人物一样,是要用心去审量和咂摸的。二月河先生说,他写皇帝并不是因为对皇帝情有独钟,而是聚焦这样的人物容易统领历史全局。可见,他希望通过三朝历史解读中国历史和文化,在创作中注入家国情怀,融入关于传统和人性的见解。

二月河曾这样说:"我觉得文学应该是寒冷和温暖都要书写,因为这个世界上有寒冷也有温暖,反映这样一个真实的世界,人们才会感受到你是一个生活在人间的作家。"这里的"现实",是他对人间的感知,通过推演现实的问题,从而拷问人性的根底。

这样看来,"入世"与"出世",必须关注现实的生活,笔力必须追随大众的审美期待,作品才能如同一道光,照进历史,照亮人心。

二月河，最早把雍正变成"网红"的人

张明扬

1985 年 11 月，《康熙大帝》第一卷《夺宫》出版，这是"二月河"这个笔名登上文坛的伊始。很多年后，二月河自述笔名由来时解释称："二月的黄河，冰封解冻，万马奔腾。"

从 1986 年到 2018 年，"历史小说家"就成了二月河身上的第一定语。在中国当代历史小说界，二月河和《曾国藩》的作者唐浩明就是那两座最引人注目的山峰。

2018 年，雍正早已成为了中国舆论场的顶级网红，以至于出现了"雍正（四爷）很忙"的说法。仅电视剧，就出现了《步步惊心》和《甄嬛传》等大热之作。但如果归根溯源的话，二月河才是最早那个捧红雍正的"肇事者"。今天，当二月河逝世的消息传开时，人们第一个想到的也是他那部《雍正皇帝》。

二月河一生最有名的作品就是他的"帝王系列"，《康熙大帝》虽然是二月河的处女作兼成名作，但真正成就二月河文坛地位的还是出版于 20世纪 90 年代初的《雍正皇帝》一书，差点就获得了"茅盾文学奖"。

相对而言，《乾隆皇帝》虽然是二月河大病之中创作的"拼命创落霞"之作，可以有一些情怀分，但风评仍然最低。以我的阅读体验来看，《雍正皇帝》我大约完整看了三遍，《康熙大帝》不完整地看了两遍，而《乾隆皇帝》一遍都没有看完。

坦白说，我第一次看《雍正皇帝》一书，是在看了那部胡玫执导的著名历史剧《雍正王朝》之后。我想，这可能也是很多人的共同体验。甚至可以说，是《雍正王朝》成就了那个大众心目中的"著名作家"二月河。

1999年1月，《雍正王朝》在央视综合频道首播，造成的轰动效应超过二月河任何一本书。该剧包揽了当年所有电视剧奖项的大奖。

扯开一句说，《雍正王朝》也是刘和平首次担任影视剧编剧，正是以此为起点，刘和平后来创作了《大明王朝1566》和《北平无战事》，成为中国顶级的历史剧编剧。

电视剧《雍正王朝》甚至惊动了历史学界。1999年3月13日，人大清史所所长戴逸在《人民日报》上发表《历史上的雍正》一文；3月15日，清华大学历史系教授秦晖先生在《中国青年报》上发表《〈雍正王朝〉是历史正剧吗？》一文。

戴逸的文章倒还好，没有直接指向二月河，而秦晖的文章则矛头直指电视剧《雍正王朝》，认为电视剧是以雍正亲自炮制的《大义觉迷录》"为基础而进一步拔高的"。平心而论，二月河的原作《雍正皇帝》的确是一部对雍正的过誉之作，但书中还是涉及了不少雍正的权术权谋，结尾虽然是戏说，但将雍正之死写成因为与"失散多年的女儿乱伦"而自杀，甚至可以说是"黑化"了。

但在电视剧《雍正王朝》里，雍正被进一步拔高为"高大全"，刻画成为推行利国利民的新政不惜得罪天下读书人的改革先锋。可以说，全剧你基本看不到对雍正的任何批评之处，看完电视剧，你也很难不成为雍正的粉丝。从这个角度而言，是《雍正王朝》"成就"了作为某种意义上争议人物的二月河。

二月河的历史观自然有这样那样的问题，但有一点我想要为他点赞，《雍正皇帝》的书名没有叫《雍正大帝》。置于2018年的今天，当我们回看当年这场争议之时，有一点或许是没有太多争议的。如果暂且搁置价值观的因素，《雍正王朝》无疑是中国历史剧的一部经典之作，《雍正皇帝》是中国历史小说的典范之作。

二月河或许不愿意承认一部电视剧是他的人生巅峰,但对于大众而言,《雍正王朝》和《雍正皇帝》已经融为一体,很多人纪念他的方式,或许就是在晚上重温一集电视剧。

而我,刚才翻开了他写的最差的那本书《乾隆皇帝》,在其中翻看曹雪芹的部分,看曹雪芹和敦诚敦敏的友谊。在这一刻,我仿佛可以感受到,1980 年那个红学青年凌解放。

也说笔名"二月河"

马先灿

　　享誉海内外的历史小说作家、被称为"南阳形象大使"和"文化名片"的二月河先生于 2018 年 12 月 15 日驾鹤西去,享年 73 岁。网上纪念诗文多多,其中,有不少篇什解说笔名"二月河"的由来,拜读后觉得均有遗漏之憾。对此,说点个人看法。

　　首先说明,我不是蹭热度,不是攀名人。在下曾与二月河老师同框过,但我知道,二月河生前与人合影无数,我只是万人丛中一抹影子而已。

　　话说在朋友圈读到的纪念文章,说起"二月河"笔名含义,基本沿用作家本人的解释:"河指黄河,毛主席说:'人可以藐视一切,但不可藐视黄河。'每年农历二月,黄河就解冻,形成凌汛。我本名叫凌解放,二月河就是解放了的黄河。"

　　作家把自己的笔名解释得平平正正,不卑不亢。不过,我觉得二月河老师好像还有一点没有说出,读者也没有看出。

　　窃以为,二月河老师的笔名很大可能出自"初唐四杰"之一杨炯的《出塞》诗。全诗如下:

　　　　塞外欲纷纭,雌雄犹未分。

　　　　明堂占气色,华盖辨星文。

二月河魁将,三千太乙军。

丈夫皆有志,会见立功勋。

后人一般把《从军行》当作杨炯的代表作,把"宁为百夫长,胜作一书生"两句奉为佳句。可是,读《出塞》诗,你会觉得,这首五律写得雄健有力,格调超拔,与《从军行》比,《出塞》并不逊色。从中选取笔名,正可表达凌解放借著书立说的形式而建功立业的人生抱负。

当然,若说"二月河"取名于此,明眼人马上看出问题来了。颈联两句,按照节拍,应读作"二月/河魁/将,三千/太乙/军",不可读作"二月河/魁将,三千太/乙军"。那么,说"二月河"三字出于此处怎么也说不过去啊。

我想,诗句中的意义单元确实不可拆分,但采撷诗中词语用作笔名大可不必拘泥诗律。凌解放先生在此取的是意境,取的是气韵,取的是情势。

现在回到对《出塞》颈联解释上。何谓"河魁"?就是古代主将设置军帐的方位,也可说是星斗名。魁,北斗第一星也,也有说主宰文章兴衰的神。李白诗中也曾用到"河魁"一词,如《司马将军歌》诗云:"身居玉帐临河魁,紫髯若戟冠崔嵬。"何谓"太乙"?就是救苦天尊,道教的尊神,能闻声救苦。太乙军,通俗地说,就是"神兵"。这一联大意说,春风骀荡之时,骁将率领铁兵,浩荡出征。杨炯借将军出塞表达自己要为国建立卓越功勋的志向。

二月河,原名凌解放,出身军旅之家,他本人也曾应征入伍。十年军旅,辗转太行和大凌河畔,建国防工程,塞北挖煤,部队熔炼了他,奠定了能吃苦、善作为、干大事的作风禀性。他转业后任职南阳市卧龙区委宣传部,近四十岁开始文学创作,致力于"帝王系列"。我臆想,学富五车、才高八斗的凌解放先生应该熟读过杨炯诗,且很欣赏这首《出塞》。从中选取"二月河"三字作为笔名,微言大义,正可寄托他自己的军人情怀和文人情怀。可否这样想,他自己就是仲春出征的战将,用如椽巨笔,调动三千汉文,书写皇皇巨著。

不过,有此壮志,谁好意思讲我是河魁,是天将。古语说:木秀于林,风必摧之。深谙世故、人情练达同时为人又很厚道的凌解放,不会贻人口实招致嫉恨和攻讦。从二月河老师的随笔中,我们会看到当年他创作《康熙大帝》时曾经招致过别人的诘难非议。我猜想,为了减少一些麻烦,同时也为表达自己的乐观胸怀,凌解放先生在解释自己的笔名时,往自然方面解释,甚至还有点像解释谜语,凌解放,二月河,如同谜面与谜底,互相暗射扣合,怎么说都正确。可是,在他"大而化之"的解说下,仍不难看出他的浩然正气的。

皇天不负有心人,二月河十多年焚膏继晷,孜孜不倦,写出五百多万字巨著,成就一生英名。只可惜,"落霞三部"成绝唱,世间再无二月河。

王朝天空惊心动魄的雪

乔峰

北方多雪,雪花飘落在诗人笔下,雅致而壮美。李白游幽州,适逢大雪纷飞,挥就著名诗句"燕山雪花大如席,片片吹落轩辕台",成为唐朝雪景的苍茫记忆。

明清的大雪最多,或者说落在史籍、笔记上的雪花最多。

《清宣宗成皇帝实录》记载:道光十一年"京师得雪二三尺"。清康熙《通州志》卷十一载:"是岁(顺治九年)冬,通州大雪五尺,斗米价至一两,民有僵死者。"清代乾隆《延庆县志》载:雍正五年正月"延庆州大雪三日,深数尺,奇寒,人畜有冻死者"。《清仁宗睿皇帝实录》载:嘉庆十五年"京师自腊月以后,瑞雪频繁……岁除日复大沛祥霙,连宵达旦"……

据传,乾隆四十三年华北久旱,年末皇帝出城巡访,忽然天降大雪,顷刻漫天皆白,乾隆皇帝停辇赋祈雪诗三首,宣慰天恩。因为那场瑞雪,大学士纪晓岚也留下了雅俗共赏的诗篇:"一片一片又一片,两片三片四五片。六片七片八九片,落入花丛都不见。"

清王朝天空的雪,既汪洋恣肆又考验民生,有华丽的诗情,也有悲凉的意境,那雪飘在南阳盆地文学巨匠二月河的心田和案头,便具有了复杂的文学意味。

翻开《雍正皇帝》,我们会感受到北京城非同凡响的冰雪天地。

康熙四十七年十月初六日,皇帝巡游承德接见蒙古王,并在围场狩猎。车驾过密云就"下起了雨夹雪",数千人带辎重仪仗"在泥泞寒冷的燕山古道整整跋涉了七天"才到承德。谁承想,一场围猎,变成皇子们明争暗斗的角力场,结果不欢而散。四阿哥胤禛和十三阿哥胤祥心情郁闷。胤祥抬头看天,"阴得很重,铅灰的云压得低低的,缓慢又略带迟疑地向南移动,不时飘落着纸屑一样的雪在风中旋舞着"。这时,先生笔下的雪,和人物的心境合二为一,苍凉,纷乱。

康熙四十七年初冬风云惊变,这场雪也下得漫长。太子胤礽失意,他看了看天,"还在没完没了地丢絮扯棉,环顾四周,仿佛都是陌生人"。康熙下定决心废除太子,在戒得居内,他内心亢奋,脸上毫无表情。"此刻正是天亮前最黑的时候,肆虐的狂风拉着又尖又长裂帛一样凄厉的呼啸,雪尘团团裹着像是摇撼着这处小小的偏宫,把它连根拔起,撕成碎片,抛向无边无际的天穹……"众阿哥立在廊下候旨,"穿堂风刀子似的,裹着雪片袭进来,冻得发木的脸生疼也一动不动。在等待中,这个不安的夜终于过去了,大雪茫茫,早已把整个山庄盖得严严实实,一片银装素裹琉璃世界……"。

这个冬天,太子胤礽被下诏书废除,胤祥被囚禁之后又被恩旨释放,他在街上行走,步履沉重,"一阵一阵的朔风,吹得满街干燥的枯树叶子哗哗作响","空寂的石板道上的流雪细烟似的随风满地飘荡"。

康熙四十八年,被废黜了半年的胤礽复立为太子,康熙皇帝到承德避暑,而后巡视江南。但是,皇城内暗流涌动,阿哥争权夺势愈演愈烈,太子地位依然难保,四阿哥胤禛决意自立门户主动作为,密谕四川总督年羹尧进京述职途中转江夏镇捕拿逆犯任伯安。年羹尧血洗江夏,雍王府暗度陈仓,查抄《冠缨百丑图》。这一幕惊心动魄的场景,二月河先生依然以大雪铺陈——那是十月十二日,"裂帛撕布地吼了一晚上,纷纷扬扬降了一夜大雪……北京已是琼楼玉宇一片混沌世界"。及至紧要关头,"那雪越发成团成块乱羽纷飞地飘落下来,街上已集了半尺多厚的雪"。查抄任伯安一手私建的密档,康熙震怒,沿运河北上回京,十一月二十日,"滴水成冰","北直门外残雪连陌,一片白皑皑"。

康熙五十一年深秋,康熙巡视塞外刚回到北京,便向诸皇子宣布废黜太子。其时"雨点子不分个响成一片,哨风袭来,冷得人通身寒彻"。十月初一日,他又向诸王、贝勒、大臣等宣谕重新废黜胤礽的原因:数年以来,狂易之疾,仍然未除;是非不辨,大失人心;秉性凶残,与恶劣小人结党……

　　康熙六十一年冬,皇帝病重,神情恍惚,彼时"恰遇严寒多雪","一团团、一块块,裹着、旋着、飘着,没完没了的只是下"。十一月十三日,宣读完遗诏,在皇子们的争执声中,康熙龙驭上宾。北京城中冰雪和白旗幡交织成一片白色的世界,混沌,素然,惊心。

　　雍正皇帝(胤禛)在十三阿哥胤祥等人的辅助下,受诏登基,从此走入清王朝权力的中心。十四阿哥胤禵和雍正是一母同胞,但因属"八爷党"利益集团,被先帝派往青海做大将军王。他接到丧报,本欲带兵回京,但朝廷不允,只好在少数随从的陪同下风雪中千里奔丧。他的行迹,被二月河一句话点到:"天晚十分,一行三十余骑在山西娘子关一个风雪弥漫的山神庙前驻马。"他此时的心境悲凉而茫然,在二月河的笔下,化为漫天风雪,如交响乐般,在烘托气氛的艺术表达上,达到高潮——

　　"自立冬过后,大雪几乎就没停过。以京师直隶为中心,东起奉天,北至热河,由山东河南连绵向西,直至山西甘陕等地,时而羽花淆乱,时而轻罗摇粉,或片片飘坠,或崩腾而降,白皑皑、迷茫茫,没头没脑只是个下。远村近郭,长林冻河上下,飙风卷起万丈雪尘,在苍暗微绛的云层下疯狂地旋舞着,把个世界搅得缤缤纷纷,浑浑眊眊,把所有的沟、渠、塘、坎一鼓荡平,连井口都被封得严严实实。偶尔雪住,惨淡苍白的太阳像一粒冰丸子在冻云中缓慢地移动,天色透光,似乎要放晴了,但不过半日,大块厚重铅暗的云层又压过来,一切便又复旧观,仍是混沌沌的雪世界。"

　　待雍正稳定朝局之后,大规模的雪景描写便不再出现。

　　以环境描写来衬托人物心境,推进故事情节发展,让二月河的作品具有超强的历史韵味和艺术美感。特别是在雪景的描写上,极具地域特征,让文学作品有了史诗般的雄浑和壮美。我注意到,为了达到情节和自然环境的浑然一体,二月河有时故意调整了历史事件的发生时间,但这丝毫不影响小说的整体历史感,反而增强了作品的艺术张力。

　　二月河作品的魅力在于细节的超现实化和场景的镜头感,只有具有常人心态和生活洞察力的作家,才能有如此生动的描写。他笔下的雪是北方的自然天气,是极致的心理动态,是帝王冷酷手段的渲染。那雪曾经落在北京皇城宫阙,也落在南阳寻常巷陌;曾在刘备三顾茅庐的南阳卧龙岗上飘洒,也在林冲夜奔梁山的江湖落下,更在十四阿哥胤禵回京的路上飞舞;曾落在秦汉明清,也落在今日当下。先生在风雪中纵论古今,仰望历史,草蛇灰线,伏行千里。他在白河边捡拾文脉,雪花弥漫,或晶莹剔透,或冰寒刺骨,或惊心动魄,都将在我们的文化基因中永存。

二月河的"三文化"

苏玉果

因为诸葛亮"躬耕南阳",刘备"三顾茅庐",卧龙岗由此成豫西南名胜,三国策源地,三国文化重镇,形成源远流长的"三文化":三英访卧龙;《草庐对》预判天下三分;岗上有三顾堂、三顾桥、三绝碑等。

"当代卧龙"二月河年轻时爱到岗上览胜,深受名碑"务外非君子,守中是丈夫"影响,审视自我,苦读苦写,最终化蛹成蝶,"凌解放"成为"二月河"。

先生偏爱用"三"来表述,恐怕也是受卧龙岗"三文化"影响吧。

二月河最有名的"三",当然是他名传天下的"落霞三部曲"。

二月河对自己人生的总结,是"三阳开泰",出生于山西昔阳县,幼时随父母过黄河,旅居洛阳,少年后定居南阳卧龙岗下。从昔阳、洛阳到南阳,名播海内外,可谓"三阳开泰"。

二月河历尽艰辛,他对生活经验的总结,是"三个天下",即天下没有免费的午餐,天下没有不散的筵席,天下老鸹一般黑。天下没有免费的午餐,是说人不能不劳而获,收获必须以辛勤来换取。天下没有不散的筵席,是说该到结束的时候必然要结束,必然要收场,高峰谷底,起伏变化,是科学的唯物主义观。天下老鸹一般黑,是说不要把一切想象得太过美好,事物有多重性、复杂性。

二月河研究封建历史,得出一个封建社会腐败问题解决得比较好的"三种反腐"结论:武则天的匿名举报制度,朱元璋的大开杀戒制度,雍正的密折制度。武则天使用的方法是官员和百姓匿名举报,准允百姓密告官僚,打破"民不告官"的旧制,让老百姓反映情况"直达天听"。朱元璋的大开杀戒制度,规定凡贪 60 两白银就杀头,而且剥皮楦草,立在衙门旁,警戒下任。雍正喜欢运用密折制度,但他并没有完全把密折制度作为考核干部的依据。康熙年间,一个巡抚想整一个县令可以说不费吹灰之力,但是在雍正年间比登天还难。山东一个巡抚曾连上三道密折参奏一个县令,前两个密折雍正没有理会,在接到第三个密折后雍正勃然大怒,在密折上批示:与尔有何等仇气,欲置之死地而后快,不就是你母亲做寿时他只送了一双鞋吗?

二月河二十多年来坚持"三个凡是"的创作理念:一是凡是在中国历史上对于加强民族大团结、促进国家统一有贡献的,二是凡是在中国历史上对于提高生产力、提高人民生活水平有贡献的,三是凡是历史上在科技、文化、教育等领域里做出过贡献的,就予以歌颂;对这三条做过破坏摧残的,就予以鞭挞,不考虑什么阶级成分。不问出身,不管是皇帝也好,是平民也好,是太监也好,他们在自己的领域里做出过贡献,就要把他们作为正面人物来写。康熙三次亲征准噶尔,六次南巡,解决了台湾问题,解决了新疆问题,勘定中国现在的版图基础。他组织人员修书,我们现在还用《康熙字典》。编纂中国第一部类书《古今图书集成》,第一部韵书《佩文韵府》。康熙本人是数学家、诗词学家、书法家、医学家,而且懂七门外语,还搞过水稻试验田,将双季稻在全国推广,缓解了老百姓的温饱问题。今天的学术界已经认知了康熙是当时的第一学者。可以说康熙为中国历史做出过大贡献。他当时写的时候,这些资料都是没有的。二月河以"三个凡是"为基本创作理念,还原了雄才大略的康熙大帝面目。

二月河还有"三个金钱观":第一不在他人面前算钱账,第二是不为钱财生气,第三是再穷再紧不向人借钱。在现实生活中,这都很好理解。

"三文化"本身蕴含着"一分为三""三位一体""三生万物""三极之

道"的独特魅力,是"和合""综合""融合"的文化。二月河笔参造化,鉴古知今,他随口所讲的"三文化",对我们感悟社会与人生,应该有一些教育和启迪。

二月河先生的魅力

那女

二月河先生是个极具个人魅力的人,他的思想与文化独树一帜,他的文学巨著"落霞三部曲"郁郁葱葱像一棵大树,像一面猎猎大纛,是文坛的瑰宝。

2017年,南阳青年作家会议邀请先生来给大家讲课。

生活中,他不修边幅,夏天常穿一件宽松的大领子汗衫,一件大裤头,趿拉着一双拖鞋,或在街头散步,或到菜市场去买几把时令青菜,跟普通的老头儿没啥区别。但是给大家讲课时,他一改普通老头儿的气息,精神矍铄,充满激情。

这次会议上他讲了他初涉文学的经历。他从喜欢上文学开始,就偷偷地投稿,被退稿了也不气馁,越挫越勇。后来他研究红学,写的红学研究论文得到了红学大家冯其庸先生的认可。也是在这一阶段,他反思自己:该写出属于自己的独一无二的东西。他选择了以历史题裁为基础写清代长篇小说。

二月河先生自我解说:提起笔,老子天下第一,放下笔,夹起尾巴做人。这是他对自己的定位,也是对文学青年的劝慰。前半句激励文学青年要敢于写自己想写的东西,要有勇者无畏的向前精神。在文学的世界里,我们是自由的,写自己想写,人物塑造、事情起因、世间百态均由作者掌控。后半句,劝慰文学青年既入世,就要以入世的态度,万不可猖獗,要踏实做人。

二月河先生的巨著《雍正皇帝》,像一块资源丰富的磁场,吸引着我一头扎进去一读到底,读完有胸怀酣畅、淋漓尽致的感觉。此前,我极少看历史题材的书,尤其是帝王宫廷之书。现在想来,二月河先生的书读来有趣,毫不枯燥,故事抓人心弦,使心情随之跌宕起伏,直至废寝忘食地读完整部书。

二月河先生的《雍正皇帝》一书,以帝王权术为主线,正之写家国大义、君臣恩义、百姓百态,反之写国家动荡、兄弟反目、市井无状等。二月河先生笔下的雍正,心胸狭窄、为人刻薄、睚眦必报、脾气古怪,但也有勤政爱民的一面,他主宰并促进了一个王朝的盛世。二月河先生用娴熟的文笔,写雍正的光辉与他的偏执,书里历史钩沉,情节跌宕起伏,有大人物的宏图,也有小人物的精彩,有让人拍案称奇,也有让人忍俊不禁,亦会让人冷汗淋漓。

长篇创作需要毅力,先生的创作极其不易。夏季天气闷热,汗流浃背,头脑发昏,为了坚持写作,二月河先生拎来两桶冷水,把脚放进去,祛除炎热。皇皇巨著《康熙大帝》《雍正皇帝》《乾隆皇帝》共计五百多万字,耗先生半生心血。

二月河先生的书畅销海内外,他大红大紫,“凡有柳井处,必读二月河”。然而他还是大家所看到的那个憨厚、敦实、不修边幅的老人。

他仍是一身陋衣,行走在集市中,看贩夫走卒,听着各种吆喝声,热络地与小商贩们打招呼。于他,日子不要华贵,闲适自得就好。有段时间,二月河先生家里养了几只鸡,他就趁闲暇时去门口同乐巷的菜摊前捡菜贩丢弃的菜叶子。他身宽体胖,弯下身很不易,一次,正捡菜时,被人认了出来,大家要帮他捡菜,他反而不好意思了。后来再去,菜贩已把剩菜叶子装好了等着给他,他自嘲竟失去捡菜叶子的权利了。

作家王钢说二月河的根柢总归还是一个浑朴稚拙、天真可爱的赤子。这点,我尤为赞同。在青年作家代表会上,他说,有企业邀请他参加活动,张口要给多少多少钱。他回敬:“我就那么稀罕钱?”文学活动他带病也要参加,而商业活动,则尽力婉拒。他身上具有文学大家的宽阔胸怀及眼界,他的稿费有时都没有拿回家就毫不犹豫地捐出去了。先生一生都没有自己的私有房产。至死,他仍住在那个爬满青藤、单位享有产权的公寓里。毫不避讳地说,他是个有钱人,却不挥霍金钱,不让金钱劳役自己,不遗忘自我的追求,以乐善好施为美,以真诚和情感为重,不得不说,这是一个有思想光芒的人。

有人说二月河是个憨厚、敦实、不修边幅的老人,有人说他是个挥笔疾书的作家,功成名就,还有人说他是身上发散着耀目光环的高高在上的人。我却要说,这些评价都不全面。真正的二月河是多面体的,他既是一个才华横溢的人,又是一个真诚、朴实、无我,对人热心实在的人,他在他的精神领域里畅游,他不偏颇,不激进,俗世流波里,他有自己独有的思想及见解。

那个和蔼可亲的老人,那个大红大紫的老人,那个成为南阳形象的老人,他在南阳的街头蹒跚,他每一步都走在南阳这片热土上,他与南阳紧密相连。然而,谁也不曾料到,他那么快就走了,生命永远定格在 2018 年 12 月 15 日。

二月河先生是位跋涉者,引路者,拓荒者,他的身后,热爱文学的人,前赴后继,络绎不绝。我们将致力于文学,弘扬光大二月河的文学精神。

写给某些人

路漫漫

佛教禅宗的六祖慧能，就是吟出偈语"菩提本无树，明镜亦非台。本来无一物，何处惹尘埃"的那位伙头扫地僧，大倡顿悟法门，得五祖认可，密传衣钵信物，被人不停追杀十余年。

佛家讲慈悲，为何还有杀戮？自古匹夫无罪，怀璧其罪，怨就怨慧能手握禅宗信物，木棉袈裟、紫金钵盂，其珍相当于和氏璧、国玺，难怪凶险如此。

中原文化名片二月河先生驾鹤杳然，遽尔仙去，从文坛到社会各界，都为之遗憾、哀叹、痛惜。先生的家乡南阳，更陷入深沉悲恸之中，从政府官员到文化名宿，由繁华城区到僻壤偏里，诸行各业的群众无不哽咽失声，泪落如雨。

可是，面对这样一位生前拥有巨大影响力的作家的不幸离世，一些网站和报刊却"独辟蹊径""匠心独运"，作"自由谈"，甚至大加鞭挞、攻击、诋毁，仿佛有难以宣泄的熊熊心火。何来？无他，只因作协机构对二月河评价甚高："九十年代就以'帝王三部曲'享誉文坛，皇皇五百余万字，代表了中国长篇历史小说的高度和成就，为海内外读者所熟知。""他以'落霞三部曲'的皇皇巨著及散文随笔等精品力作，为河南和中国文坛做出了杰出的贡献！"想必诸位读友已明白了，"代表了中国长篇历史小说的高度"的"落霞三部曲"无疑就是那件木棉袈裟,霞明玉映光灼眼目,引来了"追杀"。

盗亦得有道,师出须名分,"追杀"二月河,总得给个理由先。贬其人物形象不鲜明?其作经典地塑造了康熙、雍正、乾隆、伍次友、邬思道、胤祥、张廷玉、马齐、李卫、年羹尧、田文镜、明珠、隆科多、熊赐履、傅恒等众多栩栩如生的人物形象,饱有立体感,贴近人心,让人读来分外入眼有趣。二月河的小说,在全国人民心中树立了康熙大帝的英名和雍正皇帝勤政爱民的形象。二月河凭一人之力,破除了人们对雍正皇帝谋父、逼母、弑兄、屠弟、贪财、好杀、酗酒淫色、多疑诛忠、好谀任佞的刻板印象,塑造了雍正皇帝大胆革新政治、励精图治、勤政廉洁、礼贤下士、忧国忧民、正大光明、机智果敢、关爱臣民的正面形象。斥其故事情节不生动?二月河是公认的讲故事高手,总是开篇即引人入胜,接着导入一个故事,如洋葱层层剥开,各有其美,精妙绝伦,展现了高超的艺术构造能力。批其环境描写不佳?则更"莫须有"了,其"落霞三部曲"百科全书式地描绘了清代最强盛的130多年历史生活的广阔画卷,全方位展示了当时的政治、军事、风俗及人文景观,具有宏伟的"史诗规模",详尽交代和描写了当时的宫廷礼仪、典章制度、机构设置、官员配置、饮食起居、衣帽服饰、嫔妃侍御等,渲染了浓郁的宫廷文化氛围,对塑造帝王和臣工形象起了重要的作用。他还把笔触伸向市井社会,里巷杂业、蓬门荜户、瓦舍勾栏、佛道娼妓、茶肆赌场、江湖艺人等,三教九流各色人等都形象地描绘出来,栩栩如生。二月河的文学语言也很有特色,不仅有魅力十足的现代汉语,还有美妙精彩的古代汉语精髓,又结合地方特色,半文半白,夹糅俗言俚语,转换自如,文心雅韵足以显示出其实非一般的语言驾驭能力,单文学语言灵性在中国作家中实属一流的评论绝不过誉。

那些持刀夹棍者,你若有补天济世之材,利物济人之德,也整几部同治皇帝、光绪皇帝的大作精品出来,经典传世,从此名传柳井,岂不美哉?岂不闻此等人物久在花柳繁华地、富贵温柔乡里享受,哪肯如二月河胼手胝足宵衣旰食辛苦写作,唯能在黑暗处攒眉恶相、扯衣插刀了。

"追杀者"从作品中找不到挞伐之处,就从小说外寻觅,从"政治方向"上搜肠刮肚吹毛求疵:二月河为皇帝歌功颂德,是反时代、开倒车、不讲政治……

其实二月河生前对此等言论向来是熟视无睹、习以为常。因为,这类批判并非空前激烈的,而是从二月河"横空出世"就伴随着的。

二月河若真是那种趋炎附势的小人,就该跟在"老爷们"身后做喽啰,作文数篇紧趋跟前察言观色,敛色攒笑,恳求指教,一得到首肯,就进了这个圈子,写作若干年,结集出书,求各路大神来吃酒研讨,就成了作家,仍然俯首帖耳,定然能获赞誉一片。实际情况呢?二月河不同凡响,横空出世,"硬着陆"成功,由写几篇红学论文者,"要整就整大的",一下就整出了几本奇睹罕闻的大作,还那么让读者爱不释手,街谈巷议,"南阳纸比洛阳贵",不削你削谁!

《康熙大帝》刚出版,作为当时河南首部长篇历史小说,国内新思维下的首部皇帝小说,影响很大,但是就有报纸不吝宝贵版面,用了一整版篇幅,以通栏标题《二月河的唯皇史观》予以批评:二月河在为封建帝王树碑立传。皇帝是应被打倒的,踏上一脚万世不得翻身的,因为皇帝是封建、落后、腐朽的独裁者,压迫、剥削、奴役着所有的臣民。皇帝的性质由封建专制制度所决定,"明君"与"昏君"没有本质上的不同。皇帝是封建专制的象征和代表,万恶之源。这种批判作为很严肃的政治问题提出来,可能让二月河陷入万劫不复。此声绕梁四十年,至今缕缕不绝。冯其庸获知弟子苦闷于此,曾写了一幅字寄给他:"浊浪排空君莫怕,老夫看惯海潮生。"

果不其然,二月河打而未倒,且愈打愈壮,声名传播,红透海内外,还成为美国读者评选的"最受欢迎的中国作家"。

那些"追杀者",当年你做什么了?循规蹈矩,四平八稳,亦步亦趋,眼观六路耳听八方,体态奇贵,骨骼不凡,丰神迥异,雍容华丽,不屑一顾,待别人把路铺好了,阳光明媚莺歌燕舞了,你才欣欣然陶陶然悠悠然而去,却善于向栉风沐雨披荆斩棘跋涉开道的先行者投刀放箭,你踏尸垫足,你舒心而行,你自在逍遥,你真可以!

又有人攻击二月河的作品与史实不符,许多故事情节是无中生有,精

— 313 —

心编造虚构的,毫无任何史学研究依据。这攻击就尤显可笑和无聊了。二月河是小说家好不好,他写的是历史小说,不是历史专著,"大事不虚,小事不拘",康熙收复台湾,降伏噶尔丹,主要时间、大事件对即可,怎管人家在小说中让康熙穿什么衣服,吃什么饭,当时说了什么话。即便二月河后来当了郑州大学文学院院长,收徒授业,也请攻击者睁大了眼睛努力认真看去,人家讲的是文学,是创作,不是在做历史考证行吗?

那年,忽有消息,二月河成国内版税最高的作家,登上了作家"富豪榜",一时间又惹得一些人红眼病泛滥,又质疑他是否偷税漏税。其实,二月河向来严以宽人,舍己为人,真正做到了芒鞋褰衣任平生,他自己结绳织草鞋,衬衫、裤衩破了,缝缝补补,十几年舍不得扔,五毛钱的大蒲扇,摇来摇去十余夏。先生不做官不经商,仅靠呕心沥血码字为生,脚浸水桶烟炙手腕长夜读写,一笔一画洋洋 520 万言,手肘生茧,头发一块块掉,他透支健康来写作,换来中风等多种疾病,在七十三岁并不高寿的年纪就逝世了。二月河先生的每分钱都浸透卓苦,来之不易,他却在不声不响中捐款达二百万元之巨,一生慷慨慈善,且不让报道。二月河与老伴一直住在机关的公寓房,每月交房租,至今没有自己的房产,作家中恐怕无人相类。试问,有哪位富家翁能将家财捐赠,还一生无房产,可能国内唯有先生而已。"追杀者"可曾做到其中一二?

二月河认为现在的反腐力度,翻遍二十五史都找不到,他在全国"两会"上评价反腐时说,现在的反腐势头令人感到兴奋,可以说是蛟龙愤怒,鱼鳖惊慌,春雷一击,震撼四野,中央高度重视,腐官高度紧张。就有人马上胃泛酸水,赶紧攻击:二月河"媚上""蹭热""挠痒""拍马"。

论史就唯史实。二月河讲过,史上反腐最强的三位皇帝:武则天以铜匦告密制,允许老百姓投诉,任用酷吏去整治,杀了不少官员,当时太监指着诰封新进士说,"看又一批死鬼来了"。造就来俊臣、万国俊、周兴等酷吏;朱元璋对贪官"剥皮楦草",不可谓不狠,临终却长叹一声,说朕早晨杀掉一批,晚上又来一批,如之奈何;雍正是密折制度,让官员之间互相告密。这些都是领导者的个人行为,结果不言而喻。我们现在反腐是全党共做之,全民共讨之,全国共缉之,潜逃外国也发"红通令"缉捕,让腐败者无迹可匿,无地可逃,形成不敢腐、不能腐、不想腐的有效机制。条分缕析,入脑入心,让人叹服。还有,早在三十多年前,二月河就在小说中提出反腐问题,倡导反腐理念,可谓前瞻。"追杀者",那时的你们在干啥?凌解放读历史研红楼,修炼成了二月河,你们脸厚心黑,修炼得好生恶心。

先天下之忧而忧,后天下之乐而乐,文人风骨立地顶天。作为多届全国人大代表、全国党代表,二月河多次替基层民众出头,向高层建言,他呼吁为农民减负,给作家减税,执言要促进文化繁荣发展,弘扬优秀传统文化,他还撰文发声。先生振臂,不说则已,一说就引起全国关注。

其实二月河自视微小,从没认为自己有啥高度,常自比小二,自甘小二,其文章随手拈来:"看来还真叫小二说中了","二月河小小的,在学术界算不上个角儿"(《把诸葛亮让给谁》),"何况二月河小小的"(《小说装扮》),"小二何敢?"(《怎一个"敬畏"了得》),"将自己看小一点,放低一点"(《心离"大家"远》)。有人认为他是一代大家,他却谦虚地称自己"居然也学有小成,养有进益","修不成佛祖,修个普萨也罢"。评论家认为"'落霞三部'直追《红楼梦》",他老老实实说"我承受不起中又存一分感动,什么时候你们听到二月河说这样的话,请你们带着体温计来找我。……仍是敬畏与臣服。"

有这样那样的人攻讦,二月河可能有过许多敌人,但他未必有一个私敌。

中国有句老话,叫作"死者为大",人去世了,应当给予善意和宽宥。二月河溘然长逝,最高首长委托,前后两任国务院总理、数位正国级、十几位副国级领导,全国人大、中宣部、河南省委、省人大、省政府、省政协等单位都送花圈吊唁,却仍有人私语窃窃,在网上掀风浪,他们偷喜二月河不能还嘴了,正可肆无忌惮地攻讦诋毁,实在是令人气恼。

六祖慧能坐化后,还有人思谋割他的头,这倒不是为了伤害,而是极为崇拜而要偷头供奉。二月河先生去世后,至今灵骨暂寄,尚未入土归陵。不过,这倒不算什么要事。二月河无处不在,早已庄严供奉在每一位热爱他的读者的心里。

时光流去,生活繁芜,仍然有人诋毁"追杀"二月河,但青山遮不住,毕竟东流去。有悼文说得好:云山苍苍,江水泱泱,先生之风,山高水长。先生正大,千秋敬仰。

"追杀者"请继续,尔曹身与名俱灭,贻笑大方,只惹得"河风"(二月河粉丝)掩鼻,而历史已给予二月河先生严正答案:

文章声名千秋在,不废江河万古流。

诗心哀思

二月河，一条春天的河

樊德林

从山西昔阳，到河南南阳

一条河在二月的春风中醒来

冰凌解放，万物生长

风尘仆仆的你驻足凝望

独山隐秀，白水悠长

千古文脉之地卧龙岗

这一刻，你找到了灵魂的故乡

你把家安在了这里

你把情留在了这里

你把爱种在了这里

四十不惑的年岁，你厚积薄发

以惊人的毅力，夜以继日

创作出了中国历史小说的巅峰之作

"落霞三部曲"

《康熙大帝》《雍正皇帝》《乾隆皇帝》

洋洋洒洒五百多万言，每一个汉字

都是你生命燃烧的火焰

书和你的名字一样,风靡海内外
你依然朴素、低调、温和。住着老房
走着老路,吃着家常,惦着文友
你的身影,从未沾染商业的气息
你的双手,只握纯粹握笔的手
你说,人和动物不同,除了感性
还有理性

这么多年,你把内心的疆土和版图拓展得辽阔无边
但你只愿守在你的起点
并最终安然长眠于你的终点——南阳
我相信,流淌了七十三年的河水
还将流下去。明年春风依然会轻抚大地
借助于深邃的文字和思想,你将重返尘世
带领我们去参悟那些不为人知的天机

悲伤的冬季

渔客

没有比这更坏的消息

没有比这更快的传播

没有比这更直戳那青青高地

文胆疾走　文心已逝

还记得憨厚的脸庞

还记得爽朗的大笑

还记得妙语如珠父辈的慈祥

先生慢走　魂灵皈依

一首首伤心的诗句

一篇篇追忆的文章

一幅幅浮游脑海的定格画面

大地寂静　四野无语

每一双眼内都有一个二月河

每一名学生都有一个醍醐顶

每一次认知都有一个迥异的凌解放

风骨永在　长卷掩手

去年冬至前余光中洒了一地乡愁

今年后秋里金庸老撇下刀声剑气
现在大雾弥天夹住雪季江河凄迷
一路走好 大爱无期

一条二月的河

（外一首）

韩国民

这是一条二月的河流

从昔阳大地出发，涉洛水，入白河

如凌汛的黄河气势磅礴

卧龙岗下，如椽巨笔钻探历史

打捞顶戴花翎与金戈铁马

一个谢幕的王朝，被敲响黄钟大吕

不为帝王唱赞歌，只为苍生说人话

历史哭着笑着，在死亡里走向重生

终没有等来又一个凌汛的奔流

长河坠日，锁住满天落霞

我看见黄河背过身去，悄悄抹去

悲伤的泪水

追悼会小记

《安魂曲》响起，十八声礼炮响彻云霄

人群与菊花列队啜泣
挽幛上洁白的颂词,垂首默哀

先生,被党旗覆盖的睡姿灿如落霞
眯眯的笑高悬正厅,所有人等着你
站起来发表讲话

三鞠躬礼毕,你依然沉睡
哀乐如你痴爱的清茶,一遍遍
洗刷体内的劳累

二月河

江波

激荡,咆哮,冲击堆在红学研究门槛上的冰凌

解放尘封的清帝传奇故事

看来看去,只能是这条二月的河

以史、哲、佛和帝王起居为工具

他细细冲刷、淘洗

蒙在历史脸庞上的尘埃,一点一滴,

恢复落霞帝国真相

日夜奔流。聚沙成塔

他,用五百余万汉字、五百余万金沙子

为康、雍、乾三位帝王

塑起了三座栩栩如生的沙雕

那些围观者,眼睛纷纷地傻了

成吨的赞叹来。大把的批评来

这条河,只管流自己的

时而,给天空赠朵祥云,给草地送束鲜花

直到河干枯,直到水流尽

直到二月河融进黄河,直到每年十二月

多了份沉甸甸的哀思
直到二月黄河的冰凌齐放
声音响彻中国当代文学

紫霞万朵　灿然南阳

张晓玲

南下的救护车一路狂奔

在生命的最后时刻

您仍然心系南阳

帝乡宛城　多想迎着您慈祥的目光

再一次听您讲国事政事南阳事

深读您满满的家国情怀

您从黄河而来　停泊于南阳

在七一路深处的小院里

种下一地南阳情

月季蔷薇　都结满平凡和善威仪

田园小径　挂满了浓浓的乡音乡情

家在白河岸　市井小巷走帝王

一支利笔向天书

纵有气吞山河的豪壮

您把那些狂放都锁于巨著

紫霞万朵　落笔之处是南阳

而今　玉兰摇着一树的哀念
黑纱白幡　风雪中最黑暗的一天
二月的河流　成了十二月的冰冻
从此　帝乡南阳
有一座无人超越的文学高峰

南阳的记念

刘玥

南阳

二〇一八年的冬天

独山凝眸白河冰冻

清晨的天堂

有一朵莲花正盛开

全城人都在否定自己的眼睛

那位可敬可亲的老人

那位为文字呕心沥血的老人

让这个冬晨凝滞

让万千百姓为他揪心

一城书墨都在红尘浮影里暗淡

此去天国啊

长风吹幕

有万千祈祷如春潮

南阳的迎宾大道啊

绿意正好

不及你椽笔才高丰茂

白河低回
千年流淌润泽一城几多梦想
雾霾沉沉
遮掩不住五百多万字的光芒
满河的光阴会记住
这位亦名河的老人
二月河冰凌解冻
从此　春风浩荡
今日的天涯有他归去
应是　风光无恙

独山守梦
白河祭文
鸿雁高飞青云之上
先生并没远去
永在南阳的纪念里闪亮

爷爷去哪儿了

张晓征

单位楼下，

大院里的小女孩，

扯着我的衣袖问：

阿姨,住在咱大院的那个爷爷去哪儿了？

咋不见他端着小锅出来打饭呢？

我摸着小姑娘的头回答：

那个爷爷是条大河,他到海里去了。

河流汇入大海，

才会奔腾不息,永不干涸。

小姑娘笑了:阿姨你骗人！

我却哭了:阿姨不骗人！ 说的都是真的!!

春天来了，

小姑娘跑到我身边，

仰起天真的小脸问：

阿姨,爷爷院子里的玉兰树开花了，

咋不见他出来赏花呢？

我拉着小姑娘的手回答：

爷爷变成星星了，

每一个晴朗的夜晚，

他都会在天上俯视着人间

关注着每一个可爱的娃娃。

这回小姑娘哭了：

我不要星星，我要爷爷

我要爷爷回来，回来……

爷爷去哪儿了？

爷爷去哪儿了？

小姑娘不停地问。

听爸爸妈妈说，爷爷写的书，

连外国人都喜欢，

爷爷种在院子里的葡萄，

比吐鲁番的都甜。

爷爷会写诗、画画，电视里讲课，

还给贫困地区的学校捐了很多很多的钱，

让他们有学上有饭吃有衣穿……

爷爷去哪儿了？

爷爷去哪儿了？

阿姨告诉你答案：

爷爷骑着仙鹤云游去了。

一会儿躲在白河的碧波里，

一会儿藏在含笑的花蕊里，

一会儿隐在落霞的光晕里，

一会儿飘在甜美的歌声里……

那个叫作二月河的爷爷啊，

就住在每一个爱他的读者心里。

祭二月河

南宫胤

维千秋盛世之元,冰河封冻之月,无可奈何之日,籴斋之主南宫,谨以红梅之香,白霜之质,玉雪之魂,青竹之魄,微物言心,聊以诉衷肠念怀伤,乃至祭于古宛白河先生应开凌氏解放之灵前曰:

窃思先生自临尘世,迄今凡七十有三载。其祖籍晋之昔阳,落居南阳尔来久矣!而浸润书声,栖息文意,相与共处者,仅四年十月有奇。

忆先生襄生之时,其为质则松竹不足喻其节,其为性则菊兰不足喻其洁,其为神则日月不足喻其精,其为韵则山泉不足喻其逸,其为和则云岚不足喻其德。同人悉慕高贤,仁棣咸仰盛德。

孰料黄天唤其魂,厚土掩其身;含辞未吐,遗情留翰;荣曜槐柏,华茂椿萱。心原多累,岂奈三勤;身本多疾,何禁四伏。偶遭蛊虿之谗,依旧安闲;时陷睚眦之恨,依旧泰然。怎奈惜春昼暖人不寿,惊梦文香雨空消。芳树孤,野雯寂;远岱殊成画,平江堪赋诗。残更伴月醉题秋,宜愁;他乡社火焚归梦,宜悲。笃意文台自远尘,幽栖琴韵,静倚泉音;痴情砚畔常近墨,妙境云逸,空观霁色。又道:问卷更灯嫌句短,入书夜笔怨情长。辛酸满,别离长;仙人已逝,芳华难再。

呜呼!舟迷津渡,雾布溪山;固倾绝露酒,泼墨孤亭,临文泣涕,

— 333 —

不知所言。呜呼哀哉，伏维尚飨！

苍凉夜色欺云晚，
暮酒空林梦砚田。
半世早成文自得，
平生已惯墨随缘。
冬来送雪独山泣，
夏去归荷冷月眠。
杏影追秋春恨短，
曾离淡雅入寒川。

悼先生有感

竹子

世所谓立德立功立言者,先生兼善可陈。

先生处人世至低,不辍修为,自强不息,终成文坛领袖,开一代文风,此足以励时人,启后学,引航程。犹可取者,先生于显达之时,恒不失赤子之心,朴素本分无异常人,然又底线分明,不与庸俗同流;恪守规矩,扬善不遗余力,以至尽瘁而后已。其仁爱宽厚之胸怀,献宝于民之至情,何人可及?

尝思先生困顿之时,提携扶掖者何微;建树未成,否定压抑者何众!故人言:世无伯乐冯其庸,亦无骐骥二月河,信乎?又云:成就二月河者,非宛城也;光彩南阳者,乃二月河也,信乎?每思及"当代毕昇"王永民等诸君出道之艰危,"当代卧龙"二月河与其颇类,可鉴盆地之才,胜出何其不易也!

太行巍巍,江河泱泱,先生高风,永益家邦!

二月河

景自卫

我这两天不爱说话了

我心里难受啊

别打扰我

我是个喜欢文学的人

咋了

有人不喜欢那又如何

我的老乡

一个在文学上颇有建树的老乡

他走了

再也不会回来

他的名字叫二月河

他写过"落霞三部曲"

一座丰碑

无人超越

他的苦读

他的好学

一些浅薄的说辞让我愤怒

我知道我在惊悉噩耗的路上泪流不止

是同学

是亲友

是同事

是领导

是读你的作品的一干平庸的人

我们在这个不算清亮的早晨

在南阳的白河边

在邓穰的每一寸土地

在黄河奔流的往昔与今朝

我们一起呼喊

冰封的母亲河

为你而重复她的垂爱

在万丈霞光中潮涌你的初衷

一往无前,冰凌如常,排放众生

融入大海的二月河

杨娥

您是一条二月河
解凌的春水气势磅礴
五千里黄河澎湃了您
三百年大清与您日夜相托
叩开康乾盛世的大门
历史的云烟从您手中穿过
用巨著砌起文脉的长城
"落霞三部曲"里烽火刀戈

您是一条二月河
破凌跌宕蜿蜒曲折
生命苦短您奔腾不息
七十三年的流程丰沛壮阔
巨笔如椽皇皇大卷
解码帝王演绎多少传说
一个个有血有肉栩栩如生
一桩桩丝丝扣扣悲欢离合

今后,您要融入大海

人间再无凌解放

大海拥抱二月河

我放逐一弯玉舟

载上人间故事几多

潋滟二月春

秉一盏心灯

焚一段文字

低眉合掌为您祈歌

化作星辰

（外一首）

李帆

时至隆冬　河水冰冻
离凌解放还有两个月
您却急匆匆抖落红尘
驾鹤而去　一代文豪巨擘陨落
给人留下　无尽的冷和锥心的痛

您曾经　夏日凉水浴脚
严冬热巾熨敷
夜间烟头烫腕
地上每一个烟蒂
都是"落霞"的见证
写尽跌宕起伏故事
把中华民族精魂四海传扬

您用生命的血浆浇灌了
波涛翻滚的清史盛世
您用疲惫的身躯

扛鼎三部壮丽长卷

您过早透支了生命给三位大帝
现在　您卸下负重的身躯
摆脱地球引力　轻飘飘上升
化作一颗永恒星辰　熠熠生辉
中原文化名片　南阳形象大使
依然属于您　无人越过
今天乃至从此　只要仰望星空
就会沐浴到您光芒四射的火焰

心境如此刺痛

冷风侵袭着梦境
迷茫　黑色的披风
先生故去　脑海一片虚无
心境　如此刺痛

窗外　一颗星同我眨眼
它因忧郁　忘了隐身方式
忘了尘世随波逐流
忘了人性被物欲篡改

我愈来愈胆小　包括
日渐萎缩的躁动　现在
我潜在深水里一言不发
交出身体里所有的勇气
声音异常柔弱　我渴盼
一场又大又猛的雪濯洗

挽联（10 副）

降昔阳长洛阳立南阳,晋而及豫,总是炎黄血脉;遂握神椽,著雄章,描万里湖山于笔底,收百载成衰入画册;花落花发,云卷云舒,二月河开凌解放。

追昨岁说现岁思明岁,古以至今,诚祈华夏子孙;故抨贪腐,询民瘼,议中兴国运入都堂,话昌隆邦本于融媒;日升日没,人来人去,众生泪送鹤抟飞。

（马鸿莹）

日落西山,帝王再无三部曲;
水恨东逝,人间犹忆二月河。

（赵国浩）

二月河水瞻望未来归大海
三部著作回首历史道世情

（易凡）

南都炳蔚,天留尘世三名著;
北斗哀愁,星陨文坛二月河。

（焦相山）

椽笔述康乾,演古劝今,文澜涌荡三朝事;
讣闻惊内外,悲风泣雨,思绪绵延二月河。

（余小伟）

天妒大师,从此宛城飞泪雨;
世传小说,痛哉艺苑殒文魁。

（刘洪敏）

文坛坠巨星,金书玉字芳千古;
泪水流深海,苍昊天堂恸一魂。

（张焕琴）

穹宇幽冥,大地沉吟,痛悼文坛倾砥柱;
钟情清史,宗师红学,缅怀耆儒仰遗风。

（任战成）

别韵一声学界悲,是领军人物,因有鸿篇尊北斗;
落霞三部帝王史,足定鼎文坛,堪称绝唱出南阳。

（代建华）

伏牛呜咽,三山五岳同酬唱;
淯水吟哦,百代千秋共和声。

（丁梦）

后　记

　　我是含悲忍泣编纂这部《二月河先生纪念文萃》的。

　　我是没有任何思想准备要编纂这部纪念文萃的。

　　我希望编纂这样的纪念文萃是在十年、二十年之后,渴望掀过三十年、四十年的日历,奢望永远不要去"纪念"而启动编纂工作。

　　先生去世之后的那些时日,是泪水浸泡的日子,我在无尽悲恸中度过。痛苦中需陪同各级领导吊唁,多地文友拜祭,含泪接待众多记者采访。尤其是日清晨始,全天接电话百余通,未接者难计,那些天办公室里总要蜂拥一群记者,采访,索照片,要文字,录几句话,我因无所准备,只好提供旧作和资料照片,勉强应付。许多记者朋友仁义守信,把出版的报刊寄来,我得以集存。海内外的名流大家,先生的至交好友、普通文朋,在祭奠告别的同时,都忍悲撰文,表达痛心,这些真情之作我也着意保存。

　　贤长、文友谆谆嘱托,让我编部文集纪念先生,这是所有敬重喜爱先生者的愿望和呼吁,我不能也不敢违拗。

　　"凡有柳井处,必读二月河。"先生的逝世,是南阳父老、中原人民的不忍话题,是中国文坛、华人文学的巨大损失。编辑出版有关纪念文萃缅怀,是非常及时和必要的事情。我虽力所不逮,却要努力把任务肩负起来,这是我的无上荣光,我义无反顾。

最后陪伴"皇叔"的日子,我彻夜守灵,与兄弟姊妹们聊天,检讨与先生的关系,幸甚至哉,谓深、谓久、谓厚、谓丰、谓多重,是情若父子,严比师生,交往知己,工作同人,作文同道,私意忘年……我是"皇叔"的学习者、追随者、研究者、承继者、捍卫者、传播者、弘扬者,我祈盼矢志不渝、敢为人先、负重前行、笔端风雷的二月河文学精神,永远留下,并发扬光大。

先生的绝大多数时间,工作生活在卧龙区,是我们引以为豪的"当代卧龙"。这里还是先生的归宿之地。深情厚缘,二月河研究学会、先生担任名誉主席的卧龙区作协的全体同志,有信心,有决心,有能力,研究整理二月河的文学成果,探索汲取二月河的成长经验,学习承继二月河的创新思想,宣传弘扬二月河的文学精神。怀此虔诚愿心,编纂了这部纪念文萃。

正如大河不息,先生得享安乐,是为永生。我想,编纂这部纪念文萃,我们以辩证的、全面的、平和的眼光看待和承继先生的成果,从历史的、社会的、客观的角度,更冷静、更深刻地去理解先生,那么,先生就永生在书本里,永生在记忆里,永生在文化里。

请让我代表《二月河先生纪念文萃》编委会,感谢南阳市双丰印务有限公司、南阳三色鸽食品有限公司、河南宛西制药股份有限公司、南阳宛运集团有限公司的鼎力支持。感谢每位奉献心血、以感人文字作祭的名家和文朋诗友们,尤其那些为生活奔波辛劳的打工者,他们虽然稚嫩却饱含感情的文字,流淌着对先生满满的深情,让我深受感动。感谢卧龙区委书记高贤信、区长邓俊峰的支持,感谢刘勤、陈天富、吴大革、余永海等领导的关爱。感谢河南文艺出版社李勇军先生为本书出版付出的辛勤劳动。感谢田永清政委、张庆善会长和中国红学会诸位师长,他们披沙沥金,集齐冯其庸先生手迹用作书名,为本书画龙点睛。

感谢尹先敦先生为本书各辑题写了辑名。

同时感谢以下单位给予的无私帮助:

南阳样样红红木艺术馆、南阳德美牙科医院、南阳力齐电子科技有限公司、南阳金鹏月季基地、南阳市超然物外商贸有限公司、南阳春华秋实家居有限公司、南阳医圣祠博物馆、南阳市益生源肥业有限公司。

感谢南阳市卧龙区作协、二月河研究学会的队友们,让我们不负初心,相携前行,亲密友爱,通力合作,完成一个共同的心愿。

鲁钊

2019 年 6 月 13 日

于古宛卧龙河边居